武汉大学百年名典

社会科学类编审委员会

主任委员 黄泰岩

副主任委员 沈壮海

委员（按姓氏笔画排序）

于　亭　马费成　方　卿　冯果　刘　伟　刘安志

李圣杰　李佃来　李　纲　沈壮海　吴根友　汪信砚

陆　伟　陈　伟　陈传夫　罗永宽　罗春明　於可训

宗福邦　孟　君　胡德坤　贺雪峰　聂　军　黄泰岩

彭斐章　傅才武　强月新

秘书长 方　卿

刘纲纪（1933—2019），贵州普定人，中共党员，著名哲学家、美学家和美术史论家，武汉大学人文社会科学资深教授。1952年考入北京大学哲学系，1956年毕业后到武汉大学哲学系工作，1982年任教授；1988年被人事部和国家教委授予国家级有突出贡献的中青年专家称号，2008年被中国美术家协会授予"卓有成就的美术史论家"称号，2010年入选中共湖北省委命名表彰的首批"荆楚社科名家"。曾任中华美学学会顾问、国际易学研究会顾问、湖北省美学学会名誉会长，并长期担任中华美学学会副会长、湖北省美学学会会长，先后被吸收为中国美术家协会、书法家协会、作家协会会员。

刘纲纪先生长期坚持马克思主义哲学、美学、美术史论和中国传统思想文化的研究，作出了卓越的贡献，并形成了一套逻辑严密、结构完整的思想体系。1960年出版了个人第一部专著《"六法"初步研究》，引起很大反响。此后著有多本哲学美学专著：《美学与哲学》《艺术哲学》《美学对话》《传统文化、哲学与美学》《中国书画、美术与美学》等。与李泽厚共同主编并执笔撰写的《中国美学史》（一、二卷）填补了中国很长时期以来没有一部系统的中国美学史的空白。还著有多本书画理论专著：《书法美学简论》《龚贤》《黄慎》《刘勰》《文征明》等，又发表了不少关于中国美术史的重要论文。其中，《书法美学简论》荣获中南五省优秀教育读物一等奖，《中国美学史》（第一卷）荣获湖北省社会科学优秀成果奖一等奖，《〈周易〉美学》荣获教育部全国高校人文社科优秀成果二等奖。2009年，出版了《刘纲纪文集》。在从事学术研究之余还致力于中国书画的创作，于2012年出版了《刘纲纪书画集》。

作者简介

武汉大学
百年名典

《周易》美学

刘纲纪 著

武汉大学出版社
WUHAN UNIVERSITY PRESS

图书在版编目(CIP)数据

《周易》美学/刘纲纪著.—武汉：武汉大学出版社,2023.11
武汉大学百年名典
ISBN 978-7-307-24003-2

Ⅰ.周…　Ⅱ.刘…　Ⅲ.《周易》—美学思想—研究　Ⅳ.B221.5

中国国家版本馆 CIP 数据核字(2023)第 178385 号

责任编辑:胡国民　　　责任校对:李孟潇　　　版式设计:马　佳

出版发行:**武汉大学出版社**　(430072　武昌　珞珈山)
　　　　　(电子邮箱: cbs22@ whu.edu.cn　网址: www.wdp.com.cn)
印刷:武汉中远印务有限公司
开本:720×1000　1/16　印张:19.25　字数:274 千字　插页:4
版次:2023 年 11 月第 1 版　　2023 年 11 月第 1 次印刷
ISBN 978-7-307-24003-2　　定价:128.00 元

《武汉大学百年名典》出版前言

百年武汉大学，走过的是学术传承、学术发展和学术创新的辉煌路程；世纪珞珈山水，承沐的是学者大师们学术风范、学术精神和学术风格的润泽。在武汉大学发展的不同年代，一批批著名学者和学术大师在这里辛勤耕耘，教书育人，著书立说。他们在学术上精品、上品纷呈，有的在继承传统中开创新论，有的集众家之说而独成一派，也有的学贯中西而独领风骚，还有的因顺应时代发展潮流而开学术学科先河。所有这些，构成了武汉大学百年学府最深厚、最深刻的学术底蕴。

武汉大学历年累积的学术精品、上品，不仅凸现了武汉大学"自强、弘毅、求是、拓新"的学术风格和学术风范，而且也丰富了武汉大学"自强、弘毅、求是、拓新"的学术气派和学术精神；不仅深刻反映了武汉大学有过的人文社会科学和自然科学的辉煌的学术成就，而且也从多方面映现了 20 世纪中国人文社会科学和自然科学发展的最具代表性的学术成就。高等学府，自当以学者为敬，以学术为尊，以学风为重；自当在尊重不同学术成就中增进学术繁荣，在包容不同学术观点中提升学术品质。为此，我们纵览武汉大学百年学术源流，取其上品，掬其精华，结集出版，是为《武汉大学百年名典》。

"根深叶茂，实大声洪。山高水长，流风甚美。"这是董必武同志1963 年 11 月为武汉大学校庆题写的诗句，长期以来为武汉大学师生传颂。我们以此诗句为《武汉大学百年名典》的封面题词，实是希望武汉大学留存的那些泽被当时、惠及后人的学术精品、上品，能在现时代得到更为广泛的发扬和传承；实是希望《武汉大学百年名典》这一恢宏的出版工程，能为中华优秀文化的积累和当代中国学术的繁荣有所建树。

《武汉大学百年名典》编审委员会

出 版 说 明

　　《〈周易〉美学》作者为我国著名的马克思主义哲学家、美学家、中国实践美学及中国美学史研究的主要奠基人之一刘纲纪先生。该书从《周易》原典出发，详细阐释了《周易》所包含的重要美学思想。

　　该书于 1992 年在湖南教育出版社首版，2006 年在武汉大学出版社修订后再版，并被列入《名家学术》丛书。此次修订参照 2006 年版本。本版遵从原貌，对书中的一些明显错误的表述与引文进行了订正，其基本结构未有变动。

武汉大学出版社

2023 年 10 月

序

　　我在 1984 年 7 月由中国社会科学出版社出版的《中国美学史》第 1 卷中，以一个专章的篇幅讲了《周易》的美学思想（见该书第八章）。到了 1991 年，武汉大学哲学系在庐山召开了一次全国性的《周易》哲学讨论会，我在北京大学哲学系时的老师朱伯崑先生和学长、老友余敦康教授都来了，我也参加了这次会议。会上，大家要我讲讲《周易》与美学的关系，我就将我在《中国美学史》第 1 卷中提出的基本观点作了一些发挥，引起了听讲者很大的兴趣，给我留下了深刻的印象。同年，武汉大学哲学系毕业、在湖南教育出版社工作的龙育群同志约我写一本书，题目由我自定。当时我在庐山会上讲《周易》美学时留下的印象还鲜明地保存在头脑中，因此我就决定写一书来专门详细地论述《周易》的美学思想。后来在育群同志的催促之下，《〈周易〉美学》终于在 1992 年 5 月问世。

　　在写本书时，我立下了两条宗旨：第一，从《周易》本文的考释出发，如实弄清《周易》中与美学相关的各个概念、范畴、命题本有的含义；第二，尽可能详细地进行中西比较，阐发《周易》美学的伟大贡献，同时也不讳言它的历史局限性。我在这两个方面做了我所能做到的最大努力，取得了不少原先预想不到的收获。写到最后，我觉得不是仅仅在讲《周易》的美学，而是在讲整个中国美学的实质、特征及其对世界美学的贡献了。

　　此书出版后，曾得到不少师友、读者的肯定与鼓励。现在的新版，个别地方有较大增改，特别是"结语"改动最大，但基本观点不变。我深望读过旧版的读者见到此书，有如逢久别的老友之感；未读过旧版的读者，觉得交上了一位可与一谈的朋友。此外，近年"国学"热的兴起，尽管有各种议论，我认为和过去五体投地崇拜西方学术相比，终究是一个令人高兴的进步。因此，我也希望此书的新版，能有助于对曾被列为"五经"之首的《周易》的理解与研究。是所望焉！

刘纲纪

2006 年 3 月 30 日于武大珞珈山下

目　录

绪论…………………………………………………………… 1
　一　《周易》是怎样的一部书 ……………………………… 1
　二　《周易》对中国美学的影响 …………………………… 4
　三　研究《周易》及其美学思想的方法问题 …………………13

第一章　《周易》中的美的观念 ………………………………16
　一　释"美" …………………………………………………16
　二　释"元、亨、利、贞" …………………………………24
　三　释"丑" …………………………………………………32
　四　几点结论 ………………………………………………34

第二章　天地与美 ………………………………………………37
　一　《周易》生命哲学的基本点 …………………………38
　二　《周易》的生命哲学与柏格森生命哲学的比较 …………46
　三　美在生命 ………………………………………………56
　四　"大和"之美 …………………………………………69
　五　与西方美学的比较 ……………………………………73

第三章　阴阳与美 ………………………………………………109
　一　阳刚之美与阴柔之美 …………………………………109
　二　变化、"神"与美 ……………………………………154
　三　中国美学的交感论 ……………………………………177

第四章 "文"与美 ··· 200

  一 "文"的含义 ··· 200

  二 "文"的构成的形式规律 ································· 210

  三 "天文"与"人文" ··· 228

第五章 象数与美 ··· 233

  一 "象"的含义 ··· 233

  二 卦象——哲学性与艺术性的符号 ············· 234

  三 取象与比兴 ··· 245

  四 中国美学的意象论 ····································· 252

  五 象、数、美 ··· 264

  六 观象制器——中国古代技术美学 ············· 272

结语：中国美学的伟大精神

      ——刚健、笃实、辉光、日新 ············· 277

后记 ··· 298

绪　　论

　　《周易》确乎是一部"弥纶天地之道"的世界奇书。自它出现之后，中国古代各门学问差不多没有不和它发生关系的。《周易》显然不是一部讲美与文艺问题的书，而只是间接地有所涉及。而且就间接涉及的部分来看，其分量也不如《论语》《庄子》所涉及的那么多。但《周易》对中国美学所产生的深远而广泛的影响，就先秦古籍而论，绝不在《老子》《论语》《庄子》诸书之下。

　　《周易》历来号称是一部难读的书。研究它所包含的美学思想，不仅会碰到美学理论方面的种种问题，而且还必然要碰到和对《周易》一书的理解有关的种种问题。不对《周易》的思想有一个比较透彻的理解，不可能对它包含的美学思想作出比较深入的分析。在进入对《周易》美学思想的分析之前，我想先对几个相关的问题作一些说明。

一　《周易》是怎样的一部书

　　《周易》是怎样的一部书？这是学者们至今仍在讨论的问题。我同意这种看法，即认为《周易》原是一部占筮之书。但一部占筮之书何以又远远超出了占筮的范围，而对中国思想的发展产生了巨大影响呢？

　　显然，这同《周易》的传对经文的解释、发挥分不开。但传之所以能作出解释、发挥，又是与经文本有能够解释、发挥的可能性分不开的。而且，在传出现之前很久，经早已存在，并且也已产生了重大影响。所以，我认为要理解《周易》何以产生了重大影响，先要从古代的占筮活动说起。

关于《周易》中经的产生时代，我同意学者中的一种说法，即大致在周文王之后，战国之前。在周代以至更早的年代，占筮是统治阶级的一种很重要的活动。它不像今天的算卦仅问个人吉凶，而经常要问国家的兴亡吉凶，是统治者在决定国家大事时举行的活动。而对国家兴亡吉凶的解释、预测，显然同对历史上的经验、事例的了解，以及对统治者应如何治国的看法分不开。负责作出这种解释的筮官，实际上也就是当时最了解历史和对统治者应如何治国持有一套看法的思想家。因此，记录占筮的结果，以及对吉凶加以解释的筮辞，就具有了历史文献和思想文献的重要意义，这其中包含着从漫长的历史中得来的某些有价值的思想、智慧，当然也会有不少荒诞不经的东西。

《周易》中的经，当是周代筮官或接近于筮官的人根据历代留存下来的筮辞编辑而成；但又不是不加选择地罗列各种筮辞，而显然经过挑选、整理和有意识的编排。经的编辑者把他挑选出的筮辞加以排比，分别纳入八八六十四卦的框架，每条筮辞的内容又与一个有哲学思想意味或政治伦理道德意味的卦名相对应。它虽然是一部关于占筮的书，而且编辑者也完全可能就是为了要将自古相传的占筮的方法，特别是对吉凶的解释加以系统化、定式化，以供占筮者参考，但看起来又俨然是一部有关国家治乱兴亡的理论著作。我想，正因为这样，并不以好占筮、善占筮著称的孔子才那么喜欢读这部书。

《周易》中的传，我同意已有人提出的这样一种看法：其写成当在《荀子》成书之后，《乐记》成书之前，时代的下限约在秦末汉初。其时何以会出现《易传》，自然又同当时整个思想界的状况分不开。简略地说来，这时列国争雄的时代已成过去或将成为过去，相应地百家争鸣、各倡其说、互不相容的时代也将成为过去。历史期待着某一个强大、统一的国家出现，以结束纷争的局面。在思想上，则期待着一种批判地综合各家，能获得较普遍的认同，以为某个强大、统一的国家的建立作论证的理论出现。这种批判综合各家的趋向，在荀子的思想中已有相当明显的表现。荀子的学生韩非的思想也是批判综合各家的产物。它力排儒家，但在维护上下尊卑关系的问题上并不否定儒家，同时又吸取了道、墨两家的某些思想。除韩非的思想外，常被称为杂家的《吕氏春秋》的思想也明显企图综合各家而为统治者提供建国的方略，并且还企图建立一个规范统治者行为的自然模式。《易传》就是在上述这样一种趋势下的产物。但它的思想路向与《韩非子》和《吕氏春秋》均不同。《韩非子》排儒而树立法家思想，《吕氏春秋》则是以道家为主而吸取儒家，但未达到有机的结合。《易传》的作者是明显站在儒家立场上的，但又大量吸取了道家思想，并且可以说是很巧妙地吸收、消化了道家思想，把它与儒家思想有机地结合起来，从而又丰富、发展了儒家思想，并第一次建立了一个以儒家思想为主导的世界模式，把儒家历来较为忽视的有关天地、自然界方面的问题纳入儒家思想体系。《易传》的作者在思维上的创造性，显然是《吕氏春秋》的作者不能相比的。但它与《韩非子》《吕氏春秋》一样，都是在为建立一个兴盛强大的国家作论证。《周易》乾卦的彖传说："乾道变化，各正性命，保合大和，乃利贞。首出庶物，万国咸宁。"这就是《易传》对一个兴盛强大的国家的理想与期待。

　　《易传》的作者所以注意到《易经》，为它作传，显然因为如前所说，看来是讲占筮的《易经》包含着关于国家治乱兴亡的重要思想。此外，《易经》历来有重大影响，其基本思想又符合于《易传》作者所赞同的儒家思想，当然也是重要原因。《易传》是《易经》的解释、发挥，但《易传》的作者并不处处受经文的束缚。历来就有人因此指责《易传》作者背离了经文原意，并为此争论不休。实际上，《易传》的作者是根据他们所处的时代的要求，通过解释经文而发挥他们的思想。在这种发挥中，他们对中国古代思想的发展作出了自己的重要贡献。如果他们仅仅学究式地去寻求经文的原意，就不可能作出这样的贡献。而且，仅有经文而无传文，《周易》一书也不可能在后世产生广泛而巨大的影响。片面强调经文的地位、原意而贬低传文的价值，我认为是不正确的。如前所说，经文也具有思想上的价值，但越到后世，其作为历史文献的价值就越成为主要的了。今天，考证家们对经文进行深入的考证，这对了解中国古代的历史，甚至对人类学的研究都很有意义。但从中国思想史的角度看《周易》，则传文的价值应该是更为重要的。

从思想史的角度看，如前所说，《易传》的作者是站在儒家立场上的，但他们特别重视的是儒家中荀子一派的思想。这一点，郭沫若已作过说明。我们再看一下自秦到汉初这一时期，儒家各派中影响最大的正是荀学一派。这是由于荀子提出了重视事功、富国强兵的思想，不再像孟子那样只高谈仁义而很少讲事功了。我在拙作《中国美学史》第一卷中曾指出过，《荀子》一书差不多就是一部教统治者如何富国强兵的教科书。这刚好符合列国争雄到了后期，一些国家的统治者都希望自己的国家成为最强大的国家这一历史要求。所以，荀子的思想影响了韩非（他比荀子又更为重视事功），也影响了《易传》的作者。荀子由于重视事功及如何富国强兵，因而也很重视物质生产（《荀子》一书对发展物质生产充满热情和信心）。由于重视物质生产，也就不能不重视与之密切相关的自然界。因此，在儒家中，荀子第一个写了一篇专论自然界的文章——《天论》，并且明显吸取了一向比儒家更重视自然界的道家的思想。《易传》的作者们显然继承了荀子重视事功和物质生产的积极有为的思想，同时也像荀子那样注意到天——自然界的问题，并且更进一步大力吸取融会道家思想，由此提出了比荀子思想更丰富的天道观（但在唯物观点上不及荀子），并将儒家历来最重视的"人道"（仁义之道）与"天道""地道"统一起来，对儒家的仁义之道作了一种自然哲学的论证，构成了一个"天道"与"人道""地道"合为一体、无所不包的世界模式。

以上概略地讲了《周易》是怎样的一部书。这样的一部书，又何以会对中国美学产生了巨大影响呢？

二 《周易》对中国美学的影响

《周易》之所以对中国美学产生了巨大影响，是由下述一些原因所决定的。

第一，《周易》原本是一部占筮的书，这恰好使它包含能与艺术相通的重要内容。因为占筮是古代一种重要的巫术活动，而巫术对人类远古艺术的产生曾起过十分重要的推动作用。这是许多原始艺术的研究者所公认的。巫术虽然不能说就是后世所讲的艺术活动，但巫术对世界的观察与思维的方式十分接近于艺术的方式。而且由于巫术与原始人争取生存的斗争直接相联，因此巫术对世界的观察既有种种大胆离奇的想象，同时又与原始人的生存斗争合为一体，具有十分强烈的情感色彩。古代的巫术活动还不能说就是后世的艺术活动，但已具有艺术的性质，只不过这时的艺术活动还是与巫术活动不可分地结合在一起的。古代艺术产生的过程，实际也就是艺术从巫术中逐渐分化和独立出来的过程。周代的占筮已不同于远古原始时代的巫术，不再具有原始巫术活动那种极为神秘的色彩。但它终究又是从远古巫术活动发展而来的，而且去古未远，所以仍然保持着巫术特有的准艺术的思维方式，并由于筮辞的遗留而保存和记录下来了。这是十分宝贵的。《周易》的经文，几乎都有浓烈的艺术意味，充满着隐喻、象征（这是艺术经常使用的重要手法），应用着与中国古代诗论所说的"比兴"极为类似的表达方式，有时还直接引述古代传唱的很美的民歌。实际上，后世诗歌中的"比兴"本是从巫术的思维方式（直观性的类比思维）发展而来的。巫术的思维方式在前，诗的"比兴"在后。《周易》的经文还记录了古人所经历的忧患与欢乐，凝结着古人对生存的思索与体验，经常呈现出一种鲜明、强烈的情感色彩。上述种种包含在经文中、可直接与艺术相通的内容，经过《易传》作者的总结、发挥而提升为某种理论观点。因此，这种理论观点虽不是直接针对艺术而发的，但又已具有了丰富的美学意义。如《易传》提出的"立象以尽意"，虽然还是针对古人占筮的活动而言的，但同时又正好是一个有重要美学意义的命题，对美学产生了重大影响。又如《易传》作者看到经文表现了古人经历的忧患，并加以发挥，这虽不是在讲美学问题，但却对中国古代美学的悲剧观念的形成产生了重要作用。

第二，《周易》的传的主导思想属于儒家，而儒家历来对与审美和文艺相关的"文"的问题十分重视。孔子就曾热烈赞颂周代有"文"，"郁郁乎文哉！吾从周"（《论语·八佾》），又赞颂尧的时代"焕乎！其有文章"（《泰伯》）。《易传》的作者们既站在儒家立场上，因此对"文"的问题也十分重视。他们把据说为孔子所写的对经的解释称之为"文言"，在坤卦的传文中又几次讲到"章""文"的美，在贲卦中又提出了"天文"与"人文"的思想，极大地发展了儒家关于"文"的理论。所有这一切，虽然还是针对卦象、占筮而发，但也明显具有重要的美学意义。值得注意的是，《易传》作者在构筑他的世界模式时也没有忘记"文"的问题，在《序卦传》中把有关"文"的问题分给贲卦来承担，指出"贲者，饰也。"这也不是完全的牵强附会，因为贲卦的经文确实与文饰、美的问题有明显的关系。经文既记录、反映了周代的社会生活，当然也会包含与美、"文"有关的内容。此外，《易传》在一些卦中还直接间接地涉及文艺方面的问题。如豫卦讲到了音乐，观和咸两卦虽然无一语及于文艺，但前者显然可与孔子所说的诗"可以观"的"观"相联，后者则可与儒家一向强调的文艺的感化作用相联。

第三，《周易》大量吸取了道家思想，在儒家所讲的"人道"之外，十分重视道家讲得最多的"天道""天地"问题，而道家讲"天道""天地"又经常是与美的问题连为一体的。在中国美学史上，是道家中的庄子学派首先明确出"天地之美"的观念，并主张"圣人者，原天地之美而达万物之理"（《庄子·知北游》）。儒家讲美，历来是从人的道德行为、治国的政治理想来讲，未明确地把美与天地联系起来。儒家以"和"为美，主要指的是与仁义、礼相关的"人和"，不是天地之"和"。儒家中荀子最重视天地、自然问题，《荀子·乐论》还曾将"乐"与天地相比拟，但也未明确将美与天地相联系。荀子所讲之"和"也还是与"天时""地利"并提的"人和"。《周易》则不同，它虽然是站在儒家立场去理解美的问题，不像道家那样从"道"的"无为"去讲"天地之美"，但又深受道家影响，而将美与"天地"明确地联系起来，同时也明确地提出了天地之"和"的思想。乾卦传文提出"乾始能以美利利天下"，将"美"与天相联系。坤卦传文又讲到"坤含章可贞"，"有美含之"①，最后又从"黄中通理，正位居体"来讲"君子"之美。乾卦传文还提出"乾道变化，各正性命，保合大和，乃利贞"的

---

① 此处引文的标点，与一般所见的标点不同，详后章。

思想。这是与"乾始能以美利利天下"相关的，又是乾的"元、亨、利、贞"的功能的完满实现，而"元、亨、利、贞"均与美的问题有密切关系(详第一章)。因此，《周易》所说天地的"大和"有重要的美学意义(详第二章)。与此相关，《周易》所言天地的阴阳刚柔的变化都与天地的"大和"分不开，从而也都具有美学方面的意义。正因为讲天地变化是《周易》的重大主题，而《周易》又明确将美与天地相联，并将天地之美与天地的"大和"相联，因此《周易》讲天地变化的种种思想，虽不是直接针对和仅仅针对美与文艺问题而言，还是在讲卦、讲占筮的吉凶等问题，但又几乎无不可以同美与艺术问题相通。乾传中有一句话："六爻发挥，旁通情也。"我想可以套用它来讲一句话：《周易》发挥，旁通美也，旁通艺也。

第四，《周易》提出并具体论述了和美与文艺问题有重大关系的"象"的理论。在《周易》之前，儒家从"文"讲美，道家从"道"的"无为"在"天地"中的具现讲美，其实都与美诉之感官的形象性有关。但儒家从未讲到"文"与"象"的关系，虽然"取象"的观点在《荀子》一书中已经出现。道家的《老子》一书已提出"象"的观念，并且提出了"大象无形"这一有深刻美学意蕴的命题。但不论老子或其后的庄子学派，都未对"象"的问题作更具体的论述，也没有论述他们所说的"美"与"象"之间的关系。《周易》由于本是一部讲占筮的书，因此就不能不充分重视卦象的问题，从而提出了一套关于"象"的相当具体而详细的理论。它虽然是为了说明占筮的方法与原理，但如前所述，占筮是古代巫术活动的一种重要形式，而巫术包含着能够与艺术相通的东西，因此《周易》关于"象"的理论也就包含多方面的美学意义。《周易》提出"象"的理论，极大地拓展了中国古代美学的内涵，使中国古代美学增添了"象"这一重要范畴，对说明音乐、文学之外的书法、绘画乃至建筑等造型艺术提供了直接的理论根据。而且，就是音乐、文学，也同样有一个借助于声音、语言媒介而唤起的审美意象问题。没有"象"的理论，美学中的许多问题就无从解决。此外，《周易》关于"象"的理论是与"数"分不开的，而"数"与美也有重要关系。古希腊毕达哥拉斯一派的美学就十分重视美与"数"的关系，并对后来的西方美学产生了重要影响。因此，《周易》关于"数"的理论也有拓展中国美学的意义。

上述四个方面就是《周易》何以对中国美学产生了巨大影响的主要原因。现在，我们再来分别就音乐、文学、书法、绘画四个文艺部门，较为具体地概述一下《周易》对中国美学所产生的影响。

在乐论方面，先秦时期已有不少关于"乐"的言论，但都比较零碎，不成系统。较为系统的理论的提出，始于《吕氏春秋》的《大乐》。《大乐》从天地出发来说明"乐"的产生与本质，其宇宙论与《周易》很类似。但《吕氏春秋》的主导思想属于道家，其写成或当在《周易》的传成书之前，因此这里不加讨论。《周易》对中国古代乐论的影响，首先表现在《乐记》一书上。《乐记》在中国美学史上占有重要地位，可与古希腊亚里士多德的《诗学》相比拟。《乐记》成书无疑在《易传》之后。它在不少地方引用、转述了《易传》的话，并运用来自《易传》的"感""象"的观念说明音乐（同时也包含舞蹈）的产生与本质，用《易传》中"文""饰"的观念说明音乐的形式美。更重要的是，它依据《易传》提出的"大和"思想，作出了"大乐与天地同和"这一重要论断，最为明确、肯定地奠定了中国古代音乐美学的根本思想。《乐记》的美学思想是《荀子·乐论》思想的继续与发展，并可能受到《吕氏春秋·大乐》的影响。但是，如果《乐记》没有吸取、运用《周易》的思想，就不可能建立起它的理论，并对后世产生重大影响。《乐记》之后，历代较为系统，又具有深刻美学意义的乐论，当推魏晋之际阮籍的《乐论》和嵇康的《声无哀乐论》。阮、嵇都对《周易》有深入的研究，阮还写过《通易论》。他们都立足于《周易》所讲的天地之"和"来阐述"乐"的本质，有的地方还直接引用《易传》的观点、词语。如阮籍《乐论》说："昔圣人之作乐也，将以顺天地之性，体万物之生也。"又说："乾坤易简，则雅乐不烦。""夫雅乐周通，则万物和。"嵇康《声无哀乐论》主张"自然之和"是音乐的本质，"曲虽众变，亦大同于和"，并以"感以太和""含弘光大"等语加以说明。但阮、嵇又都是玄学家，因此他们对音乐的"和"的论述，既直接与《周易》的思想相关，又是玄学化了的，已和《周易》的思想有不小的区别。此外，中国音乐理论与声律的研究分不开，自汉代以来，《周易》即已成为中国古代研究声律的理论基础，这自然是因为声律与《周易》所说的象数有十分密切的关系。

在文学理论方面，汉代仿《周易》而作《太玄》的扬雄是应用《周易》的思想说明文学，且影响最大的人物。除《太玄》中关于"文""质"的变化的论述全仿效《周易》的思维模式之外，扬雄在《法言》中还说过对中国美学产生了重要影响的一句话："言，心声也；书，心画也。声画形，君子小人见矣。"这显然是对《周易》多次论及的言、辞、象与人的情感、道德品性、内心状态的关系的发挥。扬雄之后，王充的《论衡》明确应用《周易》"天文""人文"的思想来说明文学的美，由此盛赞汉的文学之美超越百代。王充对"文"的美的价值予以充分肯定，认为"上天多文而后土多理。二气协和，圣贤禀受，法象本类，故多文采"。"德弥盛者文弥缛。"（《论衡·书解篇》）王充而后，应用《周易》的思想来系统地说明文学的美，并取得了可以说是空前绝后（就中国古代而论）的卓越成就的，是南朝齐梁刘勰的《文心雕龙》。此书广泛地吸取中国古代各家思想，包含魏晋以来流行的道家、玄学思想，以及佛学的某些思维方式，但其根本的思想出自《周易》。刘勰是站立在《周易》思想的基础之上去摄取、融会各家的。从汉代以来"易学"的研究来看，刘勰也是南北朝时期最能得《周易》真髓的人物。他继王充之后，应用《周易》的"天文""人文"思想对文学的产生及文学的美的价值作了深刻、有力的论证（见《文心雕龙·原道》），第一次把文学理论提到哲学、美学的高度。他提出的"风骨"论同魏晋人物品藻提出的"风骨"概念有关。但更重要的是他应用《周易》的"刚健""文明"的思想去阐述文学的"风骨"的构成，将包含在《周易》中的"刚健"之美的观念具体落实到"风骨"这一美学范畴上。这是对《周易》美学的重大发展。刘勰还建立了他的一个文艺美学的理论模式，并贯穿于《文心雕龙》全书，这就是他在《文心雕龙·熔裁》中所说的"情理设位，文采行乎其中。刚柔以立本，变通以趋时"。这个模式的思想全来自《周易》，连文字的表述方式也是套用《易传》所说的"天地设位而易行乎其中矣"，"刚柔者，立本者也；变通者，趋时者也"（见《系辞》上传及下传）。刘勰应用《周易》的思想建立他的文艺美学而取得了十分卓越的成就，这充分说明《周易》本来是包含着丰富而深刻的美学思想的。① 刘勰之后，自梁代的萧统、萧纲到唐初史家及其后的古文家，无不用《周易》"天文""人文"的思想来说明文学的本质与功能。至宋、元、明、清，则完全成为讲文学的口头禅了。在这漫长的年代里，文论家对《周易》的思想还有所发挥，最重要的是清代古文家姚鼐据《周易》而明确提出"阳刚之美"与"阴柔之美"的划分。这是中国古代美学对美的两大基本形态的划分，与西方美学中优美与崇高的划分类似而又有所不同。姚鼐之后，曾国藩又加以发挥，一直影响到后来王国维《人间词话》中"优美"与"宏壮"的理论的提出。写于 1907 年的鲁迅的《摩罗诗力说》，在介绍 19世纪西方许多进步的、为民族独立而斗争的诗人时，反复用"刚健"一词来赞扬他们的作品和人格的美。鲁迅所说的"摩罗诗力"实即"刚健"之力。当然，鲁迅已赋予来自《周易》的"刚健"以新的内涵，但这也充分说明，《周易》的"刚健"观念在中国美学中是有强大生命力的。

从书法理论方面看，由于《周易》提出了"象"的理论，又讲到八卦及文字的产生、创造，因此中国书法理论一开始就是以《周易》的思想为其直接根据的。最早讨论书法艺术的著作，是东汉崔瑗的《草书势》。它一开始就依据《周易》以说明书法的产生，指出"书契之兴，始自颉、皇，写彼鸟迹，以定文章"，然后讲到草书的产生，并以"观其法象"的思想来解释草书的美。这个"观其法象"的思想同样来自《周易》，与《周易》关于"象"的理论直接相联。它奠定了后世对书法美的欣赏与解释的美学基础，即从书法形象所引起的对现实美的种种联想及其所表现的情感去说明书法的美。崔瑗之后，蔡邕的书法理论同样是据《周易》以说明书法艺术的产生，并提出了"书乾坤之阴阳，赞三皇之洪勋"的重要思想，把书法艺术的美同天地的美联系起来，开始用来自《周易》的"象类多喻"、阴阳刚柔的观念去加以解释

---

① 以上可参见拙著《刘勰》一书，台北东大图书公司 1989 年版。

（见《笔赋》）。魏晋书论深受玄学影响，十分重视"意"，但并未否定"象"。崔瑗提出的"观其法象"的思想仍是解释书法美的基本原则，至南北朝时期及后世很长时期均如此。唐代虞世南作《笔髓论》，主要以道家思想论书法美，主张"学者心悟于至道，则书契于无为"，但仍据《周易》以论书法之发生。唐代书风以刚健为其特色，所以从唐太宗、虞世南至柳公权论书均强调"中正"，显然与《周易》有关。孙过庭的《书谱》直接引用《周易》论"天文""人文"的话说明书法的美，又提出"旁通点画之情，博究始终之理"，也明显是对《周易》思想的发挥。唐代另一个著作最多、很重要的书论家张环瓘著《书断》，自称"庶乎《周易》之体"，对《周易》很为推崇。他说："夫《易》者，太古之书，夫子之文章可得而闻也。弥纶乎天地，错综乎四时，究极人神，盛德大业也。"此书还特别讨论了谁重八卦的问题，反对"文王重卦说"，主张"伏羲自重八卦"。在书法理论上，张环瓘很明确地依据《周易》"象"的理论来建立、发挥他的书法理论。他在《书断》中指出："卦象者，文字之祖，万物之根。"在《文字论》中说："日月星辰，天之文也；五岳四渎，地之文也；城阙朝仪，人之文也。字之与书，理亦归一，因文为用，相须而成。"在《六体书论》中，又说："臣闻形见曰象，书者法象也。"在历代以《周易》论书法的书论家中，张环瓘成就最大，其理论也很有系统性。唐代以后，以《周易》论书法成为常规。较可注意者为元代郑杓所著《衍极》一书。总的来说，自宋至清，《周易》的思想广泛渗入书法理论，但较之前代，有重大发明之处不多，兹不详论。

在绘画理论方面，由于绘画与"象"本有十分直接的关系，所以《周易》对历代绘画理论也产生了重要影响，但不如书法理论那么广泛。最早明确将《周易》与绘画问题联系起来的，是南朝刘宋时期的颜延之。他在给当时著名画家王微的信中说："图画非止艺行，成当与《易》象同体。"（王微：《叙画》）这极大地提高了绘画的地位，并加深了对绘画的本质的认识。唐代张彦远在《历代名画记·叙画之源流》中说："夫画者，成教化，助人伦，穷神变，测幽微，与六籍同功，四时并运，发于天然，非由述作。"这显然是对颜延之的看法的发挥。张彦远还据《周易》所述八卦与文字的产生，以及"六书"中的"象形"，提出了"书画同体"亦即书画同源的说法，对后世很有影响，差不多成为定论。唐代而后至清的画论，在论及绘画的起源与本质时，大多据《周易》以立论。清代石涛所著《画语录》一书，在中国绘画理论史和美学史上均占有重要地位，其主导思想与禅宗有密切关系，但并不局限于禅宗，而明显吸取了道家与《周易》的思想。如它用"乾旋坤转之义""变化"的观念说明画家不可为规矩及古人所束缚，须不断创新；用"絪缊""蒙养生活之理"说明绘画的笔墨的掌握与应用，都来自《周易》。沈宗骞著《芥舟学画编》也是清代画论中不可多得之作，其中提出绘画用笔既要"尽笔之刚德"，又要"尽笔之柔德"，"二美能全，固称全德"。这与姚鼐在文学理论上提出"阳刚之美"与"阴柔之美"的划分类似、相通，是《周易》思想在绘画技巧上的重要发挥。在书法方面也有相似的问题，历代书论也多论及，这里不再细述。

以上我们从音乐、文学、书法、绘画四个方面大略考察了《周易》对中国美学发生的影响。如果再综合起来考察，不局限在某个艺术部门，则这种影响可概括为下述两个方面。

第一，《周易》有关"大和""天文""人文""象"的理论为中国美学阐明各门艺术的发生及其美的本质提供了直接的理论依据。它完全可以说是中国美学关于艺术本质理论的哲学、美学前提。

第二，《周易》有关阴阳、刚柔、进退、开合、方圆、变化、神等的论述，为中国美学探求各门艺术的创造规律提供了直接的理论依据。它完全可以说是中国美学有关艺术创造理论的哲学、美学前提。中国美学关于艺术创造规律的认识大部分来自《周易》的启示。

但以上所说，仍只是就《周易》对艺术理论的影响而言。此外还有一个十分重要的问题，即《周易》对中华民族的审美意识、审美文化产生了怎样的影响？这当然不能脱离《周易》对各门艺术发生的影响，但又已不局限于各个具体的艺术问题了。它是关系到中华民族的精神的一个重要问题。对于这个问题，我们将在本书中讨论。

三　研究《周易》及其美学思想的方法问题

要研究《周易》这本号称难解的书，经常会碰到一个研究方法的问题。因此，我想在这里对这个问题作一些说明。

在《周易》的研究中，历来有两个引起争论的问题，那就是如何处理经与传的关系以及义理与象数的关系问题。在第一个问题上，长期占优势地位的看法是重经轻传，以为传不过是对经的一种牵强附会的解释而已，没有什么价值可言。这种看法抹杀了传在中国思想史上的重大意义与影响，是根本错误的。反过来说，重传轻经，也不可能真正深入理解传的意义与价值。在第二个问题上，长期占优势地位的看法是重义理轻象数，认为有关象数的说法都是荒唐无意义的，根本不值得研究。实际上，在象数理论中，既有荒唐的东西，也有古人从实际生活观察得来的合理的东西，以及对和数相关的某些规律性的东西的思考。从美学方面看，如前已指出，象数说有不可忽视的意义。当然，如果只重象数而轻义理，那么不仅象数的意义不可能得到深入、合理的说明，而且会走入烦琐、附会的歧途，甚至堕入宣传封建迷信的泥潭。所以，我认为不论对待经与传或义理与象数的关系，都应采取全面分析、正确处理的态度。

除以上两个问题之外，还有一个不限于对《周易》的研究的重要问题，即文字的训诂考证与思想的理论分析的关系问题。在这个问题上，长期以来占优势地位的看法是认为只有文字的训诂考证才是真正的学问，至于对古人思想的理论分析，那不过是离开古人的原意去说一些牵强附会的空话而已。所以，有时我们可以看到这样一种现象：虽然某一著作对古人思想的分析很有创见和价值，但如果其中出现了某一个文字训诂考证上的错误，一些只重训诂考证的人就会乐不可支，如获至宝，大加渲染，把这本著作在理论分析上所具有的价值也一并加以否定，说得一钱不值。我认为这是一种很可悲的现象。其实，从古至今，就是某些很有名气的训诂考证家的著作，又何尝没有错误呢？有时甚至是常识性的错误。毫无疑问，对古人思想的分析决不能脱离古人著作的原意，因此训诂考证的功夫是一点也轻视不得的。但如果只停留在训诂考证上，那就不可能认识古人的思想在历史上有何意义与价值，更不可能认识古人的思想在当代还具有什么样的意义与价值。这样，又怎么能谈得上继承与发扬我们民族的优秀传统呢？怎么能将中国的优秀思想融会到现代的思想中去，并使它为世界各国所了解呢？训诂考证固然不易，要对古人的思想作出有理论深度的分析，使之在当代发挥应有的作用，也绝非易事。而且，即使是单纯文字的训诂考证，如果缺乏广阔的视野和对思想理论的较深刻的了解，在许多关键性的词语上，也是往往不能得其真义的。我充分尊重训诂考据家们的经常是寂寞而辛苦的工作，他们在中国文化的传承上是有重要贡献的。但从古至今，既有渊博的训诂考据知识，又有深刻的理论思维头脑的训诂考据家真是寥若晨星，这大约是因为人们的精力毕竟有限，在学术研究上不能不有所分工。就有关《周易》的训诂考据来说，清代焦循所著《易通释》要算是一部皇皇巨著了。这部书有讲得对的地方，但也有不少强作解事，没有根据的说法。重要原因之一，就是焦循自视甚高，架子颇大，而他对《周易》思想的理解却相当肤浅，停留在字面上。要到清代去找寻一位有理论思维头脑的考据家，恐怕非戴震莫属了。胡适注意到了他，并给予甚高的评价，是有道理的。

　　本书对《周易》美学思想的探讨，将努力坚持我一向所主张的文字的训诂考证与思想的理论分析相结合、历史与逻辑相统一的原则。大致而言，我的分析程序是这样的：（1）借助文字训诂，结合历史背景（包括思想史的背景），弄清《周易》原文的意思；（2）在此基础上分析《周易》的哲学思想；（3）根据《周易》的哲学思想分析其中所包含的美学思想；（4）考察、叙述这种美学思想在审美与艺术现象中的表现，把它化为具体可见的东西；（5）将这种美学思想与西方美学中相关的思想进行比较，辨其异同；（6）对这种美学思想在当代可能具有的意义、价值作出评述。当然，这是一种研究上的程序，至于具体的叙述方式，则绝不是如此刻板、机械的。在对古人思想的分析上，我主张既不能脱离古人思想本有的含义，又要重视从现代的高度去分析，思考古人的思想与现代人类思想发展的联结问题，也就是如我在拙作《中国美学史》第一卷绪论中所指出过的，不仅"我注六经"，而且"六经注我"。我深信，这不是如某些人所说的那样，是在任意地歪曲解释古人的思想，而是既要弄清古人思想的本来面目，又要把古人思想中那些至今仍有价值的优秀的东西，汇入人类当代思想发展的洪流，以弘扬中华民族伟大优秀的传统。中国古代思想如果脱离了人类当代思想的发展，那么不论它如何伟大，都不可能得到充分深入的阐明和真正的发扬光大，甚至成为没有生命的木乃伊。

第一章 《周易》中的美的观念

为了研究《周易》美学，首先需要如实弄清《周易》是怎样看待、理解美的，即它的美的观念是怎样的。这是进一步分析、评论《周易》美学不可缺少的前提。

本章的任务仅仅在于通过对《周易》中有关美的文字语言的训诂考证以查明《周易》中美的观念究竟是怎样的，不作更进一步的分析、评论。

一 释"美"

讲到《周易》对于美的观念，一般可能会到《周易》中去寻找那些有"美"这个字出现，直接提到了"美"的地方。实际上，在没有"美"这个字出现的许多地方，同样是与美相关的，而且常常更为重要。不过，既然《周易》很有几个地方直接提到"美"，用了"美"这个词，我们就不妨先从诠释《周易》中"美"字的含义开始，然后再及于与美相关的其他重要概念。

《周易》在四个地方提到"美"，"美"字先后共出现了五次：

(1) 乾元者，始而亨者也。利贞者，性情也。乾始能以美利利天下，不言所利，大矣哉！（《乾·爻辞》）

(2) 阴虽有美含之，以从王事，弗敢成也。（《坤·文言》）

(3) 君子黄中通理，正位居体。美在其中，而畅于四支，发于事业，美之至也。（同《坤·文言》）

(4) 坎为水。……其于马也为美脊，为亟心，为下首，为薄

蹄，为曳。(《说卦》)

下面逐条加以考索。

第 一 条

第一条中"乾始能以美利利天下"一语，"美"与"利"并提，显然是两个概念。观上文"乾元者，始而亨者也。利贞者，性情也"，可知"美"与"始而亨"有关，"利"与"利贞"有关。由此又可看出，《周易》所理解的美是与乾所具有的元、亨、利、贞的属性、功能分不开的(《周易正义》已见及此，详后)。这是了解《周易》的美的观念的重要关键，下面将另作详细说明。此外，"利"一词在《周易》中显然有利益之意(详后)，《周易》将"美"与"利"并提，说明它认为美并不是与功利不能相容的东西。这是《周易》美学的一个重要特点。

再从历代的注释来看，《周易集解》引虞翻注曰："美利谓云行雨施，品物流行，故利天下也。"《周易正义》注："能以美利利天下者，解利也；谓能以生长美善之道利益天下也。"《伊川易传》注："乾始之道，能使庶类生成，天下蒙其美利。"《周易集注》注："以美利利天下者，元能使庶物生成，无物不嘉美，亦无物不利赖也。"诸家注释虽还欠清晰、深入，但一致从乾生长万物来说明"美利"，是很正确的。《周易》所理解的美与生命不可分。

究竟"美利"中的"美"是何含义，这要到厘清"元、亨、利、贞"的含义及其与美的关系之后才能得到有根据的说明。这里只能大致地说，"乾始能以美利利天下"一语中的"美"字，指的就是乾亦即天不仅产生万物，而且能使万物成为美的东西。天是万物能成为美的根源，万物之美由天产生，从天而来。但这里尚未正面涉及美是什么的问题，而只肯定了天有使万物成为美的功能。

第 二 条

此条的标点，常见的是在"美"字后读断，即"阴虽有美，含之以成王事，弗敢成也"。我采取朱熹《周易本义》的断句法，在"之"字后读断，即"阴虽有美含之，以成王事，弗敢成也"。理由是在这句话之前，解释六三的爻辞、象辞两次讲了"含章可贞"，而"章"即是"美"。《周易正义》疏："章，美也。""含章"即是"含美"，"阴虽有美含之"正是承上文而来。如于"美"字后读断，则脱离了上文，"含之"一词在全句中亦不易解通。

由于"有美含之"即是"含章"，因此此条中"美"字的含义是较清楚的。"章"与"文"相关，元吴澄《易纂言》说："含章，象也。含如口之含，阴阳相间，杂而成文，曰章。""文"又历来与美相关，《周易正义》释"章"为美，即是此。朱震《汉上易传》释坤卦六五象辞"黄裳元吉，文在中也"说："文者，地道之美，见于山川动植者也"。王夫之《周易外传》说："夫坤之为美，利导之而已矣。利导之而不糅杂乎阳以自饰，至于履位以正，而遂成乎章也，则蚑者、蟜者、芽者、芅者，五位具，五色宣，五音发，殊文辨采，陆离斒斓，正成万物之美。"由此可见，"阴虽有美含之"中的"美"，指的是由天所生万物的文采的美，如《周易》革卦中所提到的虎、豹毛色、花纹的美。关于美与"文"的关系，将在本书第四章中详加讨论。这里只需要指出，把美理解为万物的文采之美，是《周易》的美的观念的一个重要方面。但这种美只有在它符合于正道的时候才是有价值的，所以不仅说"含章"，而且还要说"可贞"，即坚守正道（关于"贞"的含义，详后）。

上条是从乾亦即天来讲美，此条是从坤亦即地来讲美。由于《周易》认为万物由天所生，其美也来自天，因此坤所含之美来自乾。《周易集解》引虞翻注云："以阴包阳，故含章。"正因为这样，《周易》认为地有生养万物的博大的功能，因此没有地也不能成万物之美。关于天地与美的关系，将在下章中详论。

第 三 条

此条也是从坤即地来讲美的，但已不是单纯讲坤之美，而由坤之美联系到人事，直接地讲"君子"的美了。因为在《周易》看来，人必须效法天地，所以关于坤之美的种种说明完全适用于人，并且是人要达到美必须遵循的。正因为此条由坤之美进而到讲人之美，它包含的内容就比较复杂难解了。特别是"黄中通理，正位居体"这两句话，历来注家解释虽有某些合理之处，但总的来看，常常是牵强、晦涩、不清晰和不正确的，可以说未能得其真解。而这两句话不解通，又难以贯穿下文，对全段作出合理的解释。

现在，我们先来看看"黄中通理"应作何解。

一些注家已经指出，"黄中"是承坤卦传文"黄裳元吉，文在中也"而来，"黄中"即"黄裳元吉，文在中也"的意思。黄是地的颜色，又被看作一种美丽尊贵的颜色，所以言黄即意味着美。裳是内服。黄既是美的颜色，衣裳又须有文饰，而裳是穿在里面的内服，因此就可借黄裳比喻美在内心，与"文在中也"相联（参见高亨《周易大传今注》）。"文在中也"，就卦象而言，指六五处于中位，但"文"又有美意，所以焦循《易通释》正确指出，下文言及"君子"之美时所说的"美在其中即文在其中"。

"黄中"之意已如上述，"通理"又是什么意思呢？《周易集解》引虞翻语，释为"坤为理，以乾通，故称通理"。此说不确。因为"黄中"为坤之象，"黄中通理"乃指"黄中"要通于理，非指以坤为理，用乾来通。实际上，由坤卦传文中所言"含章可贞"一语已可见出"黄中"何以还要"通理"。"黄中"指内含、在中之美，亦即"含章"，但"含章"还须"可贞"，即符合正道。要符合正道，自然就必须"通理"。这个"理"是什么理呢？《周易正义》释为"通晓物理"，《周易大传今注》释为"通达事理"，均不贴切、准确。《汉上易传》称"理者，中正也，天地万物之所共由者也"，较是，但尚不很清楚。我认为由于坤为臣道，是上顺承天的，因此坤所"通"之"理"是乾卦传文所说"乾道变化，各正性命"之"理"，也就是《说卦》中所说的"性命之理"。"昔者圣人之作易也，将以顺性命之理"。"黄中通理"之"通理"即是"顺性命之理"，使美合于正道。而仁义、礼是这个"性命之理"的重要内容，因此"黄中通理"又可与"正位居体"联系起来了。

对于"正位居体"，历代注家的解释更多牵强、混乱之处，这里不一一评述。实际上，关于"正位"，勿需他求，《家人·彖辞》中已作了再也明白不过的解释。"女正位乎内，男正位乎外，男女正，天地之大义也。家人有严君焉，父母之谓也。父父、子子、夫夫、妇妇而家道正，正家而天下定也。"至于"居体"，《周易大传今注》认为，"体疑借为礼，居体即居礼，犹言守礼"。这看到"正位居体"与礼相关，但以"居体"为"居礼"则是不对的。这不是说在文字训诂上"体"不能借为"礼"，而是因为在"正位居体"之后，下文紧接着说"美在其中，而畅于四支"。支借为肢，四肢不能离身体，四肢即指身体。所以，"居体"之"体"当指身体。如以"居体"为"居礼"，则难于与下文"畅于四支"相联属。确定了"居体"之"体"指身体，则"居体"也即是古人常讲的"居身"，即立身处世。《后汉书·逸民传·台佟》："孝威居身如是，甚苦，如何?""居体"即是"居身"，因此"正位居体"的含义即是指按君臣、父子、兄弟、夫妇在不同地位上所应行的正道而立身处世，约束规范自己的行为，当然也包含《论语》所说君子的视、听、言、动均不能违背礼的意思，因为"位"的正与不正是由礼加以具体规定的。此外，"居体"的"居"还有安的意思。《吕氏春秋·上农》："轻迁徙，则国家有患，皆有远志，无有居心。"高诱注："居，安也。"君子处正位，行正道，就可以使身体安乐，无祸患灾难。所以乾卦释九三说，君子只要"进德修业"，就可以"居上位而不骄，在下位而不忧，故乾乾因其时而惕，虽危无咎矣"。涣卦象辞说："王居无咎，正位也。"以"安"释"居"，"正位居体"即"正位安体"，相当于《荀子·礼论》说礼可以"养体"之意。以上对"正位居体"的两种解释，显然是互通无碍，完全能相容、一致的。

　　明白了"黄中通理，正位居体"的意思，也就可以看出它与紧接的下文"美在其中，畅于四支"是直接相联的。"黄中通理"即是"美在其中"，"正位居体"即是"畅于四支"。"黄中"既是内含之美，又"通理"而成为真正的美，这就是"美在其中"。"正位居体"则正是含于中的真正的美"畅于四支"，即在君子日常生活、行动上的表现。因为美须"通理"，而在日常生活行动中以"正位"立身处世，正是与"理"相通、一致的内在的美的重要表现。不"正位居体"违背了"性命之理"，当然就不可能有真正的美了。《荀子·劝学》说："君子之学也，入乎耳，箸乎心，布乎四体，形乎动静；端而言，蝡而动，一可以为法则。小人之学也，入乎耳，出乎口。口、耳之间则四寸耳，曷足以美七尺之躯哉？"这就是"正位居体"，也就是君子的内美"畅于四支"的表现。但只"畅于四支"不够，进一步还要"发于事业"。在《周易》看来，这是比"畅于四支"更高的美，并且是"美之至也"，即美的最高表现。

从以上的分析和解释中可以看出，在《周易》论及"君子"之美的这段话中，"美"一词具有这样几个方面的含义：第一，这里的"美"的含义与《周易》所说"含章可贞""阴虽有美含之"中的"美"的含义相通、一致，但又有所不同。因为这里是从"君子"的修养、立身处世来讲的，所以"美"就不只是指坤亦即地的"含章"、含美，即不只是指自然界万物具有的文采之美，而且还指在古代社会政治生活中衣服（如上述的"黄裳"）、用器、居室、车子等所具有的文饰之美。也就是说，这里的美已不限于自然界，而扩大到社会生活。第二，古代社会政治生活中这种文饰之美，是按照上下尊卑的等级、名位而作了严格区分、规定的。这种区分、规定是"礼"的一个重要内容，如果违背了它，那就是僭越、背礼。因此，"正位居体"也就包含"君子"对"美"的追求必须符合等级、名位规定的意思，不能有非分之想。也就是艮卦的象辞所说，君子"思不出其位"。《左传》襄公二十七年记载："齐庆封来聘，其车美。孟孙谓叔孙曰：'庆季之车，不亦美乎？'叔孙曰：'豹闻之，服美不称，必以恶终，美车何为？'"叔孙反对"服美不称"，对庆季的车美不以为然，这就是主张美的占有、享受须符合等级、名分的规定，也就是《周易》所说"正位居体"的实例。同时，美的占有、享受须符合等级、名分的规定，又显然是《周易》所说"黄中通理"的"通理"的重要内容（但不是唯一内容，详后）。总之，《周易》认为"君子"对文采、文饰的美的追求须符合"礼"的规定，否则就不是真正的美，这是《周易》对于美的一个重要观念，也是儒家美学的传统观念。第三，《周易》讲"君子"的美，是由内而外地讲的，把美视为一个由内而外的实现过程。"黄中通理"和"美在其中"，当它尚未表现于外的时候，美还只是"君子"的一种内在的精神品质。但《周易》认为美不能停留在内在的精神性上，而必须向外表现出来。这是一个重要的思想。虽然在《周易》之前，儒家美学已有这样的思想，但《周易》作了更明确、深入的发挥。第四，内在的精神性的美向外表现，就是《周易》所说的"正位居体""畅于四支""发于事业"，并且以"发于事业"为最高表现。前面解释第一条时已经说过，《周易》把"美"与"利"并提，不认为"美"同"利"不能相容，这里又以"事业"为美的最高表现，说明《周易》是把美同"君子"治国平天下的功业密切联系在一起的。这是一个具有不可轻视的重要意义的思想，我们将在后面有关章节作详细的讨论。

第 四 条

此条见于《说卦》，文字很简单，但解释起来似也不易。《说卦传》讲了八卦所象的事物，在讲到坎卦时说："其于马也，为美脊。"究竟什么是"美脊"呢？这里"美"字的含义是什么呢？

《周易集解》引宋衷语云："阳在中央，马脊之象也。"这成为后世许多注家释"美脊"之所本。如《周易正义》认为，"其于马也为美脊，取其阳在中也"。《汉上易传》亦持此说，但有所发挥。《易纂言》说："坎阳在中故脊美"。《仲氏易》说："坎阳在中象马脊。"《周易虞氏义》说："阳在中为脊，不独马也。"这些说法都是从坎卦的卦象出发，并与乾卦相联系而说明坎何以"其于马也，为美脊"。因为《说卦》认为"乾为马"，而坎卦的中央一爻为阳爻，如马的脊骨在中，故可以像马脊。而乾为阳，又是美的，故为"美脊"。《汉上易传》又更加推展说明，认为乾即为马，乾的最上一爻像马头，中间一爻像马脊，下面一爻像马足。坎卦中央一爻为阳爻，故称"美脊"。总之，"美脊"之所以称为"美脊"，就因为"阳在中央"，并且是美的。

这些说法看来相当牵强，但非毫无所本。古人释象，虽不能都言之成理，但大部分持之有故。所以，象数说不能一概抹杀。特别是从美学角度看，它往往包含重要的美学内容，很值得注意。

旧注以"阳在中"释"美脊"，阳具有"中正刚健"的特性。马脊位于马体从头至尾的中部，如果再加上它生长良好，给我们一种挺拔之感，那是能引起美的感受的。相反，如果马脊所在位置偏斜，或是左右弯曲，那就是生长畸形的表现，不会引起美感。马脊由骨构成，骨属阳，属刚。《汉上易传》注乾"为良马"，引郑康成语云："凡骨为阳，肉为阴。"这个"骨"的观念在中国美学中曾起了重大作用，直接与《周易》所言"刚健"之美相联。由骨构成的马脊，如果能给我们一种坚实有力的感觉，那就是美的。相反，如果看上去使人觉得脆弱无力，不堪骑载，那就是不美的。就一切脊椎动物而论，脊椎生长状况如何，同动物的健全与否密切相关。一匹有"美脊"的马，如果再具备其他必要条件，那就是一匹良马、好马。所以，古人看起来是据卦象而释"美脊"，实际上又是以有关马的种种知识为根据的，并非完全牵强附会。中国古来就有相马之术，《周易》中涉及马的种种说明，当与此有关。

马与中国人的审美观念、文学艺术有相当密切的关系。《庄子》中不止一次地讲到马的美。历代诗人（特别是唐人）写下不少咏马的诗篇，历代画家中也有不少人以画马闻名。现代著名画家徐悲鸿是极善画马的艺术大师，尹瘦石、刘勃舒也擅长画马。马之美与其骨体分不开，而脊的骨体之美当然又是很重要的，在马的艺术造型中起着关键性的作用。杜甫《丹青引赠曹将军霸》一诗曾讲到曹霸的弟子、以画马闻名的韩幹："弟子韩幹早入室，亦能画马穷殊相。幹唯画肉不画骨，忍使骅骝气凋丧。"杜甫批评了韩幹不注意画马的骨体，使马失去了雄骏风发的气概，由此可见骨对画马的重要性。而《周易》所言"美脊"与阳相关，从而也恰好与骨相关。

明白了什么是"美脊"，则此词中"美"字的含义也就不难明白了。焦循《易通释》说："美脊者，美犹善也。"我认为不正确。因为在中国古代思想中，美虽然经常与善同一，善亦可理解为一般所说的"好"，但中国人所说的善又经常是与成贤、成圣紧密相联的，意味着一种极高的道德境界。如把善理解为"好"，释"美脊"为"好脊"尚可；如称"美脊"为"善脊"，则就是不伦不类的了。实际上，马属于天地所生的自然物，马的美在《周易》的思想系统中属于山川和动植物所具有的"文"之美，与虎、豹形体毛色所具有的美为同一系列。因此，这里的"美"是指马的形体所呈现的美，意味着能引起人的美感的一种

23

自然形式。

二 释"元、亨、利、贞"

前面释"乾始能以美利利天下"一语时已指出，万物之美为乾亦即天所生，而乾能生美是与乾具有"元、亨、利、贞"的属性、功能分不开的。孔颖达《周易正义》已大略看到这一点。他认为此语虽未言及亨、贞，其实已包含亨、贞在内。他说："不复说亨、贞者，前文亨既连始，贞又连利，举始举利则通包亨、贞也。"要了解《周易》的美的观念，对"元、亨、利、贞"的分析是一大关键。

《周易正义》及李鼎祚《周易集解》在释乾卦的经文"乾，元、亨、利、贞"一语时，都对之作了一个总释。

《周易正义》说：

> 《子夏传》云：元，始也；亨，通也；利，和也；贞，正也。言此卦之德有纯阳之性，自然能以阳气始生万物而得元始。亨通能使物性和谐，各有其利，又能使物坚固贞正得终。此卦自然能令物有此四种，使各得其所，故谓之四德。

《周易集解》说：

> 《子夏传》曰：元，始也；亨，通也；利，和也；贞，正也。言乾禀纯阳之性，故能首出庶物，各得元始，开通和谐，贞固不失其宜，是以君子法乾而行四德，故曰元、亨、利、贞矣。

两家说法基本相同，其中涉及的一些问题下面再谈，重要的是两家都讲到"元、亨、利、贞"表现于物时，能使物"和谐"。这里所用的"和谐"一词，显然同乾卦象传所言"保合大和"有关。它还不是纯粹从美学角度来讲的"和谐"，但无疑又与美学有重大关系。因为在中国古代美学中，"和"向来是一很重要的范畴，虽然它与古希腊美学所讲的"和谐"有重要区别(详第二章)。上面征引《周易正义》《周易集解》对"元、亨、利、贞"的总解,是为了说明古人在解释与《周易》的美的观念有重大关系的乾的"四德"时应用了"和谐"这一概念。这并不是偶然的,很值得注意。

"元、亨、利、贞"何以会同美的问题相关呢?下面先分释"元、亨、利、贞",然后再综合起来作一些说明。

"元"

乾卦"彖传"说:"大哉乾元,万物资始。""元"首先含有"始"的意思,因为万物均由乾所生。"文言"传又说:"元者,善之长也",对"元"给出了明确的定义。"善之长"即朱熹注所说"众善之长",即在众善之中处于最高的地位。但这里所说的"善之长"的"善"即最高的"善",从上文看,不是指别的,就是指乾始生万物,"首出庶物"。虽然一定会被引申、附会到人伦道德上去,但就其本意观之,实指乾产生万物的功能,并以之为乾的第一功能、最高功能。《周易正义》说:"天地之性,生养万物。善之大者,莫善施生。元为施生之宗,故言元者善之长也。"《周易》把乾产生万物的功能尊之为"元",推为"善之长",并予以热烈的歌颂,这实际就是在天地(自然界)的范围之内,把生命的产生、存在提到本原性、始基性的地位,赋予它以最高的哲学意义。这是异常深刻的。在中国古代哲学史上前所未见,非常值得注意。我们知道,道家以"重生""养生"著称,但它也从未赋予生命以如此之高的意义。就世界范围而论,在各国古代哲学中,也很难找到与此类似的思想。

从"君子"如何效法乾的"四德"来看,乾卦"文言"说:"君子体仁足以长人。"这样,在人伦道德上,"元"作为"善之长",就是"仁"的表现。显然,这是儒家的思想,即以"仁"为最高的道德。"君子体仁足以长人",就是要"君子"像天地无私地生养万物那样去生养万民,这样方能为人之"长"。这种以天为"仁",要君主法天之"仁"的思想,后来在汉代董仲舒那里得到了极大的发挥。《春秋繁露·王道通三》说:"仁之美者在于天。天,仁也。天覆育万物,既化而生之,有养而成之，事功无已，终而复始，凡举归之以奉人。察于天之意，无穷极之仁也。"

《周易》所说的"元"，表面看来同美学没有什么关系，实际上大有关系。这不仅因为"元"可以向人伦道德引申而与文艺发生关系，更重要的是因为"元"与我们下面即将讲到的"亨""利""贞"相联，包含和深刻地触及美与生命的关系这一重大问题，把美与生命连接起来了(详见第二章)。

"亨"

在乾的"四德"中，"亨"直接与美的问题相关，所以具有需要详加解释的重要意义。

乾卦"文言"说："亨者，嘉之会也。"这是对"亨"的明确定义。问题在于"嘉"是什么意思？

《说文解字》："嘉，美也。"这是对"嘉"的最为准确的解释。当然，我们也知道《尔雅·释诂》释"嘉"为"善"，历代古籍注释也有释"嘉"为"善"者。但在中国文字中，"善"一词有两种应加区分的含义，一指伦理道德意义上的"善"，一指普通所说的"好""佳"。释"嘉"为"善"，在绝大多数情况下，应从后一含义来理解，并非指单纯道德意义上的"善"。而且，"嘉"作为动词，是欣赏、赞美之意，明显与人们对事物的美的感受相关。所以"嘉"的基本含义是"美""好""佳"，不能等同于道德意义上的"善"。在中国文字中，"嘉"是一个与"美"的意义最为接近的词。这表现在与"嘉"相联的词，绝大部分无法以"善"字去替换"嘉"字。例如，嘉木、嘉鱼、嘉醴、嘉肴、嘉致、嘉景、嘉期、嘉音、嘉采、嘉容、嘉丽、嘉淑，等等，如果以"善"字替换"嘉"字，那就根本不通。因为在所有这些词中，"嘉"之含义即等于美、好，不同于主要与伦理道德相联的"善"。

《周易正义》释"亨者，嘉之会也"说："嘉，美也。言天能通畅万物，使物嘉美之会聚，故云嘉之会也。"这个解释很正确，后世注家多从之。如《伊川易传》说："亨者，嘉美之会也。"《汉上易传》说："亨者，天地之极，通众美之期会也。"元吴澄《易纂言》以"众美之物具备也"释"亨"。明来知德《周易集注》谓"亨""乃嘉美之聚会也"。清张惠言《周易虞氏义》以"嘉美所合"释"嘉之会"。在《周易》之注释中,释"嘉"为美,殆成定论。

"亨"与"嘉"相联,"嘉"之意为美,我认为还可从《周易》中去找到确证。《序卦》中说:"嗑者,合也。物不可以苟合而已,故受之以贲。贲者,饰也。致饰然后亨则尽矣,故受之以剥。"这里将"致饰"与"亨则尽矣"联系起来,"饰"明显与美相关,并且是相当纯粹意义上的美,不致被误解为道德上的善(虽然不能脱离善)。"致饰"之"致"为极、尽之意,故"致饰"乃美饰达于至极之意,如此则"亨则尽矣"。可见,"亨"即美,"亨则尽矣"即美则尽矣。而"亨"为美,又因其为"嘉之会"的缘故。《易纂言》释"致饰然后亨则尽矣"一语云:"致其文饰,而百嘉聚会,则华美之极,至矣,尽矣。"正确指出了"饰""亨""美"三者的关系。总之,《序卦》将"致饰"与"亨则尽矣"相联,清楚地说明了《周易》认为"亨"是与美相联的,而且"亨"之为美是众美的会聚。

此外,坤卦"象传"说:"至哉坤元,万物资生,乃顺承天。坤厚载物,德合无疆,含弘光大,品物咸亨。""亨"既为众美之聚会,则此处所言"品物咸亨",也就是滋生于地的各种事物都无不美好、美丽的意思。历代注家大多忽视了这一点。高亨《周易大传今注》释"品物咸亨"为"万物得以皆美",甚是。我们再看姤卦"象传":"天地相遇,品物咸章也。"而坤卦"传文"又一再讲到坤"含章可贞"。如以上释"含章可贞"时所指出,"章"为美之意。因此,"品物咸章"即"品物咸美"。由此又可证坤卦"象传"所言"品物咸亨"之"亨"确与美相关。"品物咸亨"即"品物咸章",亦即"品物咸美"。

"亨"乃众美之会聚,同时"亨"又可释为"通",这与释"亨"为美是完全一致的。因为如上所说,《周易》认为"天地相遇,品物咸章也",又一再指出"天地交而万物通也"(泰卦传文),"天地不交而万物不兴"(归妹卦传文),这就是说只有天地相交、相通才能产生万物之美,使"品物咸章"。所以,释"亨"为"通",是从"亨"之所以为众美之聚会来讲的。正因为乾具有"亨"的功能,能与坤相交、相通,这才产生了万物的美，使"品物咸章"。

"亨"又可释为礼制上的"献享"之意，但同样与美密切相关。《易纂言》释"亨"说："字与献享之享同，备物以献谓之享。亨者，极盛之时，百嘉聚会，有如享礼，众美之物具备也。"这很符合《周易》的本义。因为乾卦"文言"在指出"亨者，嘉之会也"之后，又指出"嘉会足以合礼"，已明白透露出"亨""嘉"与"礼"的关系。在实际上，我国古代所说的美，与礼仪有十分密切的关系。《周礼·地官·保氏》讲"五礼"，其中之一为"嘉礼"，指冠、婚、会见宗族、兄弟、亲友等的庆贺、飨宴之礼，均为吉祥、喜庆、美好之礼。古之"嘉礼"的含义如此，更可见"亨者，嘉之会也"，乃众美聚合之意。高亨《周易古经今注》卷首释"亨"为"亨祀之享"，但忽略了"享"不限于祭祀中"献物以祭"，在非祭祀的喜庆之礼中亦有献物的。如《仪礼·聘礼》说："受享束帛加璧。"郑玄注："享，献也。"这里的献物即非祭祀中的献物。

以上我们说明了"亨"处处与美相关，这使得美在《周易》"元、亨、利、贞"这一具有重大纲领性意义的思想中占据了重要的位置。

"利"

乾卦"文言"说："利者，义之和也。"又说："利物足以和义。"历代注家解释虽有不少可取处，但常欠清晰、明畅。我认为"利者，义之和也"的思想实从《荀子》而来，或与《荀子》的看法相通、一致。《荀子·王制》说："人何以能群？曰分。分何以能行？曰义。故义以分则和，和则一，一则多力，多力则强，强则胜物，故宫室可得而居也；故序四时，裁万物，兼利天下，无它故焉，得之分义也。""利者，义之和"的"义"即荀子反复申言的"分义"，其意为按照尊卑、贵贱、长幼的名分、区别行事。《荀子·大略》说："尊尊、贤贤、老老、幼幼，义之伦也。"行事符合"分义"，人群就能协和而无争，人群协和无争就多力，多力就能"胜物"，以至"兼利天下"。简言之，"义以分则和"，"和"则能有利。这也就是"利者，义之和也"的含义。虽然《周易》所言"元、亨、利、贞"是在讲"天德"，与人事不同，但在《周易》的观念中，天地万物也是有尊卑贵贱的。《系辞上》说："天尊地卑，乾坤定矣。卑高以陈，贵贱位矣。"所以，乾之利万物，也是按万物的卑高大小加以对待，使之各得其宜，以协和万物。

"利物足以和义"与"利者，义之和也"直接相关，但"和义"并不同于"义之和"。"义之和"其意即荀子所说"义以分则和"，即"和"由"分义"而生，或"分义"产生"和"，故言"义之和"。"利物足以和义"则指"君子""利物"要与"分义"之理相合，此处之"和"应释为"合"。《礼记·郊特牲》："阴阳和而万物得"。孔颖达注："和，犹合也。"

《周易》对"利"的解释有一大特点，那就是不把"利"与"义"互不相容地对立起来。在它看来，只有符合"义"才可能有"利"。反过来说，要取得"利"就须符合"义"。这与荀子的看法相同、一致，而与孟子及后来汉代董仲舒的看法不同。

"利"与美的问题有何关系？这要等到我们分析了"贞"的含义，转而论述"元、亨、利、贞"四者的关系时，才能作出适当的说明。

"贞"

乾卦"文言"说："贞者，事之干也。"又说："贞固足以干事。"《师·彖》说："师，众也。贞，正也。能以众正，可以王矣。""利"指乾有利万物的功能，"贞"则指乾有使万物遵循正道的功能。"贞者，事之干"的"事"，是就万物而言的，不能释为事业，而应释为万物各自所事之活动，如日月之运行，雨露之滋润，等等。只有在就人道而言的"贞固足以干事"一语中的"事"方可释为事业。"事之干"的"干"，朱熹《周易本义》释为"木之身而枝叶所依以立者也"，甚是。"干"在这里是作为比喻而用的。就如树之枝叶为树干所生并依附于树干一样，正道是万物的变化、活动所遵依的根本。这也就是"贞者，事之干也"的意思。

"贞固足以干事"，"固"为坚固之意，"贞固"即坚守正道。"足以干事"之"干"为动词，主持、主办之意，不同于上文"事之干"的"干"。"事"指"君子"所从事的事业。"贞固足以干事"，意即"君子"能坚守正道，即足以成就事业。

29

"贞"与美有何关系？首先，"贞"指天地万物运动所遵依之正道，它与自然的合规律性有密切关系，从而与美也有密切关系（详第二章）。其次，"贞"与"君子"坚守正道，不为权势所屈相关，因而和人格的崇高与美相关。当其表现于文艺时，又成为文艺之美的一个十分重要的方面。《明夷·象》说："内难而能正其志，箕子以之。"同卦爻辞又说："六五，箕子之明夷，利贞。象曰：箕之贞，明不可息也。"箕子因谏殷纣王而遭难，被贬为奴，又因于狱中。但箕子披发佯狂，始终不屈，为历代所称美。刘勰《文心雕龙》所言"风骨"之美即包含着人格刚正不阿的表现。

"元、亨、利、贞"的相互关系

乾卦传文说："乾元者，始而亨者也。利贞者，性情也。"这是《周易》对"元、亨、利、贞"的关系的明确规定。

王念孙释"乾元者，始而亨者也"一语，认为"乾元下亦当有亨字"，高亨《周易大传今注》赞成其说。我认为不确。因为乾卦"象传"一上来就说："大哉乾元，万物资始"，可见"乾元"为一专用名词，乃《周易》对乾之尊称。从上下文来看，"乾元者，始而亨者也。利贞者，性情也"一语，已不是在解释元、亨、利、贞的含义，而是进一步说明乾所具有的"元、亨、利、贞"四德的相互关系，即指出"乾元"之为"乾元"在于"始而亨"，"利贞"则是"乾元"所具有的"性情"。如依王说及高说，认为此语仍是在解释"元、亨、利、贞"之含义，即脱离《周易》本文原有之意思而无法解通。依此说，于"乾元者"之"元"字后加上"亨"字，成为"乾元亨者，始而亨者也"，这除以"始"字代"元"字之外，全为同语反复，不是释义。而下文"利贞者，性情也"，更显然不是对"利贞"的含义的解释，而是说明"利贞"乃"乾元"所具有的"性情"。由此可见，"乾元者，始而亨者也"，是在说明"乾元"何以能称为"乾元"，"元"字后不能加上"亨"字。而这与《周易》认为乾具有"元、亨、利、贞"四德并不矛盾。因为在这句话里，"乾元"之"元"，其义为"大"，乃推尊乾的意思，下文"始而亨者也"中的"始"乃象传所言"万物资始"之意，也就是"文言"传中所说"元、亨、利、贞"的"元"的含义。这里用"始"字不用"元"字，既是为了说明乾为"万物资始"，同时也是为了在修辞上避免与"乾元者"中的"元"字重复并导致含义不清。"元"本有二义，既可释为"大"，亦可释为"始"。"乾元者"之"元"取"大"之义，"始而亨者也"之"始"亦可称"元"，但在此是取"始"之义，并且是作为动名词来用的，以明万物为"乾元"所生，这也正是"乾"之伟大所在。

由上所述，可见"乾元者，始而亨者也"一语的意思是：乾之所以伟大，因为它不仅产生了万物（此即"始"之意），而且使万物生长繁盛，无不嘉美（此即"亨"之意）。正因为"乾元"具有此种"始而亨"的功能，所以它能利及万物，并使万物各得其正道（在此实即指合于自然的规律）。这也就是"利贞者，性情也"的意思。旧注对"性情"一词有多种解释，莫衷一是。实际上，这里是用拟人化的方式来说明"乾元"的性质。"性情"一词即一般所说人的性情、本性之意。下文紧接着说："乾始能以美利利天下，不言所利，大矣哉！"由此更可见利万物、利天下是"乾元"的性情、本性。总起来看，《周易》对"元、亨、利、贞"的关系的说明，是把元、亨（即"始而亨"）看做乾的伟大功能，把利、贞看作乾的性情、本性。两者自然又是互相联系的，利、贞是"乾元"的本性，但正因为"乾元"有元、亨的功能，所以它才能对万物产生利、贞的作用。

明白了《周易》所说"元、亨、利、贞"的相互关系，我们也就可以对上文未加详解的"利"与美的关系作出说明了。这对了解《周易》的美学甚为重要。

显然，在《周易》看来，"利"并不是与美无法相容的。相反，它认为凡美必定是有利于天下的，美与利天下不可分，因此它提出了"乾始能以美利利天下"的说法。这是因为《周易》认为，"乾元"能使万物生长繁盛，无不嘉美，这既利及万物，又利及于人。对人来说，就如在嘉礼之会中将各种美物献给人，供人享用一样（参见上文释"嘉"）。汉代董仲舒在《春秋繁露》一书中对此曾有很好的说明，很符合《周易》所说"乾始能以美利利天下"的意思。我们已引述过董仲舒的话："天覆育万物，既化而生之，有养而成之，终而复始，凡举归之以奉人。"这正可用以释"利贞者，性情也"。据此，董仲舒又说："天地之生万物也，以养人，故其可食者以养身体，其可威者以为容服"(《服制象》)。例如，"四时不同气，气各有所宜，宜之所在，其物代美。视代美而代养之，同时皆美者杂食之，是皆其所宜也。故荠以冬美，而荼以夏成，此可见冬夏之所宜服也"(《循天之道》)，"乾元"(亦即董仲舒所说的"天")为人生长了各种可食、可用、可服、可观、可乐的美物，这就是"乾始能以美利利天下"的实际含义。《周易》对美与"利"的这种看法颇不同于西方美学，我们将在本书第二章中讨论。

总起来看，"元、亨、利、贞"四者，不仅"亨"直接与美相关，其他三者也同美有不可分离的关系。因为"元、亨、利、贞"是一个整体，"亨"不可能脱离其他三者而孤立存在。分别而论，我们可以说"元"和美与自然生命的关系相联，"亨"和美的文采、形式及美给人的享受相联，"利"和美与人的生命的存在、发展的关系相联，"贞"和美与自然规律及人的道德品质的关系相联。"元、亨、利、贞"均与美的问题有关，这说明《周易》的整个思想与美学有一种内在的、密切的关系。

三 释"丑"

"丑"字在《周易》中先后出现了五次：

(1) 六二。阚观，利女贞。象曰：阚观女贞，亦可丑也(《观》)。

(2) 九五。枯杨生华，老妇得其士夫，无咎无誉。象曰：枯杨生华，何可久也。老妇士夫，亦可丑也(《大过》)。

(3) 上九。王用出征，有嘉，折首。获匪其丑，无咎(《离》)。

(4) 六三。负且乘，致寇至，贞吝。象曰：负且乘，亦可丑也。自我至戎，又谁咎也(《解》)。

（5）九三。鸿渐于陆，夫征不复，妇孕不育，凶。利御寇。象曰：夫征不复，离群丑也。妇孕不育，失其道也。利用御寇，顺相保也(《渐》)。

焦循《易通释》卷七释"丑"，全从诸卦各爻之旁通他卦以释之，证明《周易》中所有"丑"字均应释为俦、类，非与美相对的"丑"。我认为其说脱离经文、传文之原意，牵强至极。就上列五条观之，除(3)、(5)两条之"丑"字明显为俦、类之意外，其余三条的"丑"字，虽不能说就等于与美相对的"丑"，但含有与美丑之丑相近的意思。

第一条，经文言"阚观，利女贞"。什么是"阚观"？注家中有人释为女性从门内偷偷窥视男性，但明显无确证，只能说是一种猜测。我认为联系到此卦上文还讲到属于小人之见的"童观"，则"阚观"应是指女人见识褊狭，如后世常言以管窥天、管中窥豹之类。《汉上易传》释为"阖户而观之，所见狭矣"，李镜池《周易通义》释为"一孔之见"，甚是。由于古代轻视女性，认为女性见识狭小是正常现象，因此说"利女贞"，即对女性说是有利的。但对于"君子"而言，则是完全不应当如此的，所以传文说"阚观女贞，亦可丑也"。这里的"可丑"含有见识不及女人，因而可羞之意，《伊川易传》释为"亦可羞丑也"。从美学上看，一个与美相反对的丑的对象(即无审美意义的纯粹丑的对象)不一定会引起可羞的感觉。但引起了可羞的感觉的对象，常常也就是丑的对象。可羞与道德上的自尊感相关，但也可联系到对美与不美的感受。所以，此条中所说"亦可丑也"的"丑"也可有不美的含义在内。在古代，一个"君子"、男人，见识行事如不识大体的女人，这看起来是可羞的，也是不美的。

第二条，经文以"枯杨生华"比喻老妇与年轻的男子成婚，认为这虽违背常理，但尚不是坏事，所以说"无咎无誉"。传文的说法与经文有异，认为"亦可丑也"。既然"亦可丑也"，那就不只是"无誉"，而是名声不好了。这里的"可丑"与上条相同，明显含有可羞之意，但也含有引起审美上的嫌恶的意思。

第四条，经文说"负且乘，致寇至"，意为背着东西又乘车，不把东西放下，被疑为所负之物极珍贵，故引来盗寇。或言东西极多，又是背负，又是马拉，招来了盗寇，亦可通。传文说"负且乘，亦可丑也"之"可丑"，当指不知慎谨从事，暴露、炫耀财富，令人憎恶。"丑"本有憎恶、不快之意，如《左传·昭公二十八年》："恶直丑正，实蕃有徒。"又《左传·文公十八年》："丑类恶物。"所以，这里的"可丑"即相当于可憎。较之上两条中的"可丑"，它所含有的审美上的不快感，要较为明显一些。《周易》主张"人道恶盈而好谦"（见《谦》），"龙蛇之蛰，以存身也"（《系辞下》），这样才能吉利，也才有美，因此暴露、炫耀财富就是自取其祸的可憎的行为。

从以上的分析可以看到，《周易》中出现的"丑"字，在三个地方含有与美相反的美学上的意义，但主要又是指道德、行为上的可羞、可憎，还不是纯粹从美学上来看的"丑"。这样的"丑"，在中国古代文献中，只有当涉及味、色（包含形体）、声的美与不美时才会出现。如《淮南子·说山训》说："嫫母有所美，西施有所丑。"这里的美、丑专指人的形体而言，具有纯粹的美学意义。在《周易》中，当言及诉之视觉的"文"的美时，也是如此（详第五章）。但即使在这种情况下，美也经常与好、善不可分。《周易》所说的"吉"，既是美，也是好、善。

在中国文字中，还常常有一个可与"美"相反对的词，即"恶"。这在《周易》中也曾使用过，我们将在本书第五章中详论。

四　几点结论

以上对《周易》中直接与美相关的词语作了考证、说明，现在需要综合起来看一看《周易》的美的观念究竟是怎样的。主要可归结为以下几点：

第一，《周易》是从天地产生万物这一基本观念来看美的。没有天地就不会有万物，从而也不会有万物的美。因此，《周易》的美的观念是同天地观念及生命观念不可分离地联系在一起的。正因为这样，《周易》的美的观念同乾、坤两卦直接相联，而且《周易》首先是在乾、坤两卦中提出了美的问题。当然，《周易》中其他一些卦，如豫、观、贲、大畜、离、咸、大壮、革等均同美与文艺问题有关，其中贲卦还有很直接的关系（这些将在本书有关章节中讨论），但《周易》的美的观念的基础是在对乾、坤两卦的论述中建立起来的。

第二，《周易》是从人的生存和发展来看美的。在《周易》的观念中，美的东西必定是有利于人的生存和发展，能给人带来幸福与吉利的东西。因此，《周易》的美的观念是同"亨""嘉""利"的观念不可分离地联系在一起的。

第三，《周易》从天地产生万物，从人的生存和发展来看美，因此它所说的美同万物生长的规律性及人自身的道德品性密切相联。这表现为《周易》的美的观念同"贞"的观念有不可分离的联系。

第四，《周易》从天地产生万物和从人的生存与发展两方面来看美，因此它所说的美就是乾卦中提出的"元、亨、利、贞"的完满实现。四者均与美的问题相关，其完满实现就是坤卦中所说"乾道变化，各正性命，保合大和，乃利贞"。《周易》所理解的美，集中到一点，就是"大和"的实现。本章已指出《周易》所理解的美同"元、亨、利、贞"相关，从而与和谐相关。但由于本章的目的在于对《周易》中直接与美有关的词语作一种考证性的说明，因此有关《周易》所说的"大和"的美学意义及其与古希腊美学所说的"和谐"的区别，将在第二章中详论。

第五，《周易》坤卦中所言"含章"之美、"文"之美，指的是山川、动植物的形状、花纹、色彩等的美。后面第四章中我们还可看到，这种美也可包含日、月、星、辰等的美。在《周易》的美的观念中，这种"文""章"之美占有重要的地位，并且具有较纯粹的美学意义。

第六，《周易》的美的观念同"好""善"的观念是紧密地联系在一起，还没有从"好""善"中完全独立和分化出来。《周易》所说的美同"利""贞"分不开，"利"即有利、有益、好，"贞"就道德而言即是合乎正道。在《周易》的观念中，美必定是"利贞"的，不"利贞"不可能成为美。这种美与好、善不可分的观念，历来被一些人看作中国美学

的一大缺点，但实际上也包含有重大的优点。这将在本书第二章中
详论。

以上六条，尚未涉及与《周易》美学有重大关系的象数问题。因
为这是以《周易》的美的观念为基础的另一个层次的问题，将在本书
第五章中详加讨论。

基于对《周易》的美的观念的理解，我认为可以而且应当从各个
不同的侧面对《周易》的美学思想作出现代的阐释。

第二章 天 地 与 美

　　《周易》(这里特指《易传》，下同)全部思想的出发点与基础是对天地的认识，因此这也是它的美学思想的出发点与基础。研究《周易》对天地的认识，是研究包含美学思想在内的《周易》思想的根本。在做这种研究时，关键又在必须把《周易》在传中所发挥的关于天地的思想同在它之前儒、道两家关于天地的思想加以比较。如我们已指出过的，在《易传》之前，儒家中除荀子外很少关心天地问题，而《易传》则把天地问题提到中心位置。道家历来很重视天地问题，但它是从"道"的"无为而无不为"去认识天地的。《易传》则不同，它是从天地与万物生成的关系去认识天地的。如果说"无为"是道家认识天地的核心观点、"硬核"之所在，那么"生"则是《易传》认识天地的核心观点之所在。因此，从近现代哲学的观点来看，我认为《周易》的哲学乃是中国古代的生命哲学，这是《周易》哲学最大的特点和贡献所在。如果我们把《周易》哲学与法国柏格森的生命哲学作一简单的对比，就会看出两者有很明显的类似处(如对运动、变化、日新的热切关注)，但又有深刻的区别。西方自 19 世纪 70 年代后产生的以狄尔泰(Wilhem Dilthey，1833—1911)、柏格森(Henri Bergson，1859—1941)等人为代表的生命哲学，可以作为我们研究《周易》哲学的一个参照系。这有助于我们去了解《周易》哲学的现代意义，并且可以使我们看到，包含在《周易》中的古老的生命哲学，较之于柏格森等人的生命哲学，至今仍有其不可轻视的合理性与优越性。此外，西方 19 世纪的生命哲学是同美学密切地联系在一起的，狄尔泰、柏格森都既是哲学家，又是重要的美学家。《周易》的生命哲学同样处处与美学相联。我在绪论中已讲过《周易》对美学发生了巨大的影响，从哲学上看，就因为生命问题是《周易》哲学的中心，而美与生命是不可分离的。

一 《周易》生命哲学的基本点

《周易》的生命哲学是建立在对天地的看法之上的。现在我们就来考证一下《周易》对天地的理解。下面，我先把《周易》直接讲到天地的最主要的话按它在书中出现的先后次序——列举出来：

(1) 大哉乾元，万物资始，乃统天。云行雨施，品物流形；大明终始，六位时成(《乾》)。

(2) 至哉坤元，万物资生，乃顺承天。坤厚载物，德合无疆，含弘光大，品物咸亨(《坤》)。

(3) 天地交而万物通也(《泰》)。

(4) 天地以顺动，故日月不过而四时不忒(《豫》)。

(5) 大亨以正，天之道也(《临》)。

(6) 观天之神道而四时不忒(《观》)。

(7) 天地养万物(《颐》)。

(8) 天地感而万物化生(《咸》)。

(9) 天地之道恒久而不已也(《恒》)。

(10) 天施地生，其益无方(《益》)。

(11) 天地相遇，品物咸章也(《姤》)。

(12) 天地革而四时成(《革》)。

(13) 天地不交而万物不兴(《归妹》)。

(14) 天地节而四时成(《节》)。

(15) 乾知大始，坤作成物(《系辞上》)。

(16) 天垂象，见吉凶(《系辞上》)。

(17) 天地之道，贞观者也(《系辞下》)。

(18) 天地之大德曰生(《系辞下》)。

(19) 天地絪缊，万物化醇。男女构精，万物化生(《系辞下》)。

（20）有天地然后万物生焉，盈天地之间者唯万物（《序卦》）。

（21）有天地然后有万物，有万物然后有男女（《序卦》）。

以上共计21条，但不包含从人伦道德、社会政治来讲天地的言论。这方面的言论将另行论述。对以上21条言论加以综合考察，并参之以未列出的其他相关的话，应可得出以下几个基本的观点。

第一，从第（1）、（2）、（3）、（7）、（8）、（10）、（11）、（12）、（13）、（14）、（15）、（18）、（19）、（20）、（21）诸条，可以得出这样的结论：《周易》认为生育万物是天地最伟大的功能与特性，没有天地就不会有万物。而天地生育万物是天地交感的结果，有如男女之构精。对天地如何生出万物，有时《周易》说得很平易明白，如说"天地变化，草木蕃"（《坤》），"天地解而雷雨作，雷雨作而百果草木皆甲坼"（《解》），均无任何神秘之处。中华民族在夏代即已准确地掌握了季节的变化（后世所谓"行夏之时"，以此），成为一个主要靠农业为生的民族。对于这样一个十分熟悉、精通农业种植的民族来说，万物为天地所生是非常明白的事实。《周易》虽还有某些神秘思想（详后），但总的来说，它很平易地肯定了这个事实。而由于农作物虽长于地上，却要靠天"云行雨施"才能生长，要掌握天文季节（"四时"）的变化方能种植，因此《周易》说明天地生万物时，把天的作用置于地的作用之上，这就不是仅仅出于对人伦道德、尊卑上下的附会，也有其完全现实的根据。万物既为天地所生，无天地即无万物，所以天地就是万物之所"资始"和"资生"。我想，某些训诂考据家当不会反对在这里用一句现代的语言来表达这个意思，即天地是生命的根基，或天地是生命之所从出。如果为了忠实于古人原意而不允许用现代的语言概念去解释古人的思想，则我们今天对任何古书都无须注解了。正因为天地是生命之所从出，所以《系辞下》一方面指出"生生之谓易"，另一方面又说"天地设位而易行乎其中矣"，"乾坤其易之蕴耶？乾坤成列，而易立乎其中矣。乾坤毁则无以见易，易不可见则乾坤或几乎息矣"。在《易传》看来，"易"是什么？就是万物生生不息的变化。而这种变化是不能离开天地的，是蕴含于天地之中的。天地如果毁灭了，"易"也就见不到了。反过来说，"易"见不到了，天地也就几乎死灭了。这里的"易"字，既可解为生生不息的变化，也可作书名看(历来注家多持此说)。这是《易传》作者对《易经》之"易"的新解，即使不符合经的原意，却也是哲学上的一大创造。它从生命的观点来看《易经》之"易"字，并把它和天地不可分地联系起来，以天地为生命的根基、源泉。研究生命即是研究天地，研究天地也即是研究生命。它处处立足于生命的发生和存在去观察天地、论述天地，这在中国古代思想史上是前所未见的。这当然不是说在《易传》之前没有人讲过天地与生命的关系，而是说没有人像《易传》这样作出非常明确的哲学概括，并加以系统的论证。所以我认为《易传》关于天地的哲学，本质上就是中国古代的生命哲学。下面我们可以看到，这个生命哲学同时又是无所不包的，它涉及自然和社会的各个方面，既包括政治学、伦理学、美学，而且还可包含着天文学、数学，等等。但作为核心和基础的东西，仍是对与天地不可分的生命的解释。没有它，就不会有《周易》的全部思想。

第二，从(4)、(5)、(6)、(9)、(17)诸条来看，我们可以得出这样的结论：《周易》认为天地的运动变化是完全符合规律的，而且这种变化是永恒的。这里又用了现代的词语、概念来作解释，是否又是牵强附会？我们看第6条中说"天地以顺动"，并因此说天地变化是"日月不过而四时不忒"的。"顺动"之"顺"在这里不是一般所说的顺应之意。因为在《周易》的思想中，虽然天地之上尚有"太极"，实际天是最高的存在，它不需要再去顺应别的什么东西。因此，有的注解将此处的"顺"释为顺应是不对的。这个"顺"应为有顺序、有秩序之意，与杂乱无顺序相反。因为"天地以顺动"，即其运动是有顺序、有秩序的，所以日月的运行、四季的变化均无差错。古人虽尚无今天所使用的"规律"这个概念，但在上述这种说法里正好指出了天地的运动变化是有规律的，不是无规律的。《周易》所常说的"贞""正"，在许多情况下也含有符合规律的意思。第(5)条说："大亨以正，天之道也"，第(17)条说"天地之道，贞观者也"，两者均指出天地的运行变化是"正"的。"正"与"逆"相反，也就是"顺"，有秩序的意思。古人看到了日月的运行、四季的变化是有规律的，这当然与长期从事农业生产分不开。《逸周书·周月解》说："万物春生夏长，秋收冬藏，天地之正，四时之极，不易之道"。这很清楚地说明了《周易》的"顺动""正""贞"等观念的来源。乾卦传文说："乾元用久，乃见天则"。这虽是就卦象来说，但可见《周易》认为天有"则"，"则"即法则、准则，相当于今天所说的"规律"。也正因为天有"天则"，所以它的运动是"顺动"，符合规律的动。此外，第(9)条说："天地之道恒久而不已也"，也就是说天地的运动变化有其永恒的，反复不已的规律。而且，正因为天地的变化有其永恒的规律，所以天地万物的存在也是永恒的，不会因变化的终止而不复存在。这就是第(9)条所引恒卦传文中说"日月得天而能久照，四时变化而能久成"的意思。《周易》极为明确地肯定了天地的存在、变化的永恒性。

第三，从上述两点分析，我们可以很清楚地看到，当《周易》讲到天地生万物以及天地的运动变化时，它所说的天地就是生长着万物的大地和覆盖着大地的天空，也就是我们今天所说的自然界，完全没有什么神秘之处。在这方面，《周易》的思想是很鲜明的自然唯物主义。第(6)条说："观天之神道而四时不忒。"这里的"神道"的"神"也并不是指人格神、上帝。与第(4)条"天地以顺动，故日月不过而四时不忒"相联系来看，可知"神"为神妙之意，是对天地变化的合规律性的赞美。而且，从《周易》的整个思想看，它既讲天地生万物，也就从根本上排除了创造天地万物的人格神的存在。但由于《周易》本是一部讲占筮的书，《易传》也不但没有否定占筮，而且处处称赞它的妙用，并且企图给它作一种系统的理论说明，因此《周易》对天地的理解也就必然保留有由巫术而来的神秘观念。显然，《周易》保留有鬼神观念，但鬼神不被看作世界的主宰，而且对能按天地之道行事的"大人"来说根本不能造成危害(见乾卦传文)。鬼神观念还不是造成《周易》对天地的理解的神秘性的主要原因，主要原因首先是《周易》认为天地自然现象能向人显示人事的吉凶祸福。在这一点上，《周易》的传明显倒退到《荀子·天论》思想的后面去了。第(16)条说："天垂象，见吉凶。"这里的"天"仍可作为自然意义上的天来理解，并不是上帝、人格神。因为《系辞上》说过，"在天成象，在地成形"，又说"成象之谓乾，效法之谓坤"，可见"象""形"乃由自然意义上的天地所产生，并非某个上帝、人格神的创造。但"天垂象，见吉凶"的"垂"已含有由上而下，昭示世界的意思，所"垂"之"象"又可见吉凶，则这个"垂象"的"天"虽不是上帝、人格神，却包含有某种人格意志了。一般而言，当《周易》单讲天地而不涉及吉凶问题时，它的讲法是很唯物的。一旦它把天地的自然现象与吉凶相联时，就又染上了神秘的色彩。此外，《易传》的作者还企图通过对卦象及与之密切相关的数的阐释去建立一个无所不包的世界模式，把世界纳入六十四卦的象数，以六十四卦的象数去包罗、穷尽对世界的解释，这就更使《周易》对天地、世界的理解大为增添了神秘性。尽管在神秘的形态中，常常又包含有深刻、合理的东西。总之，《周易》对天地的理解，具有自然唯物主义与巫术神秘观念互相纠结的二重性。但这是就《周易》整个的思想体系结构而言的，如果单看《周易》有关天地生万物的论述，则如前所说，那是很鲜明的自然唯物主义。而且，由于《周易》的全部思想，包括它对八卦、对人事的吉凶的看法都是以它对天地生万物的论述为前提、基础的。因此在《周易》的思想中，对天地的自然唯物主义的看法居于主导地位。这也是《周易》的种种看来很为神秘的说法中何以还能包含有合理的东西的重要原因。在《周易》中，我们看到了一种很特异的思想现象：《周易》有神秘主义，但它又是从物质的自然界出发的，并且始终不放弃这个出发点，而代之以人格神、上帝。但千百年来对于《周易》的研究，总的来说，在不少情况下发展了它的神秘主义方面，掩盖了它的自然唯物主义的光辉。今天对于《周易》的研究也仍然存在这方面的问题。郭沫若率先决心要打破《周易》这座"神秘的殿堂"的"神秘"，但他主要是在社会史的分析的方面作出了贡献。而且他说打开这座"神秘的殿堂"，就如打开金字塔，看到的"只是一些泰古时代的木乃伊的尸骸"，这是不正确的。①它表现了自"五四"以后，中国进步的、革命的学者们对中国传统文化的价值的一种自觉或不自觉的轻视。

中国儒家思想一向认为，人世的吉凶祸福一方面受着冥冥中某种力量（"天命"）的支配，另一方面又同人自身的行动作为密切相关。"君子"只要能行正道，就完全有可能避免各种危难。即使遭遇危难，也仍然能保持其人格的崇高，与"小人"遭灾不同。因此，包含孔子在内的儒者虽然相信"天命"，却一点也不忽视人自身的积极的作为（荀子极大地发展了这个方面）；相反，倒是道家比儒家具有浓厚得多的宿命论的色彩。《周易》的思想，就其主张自然现象有显示人事吉凶祸福的意义而论，是倒退到荀子的后面去了。但它并没有抛弃荀子那种主张积极有为的精神，而是以自己独特的方式发展了这种精神，并且较之荀子的思想产生了更为广泛、深远的影响。《周易》是一本讲占筮、说吉凶的书，但绝不是一本宣扬宿命论的书，虽然也可从中引出宿命论，把它推向宿命论一边。

《周易》对人世的吉凶祸福的看法实际上保持着儒家的有二重性的观点，即认为人世的吉凶祸福既受着某种神秘的东西的支配，但很大程度上又决定于人自身的作为。《周易》对后一方面十分重视，并且很独特地把它与对占筮的卦象的解释结合起来了。《周易》对全部卦象所显示的吉凶祸福的解释都是建立在天地阴阳两种力量相互作用而产生万物这一基础之上的。而天地阴阳的变化，如前已指出，在《周易》看来是生生不息的、完全符合规律的。不仅如此，这种变化在本性上完全和谐的（详后）。因此，符合于天地阴阳变化的规律就是吉利的，反之则是不吉利的。由此更进一步，《周易》认为儒家所讲的政治伦理道德原则是基于天地阴阳变化的规律，与这种规律完全一致，因而是人人必须遵行而不可移易的。符合天地阴阳变化的规律与符合儒家政治伦理道德原则，两者是一回事。因此，说符合天地阴

---

① 引文见郭沫若：《中国古代社会研究》，上海：群益出版社1947年版，第235页。

阳变化的规律是吉利的，也就等于说符合儒家正道就是吉利的。而《周易》所说的儒家正道恰好充满着荀子所倡导的那种积极有为的精神。这就使《周易》把天地阴阳变化的规律与人事的活动打成一片，并且使它所讲的占筮具有了为贯彻儒家政治伦理道德原则和主要来自荀子的积极有为精神服务的重要作用，而不仅仅是一种迷信活动了。

如前已指出，《周易》关于天地生万物的理论，本质上是中国古代的生命哲学。而任何一种对生命的哲学思考，包含西方近代以来的生命哲学在内，既和自然科学相关，又不同于自然科学对生命的研究，最终是要解决人的存在和发展问题。《周易》的生命哲学同样如此，它从天地即物质的自然界去说明生命的产生，同时又把人的生命的存在问题同儒家所讲的政治伦理道德及命运问题直接地联系起来。一方面，生命的发生发展与天地阴阳变化的规律分不开；另一方面，这种变化的规律又被看作人类伦理道德所从出的根基，遵循这种规律即是遵循人类的伦理道德。由于《周易》认为天地阴阳变化的规律完全与人类的伦理道德相一致，因此《周易》全书经常是用这样的逻辑来说话：由于天地的变化是如此这般的，因此人类的政治伦理道德活动也应当是如此这般的。例如：

天行健，君子以自强不息(《乾》)。
天地交而万物通也，上下交而其志同也(《泰》)。
天地不交而万物不通也，上下不交而天下无邦也(《否》)。
天地以顺动，故日月不过而四时不忒。圣人以顺动，则刑罚清而民服(《豫》)。
天地养万物，圣人养贤及万民(《颐》)。
天地感而万物化生，圣人感人心而天下和平(《咸》)。
日月得天而能久照，四时变化而能久成。圣人久于其道而天下化成(《恒》)。

总而言之，"君子""圣人"的一切政治伦理道德活动都是取法于天地，与天地阴阳变化的规律完全一致的。而且，"君子""圣人"的伟大正在于他处处能效法天的变化，直至"与天地合其德，与日月合其明，与四时合其序"(《乾》)。

显然，《周易》认为人类社会的政治伦理道德活动基于自然界的规律，并且须完全与之一致，看来是一种比附。而且，其中还处处包含对奴隶社会、封建社会不可逾越的等级制的辩护，在历史上起了维护上下尊卑的等级统治的作用，在今天当然是古人思想中的糟粕。但是，仅止于指出这是一种比附，还不能解决问题。以为这种比附不过是出于维护儒家政治伦理道德的需要，也还是简单化的。实际上，《周易》在这里提出了一个需要加以解释的重要问题，即在人类社会中产生的伦理道德同自然界的规律的联系是怎样的？如果认为伦理道德是人类社会的产物，不是自然界的产物，因而就断定伦理道德与自然界的规律毫无关系，这是一种很简单的设想。《周易》的比附之所以可能，并在长时期内为许多人所认可，是由于人本是自然界的一部分，不能脱离自然界而生存，因此伦理道德不能违背人作为自然生命存在发展的规律。伦理道德的产生无疑是为了克制、规范、消除人身上存在的动物性的冲动，把人从动物中提升出来。但道德又不可能也不应当去消灭人的一切自然欲望，而只是要把这种欲望提升为人的欲望，在与动物不同的人的形式中获得满足和发展。这也就是马克思所说过的，使人从"自然存在物"变为"**人的**自然存在物"①。我认为这就是道德哲学的根本问题。《周易》在一种比附的形式下意识到伦理道德与自然规律的一致性，不追求超自然的道德，这很有值得重视的意义。例如，人不从自然取得各种生活资料就不能生存，在这点上人与一切动物是一样的。因此，每一个社会、国家的统治者都不能不注意解决如何使他的人民获得生活资料的问题。从而，他是否愿意并努力去解决这个问题，就成了一个政治伦理道德问题。统治者如果不能使他的人民获得生活资料，能够生存，他就会在道德上遭到谴责，他的统治也必然要灭亡。因此，《周易》说"天地养万物，圣人养贤及万

---

① 《马克思恩格斯全集》(第42卷)，北京：人民出版社1979年版，第169页。

民"，就不是毫无根据的任意比附了。一般来说，儒家伦理学有一个优点，那就是重视人的生命，排斥宗教的禁欲主义。它只要求用"仁义""礼"去规范人们生命欲望的满足，并不以欲望为绝对的恶，主张扼杀、消灭人的欲望。这在荀子及《周易》的伦理思想中表现得最为鲜明。它和西方基督教以欲望为绝对的恶很不相同，同时也是中国传统思想的一大优点。

由于《周易》认为生命产生和发展的自然规律与儒家的伦理道德原则是完全一致的，而儒家所说的美向来与善分不开，因此，生命的自然规律与儒家伦理道德原则的一致性，同时也就包含与儒家所说的美的一致性。此外，通过看来是比附的方式，《周易》使自然界（天地）对人来说不是与人类生活无关的外在物质现象，也不仅仅是用以满足功利需要的东西，而具有了伦理道德意义，从而也具有了美的意义。以上两点同《周易》的生命哲学通向美学有重要关系，后面还将论及。

二 《周易》的生命哲学与柏格森生命哲学的比较

《周易》的美学是建立在《周易》生命哲学基础之上的。为了认识《周易》美学与西方近现代美学的区别及其在现代具有的价值，我想将《周易》的生命哲学与柏格森的生命哲学作一简略比较。之所以选出柏格森的生命哲学来作比较，一是因为较之狄尔泰的生命哲学，它在美学上的影响更大，并且与西方现代美学有很为密切的关系；二是因为它与《周易》的生命哲学确有明显的类似之处，并且自"五四"以来，对中国现代的思想曾发生过明显的影响。[1]

柏格森阐述他的生命哲学的最重要的著作是《创造进化论》，曾获 1912 年诺贝尔文学奖。此书出版于 1907 年，上距《周易》（不只指

---

① 最早较系统地将柏格森的理论介绍到中国的是汤用彤先生。柏格森的思想对梁漱溟、熊十力的思想均有明显的影响。

经，也包含传）一书的出现近两千年或两千多年①，而且两书出现在很不相同的国度，却又有着惊人的相似之点。

把宇宙的存在理解为一个生生不息、永无止境的"流"，这种思想在道家那里已经相当明显。《庄子·大宗师》中说："万化而未始有极也。"《秋水》中说："物之生也，若骤若驰，无动而不变，无时而不移。"《天道》中又说："万物化作，萌区有状，盛衰之杀，变化之流也。"《荀子·天论》，也有"阴阳大化"之说。《周易》的重大贡献，是将前人在不同场合讲到的这一类思想加以集中、发展，提升为它的哲学的根本原则，并予以系统的论证。《周易》提出"天地之大德曰生"（《系辞下》），"富有之谓大业，日新之谓盛德，生生之谓易"（《系辞上》），把"天地"（宇宙、自然界）的变化与生命不可分地联系起来，认为生命存在于天地永恒的变化运动之中，并且每天都在不断更新。柏格森的《创造进化论》则提出"绵延"的观念以说明生命，认为生命的存在与发展就像"一道奔流不息、变化无穷的长流"②，并且在每一瞬间都有新的东西产生。他说，"存在就是变易"③，"生命不断变化创新"④，"万物的新生，都是内部生生不已的冲动力带来的，并随着向前奔涌的绵延之流进化发展"⑤。"实体就是持续不断的发展，永无止境的创造。"⑥显然，《周易》与《创造进化论》在这样几点上是类似的：（1）把生命与变化、运动联系，认为生命与变化、运动不可分；

---

①　我认为《周易》的传约成于秦末汉初，汉立国为公元前206年。

②　［法］亨利·伯格森：《创造进化论》，王珍丽、余习广译，长沙：湖南人民出版社1989年版，第287页。此版作者中译名为"伯格森"，遵照原书，与正文不同，实为同一人。

③　［法］亨利·伯格森：《创造进化论》，王珍丽、余习广译，长沙：湖南人民出版社1989年版，第10页。

④　［法］亨利·伯格森：《创造进化论》，王珍丽、余习广译，长沙：湖南人民出版社1989年版，第27页。

⑤　［法］亨利·伯格森：《创造进化论》，王珍丽、余习广译，长沙：湖南人民出版社1989年版，第265页。

⑥　［法］亨利·伯格森：《创造进化论》，王珍丽、余习广译，长沙：湖南人民出版社1989年版，第188页。

（2）认为生命的运动变化是生生不息的，不断有新的东西产生；（3）认为生命的运动变化是永恒的、无止境的。

生命与运动变化不可分，而运动变化是在时间中呈现出来的，因此《周易》十分重视时间的问题。它指出，"天地革而四时成"（《革》），"法象莫大乎天地，变通莫大乎四时"（《系辞上》），"天地盈虚，与时消息"（《丰》），"凡益之道，与时偕行"（《益》），等等。《创造进化论》也一再强调时间与生命进化的密切联系，认为"时间意味着发明，意味着形态的创造以及新物的不断产生"[1]。"时间就是创造，而不是别的东西。"[2]柏格森还专门写了《时间与自由意志》（1889）一书，以讨论时间与生命的关系问题。

一本出版于 20 世纪初的西方的著作，却与两千年前中国的《周易》有如此明显的相似之点，我想除《创造进化论》之外，恐怕找不到第二本了。但是，《周易》的作者是在两千年前中国这个高度发展的农业大国和实行以宗法血缘为基础的等级制国家中来观察生命问题的，而柏格森却是在 19 世纪末 20 世纪初，已经彻底消灭封建等级特权，近代科学和物质生产有了很大发展的资本主义法国来观察生命问题的，因此两者不可能没有巨大的历史反差。但这又丝毫不意味着《周易》的思想必然处处都落后于《创造进化论》。借用柏格森的说法，人类的思想的发展也是一道"绵延"不绝向前进展的流，最现代的思想也是从古代的思想发展而来的，不是凭空从天上掉下来的。因此，最现代的思想也经常可以在古代的思想中找到它的萌芽、胚胎。而且，由于种种复杂的历史原因，有时最现代的、在形态上看来很复杂的思想，不一定就比古代看来很简单的思想更高明、更正确。贵古贱今当然是错误的，贵今贱古同样毫不足取。全部问题的关键在于须沟通古今，予以具体历史的分析。如《周易》何以会呈现出与《创造进化论》甚为类似的

---

① ［法］亨利·伯格森：《创造进化论》，王珍丽、余习广译，长沙：湖南人民出版社 1989 年版，第 13 页。

② ［法］亨利·伯格森：《创造进化论》，王珍丽、余习广译，长沙：湖南人民出版社 1989 年版，第 266 页。

思想即有内在必然的历史原因,不是一种偶然的巧合(详下)。

柏格森对生命的全部论述,其最重要的特征和贡献,就是认为生命是创造的,从而也是自由的。他提出"绵延"的观念,强调生命是一种不可截割的连续不断的变化,强调生命的变化不是已知的旧的东西的重复而具有不可预见性,从而又推尊"直觉"、贬斥"知性",都是为了反对西方18世纪的机械论与目的论对生命的解释,证明生命是创造的,也是自由的。反观《周易》,它处处维护上下尊卑的等级制度,主张"君子以思不出其位"(《艮》),认为"女正位乎内,男正位乎外。男女正,天地之大义也"(《家人》)。因此,《周易》当然还不可能有《创造进化论》中那种近代的个体自由的观念,从而也没有与个体自由相联系的创造的观念。《周易》讲"变化之道",而上下尊卑的等级区分却是永远不能改变的。但如果因此就认定《周易》绝对地否认个体的自由与创造,这是一种简单化的设想。

首先,必须充分地估计到这一点,即《周易》及整个儒家所主张的等级制是直接由原始氏族社会的血缘关系演化而来的,因此是一种以宗族血缘为基础的等级制,不同于欧洲中世纪基督教统治下的等级制,更不是现代法西斯式的等级制。它强调上下尊卑之间的"和同"、亲爱,并且认为努力解决人民的衣食问题,使人民安居乐业是维护等级制的根本。虽然历代统治阶级并不能真正做到或完全做到这一点,但作为一种原则、理想,它是受到普遍承认与重视的。所以,中国的这种等级制既有专制的一面,也有人道的和重视人民生存的一面,即儒家历来所讲的"仁爱"和"以民为本"。《周易》很为鲜明地体现了这种思想。因此,在不违背上下尊卑等级划分这一前提下,个人仍有其自由活动的余地。对不属于一般老百姓,而属于统治阶级的成员来说更是如此。虽然个体不能否认上下尊卑的等级制,但如果这种等级制违背了"仁义"的原则,那么个体不但可以而且必须起来反对它。所以,《周易》充分肯定"革"的重大意义,声称"汤武革命,顺乎天而应乎人,革之时大矣哉"(《革》)。《周易》又认为实行符合"仁义"的等级制会碰到各种艰难困苦,而"君子"绝不应因此而后退,放弃自己的理想。它指出,"险在前也,刚健而不陷,其义不困穷也"

（《需》），即使遭到危难，也须"内难而能正其志"（《明夷》），"独立无惧，遁世无闷"（《大过》）。这是中华民族历来所倡导的一种伟大的精神，与柏格森所讲的资本主义社会下的个体自由比较起来，它还无法摆脱等级制的束缚与压制，这是自古以来中国许多志士仁人的悲剧所在。但是，如果因为这一点而断言柏格森所说的个体自由就是至高无上的，那同样是一种简单化的想法。因为这种个体自由的追求经常只止于"自我"，以"自我"的肯定为唯一的、终极的、最高的价值，而轻视、否定"自我"作为群体的一员对社会的存在与发展所应负有的崇高的责任。因之，这种"自我"的肯定就失去了与人类社会历史发展的深刻联系，而成为缺乏历史的重大价值的东西了。千百万个体，其一生存在的终极目的，就仅仅在于维护"自我"的生存，这在中国古代的哲人看来是毫不足取的。《周易》一书是重视个体生命的，但它又认为个体的价值并不在个体自身的存在上，而在"通天下之志"，"成天下务"（《系辞上》）。《周易》十分强调和社会国家的兴盛直接相关的"事业""大业"，认为个体的价值只能由此而得到肯定。由于西方个体主义在中国产生了很大影响，也由于我们过去长时期内轻视以至否定个体存在，因此《周易》的这种思想经常遭到嘲笑，而认为只有个体的绝对自由才是最最伟大的。这是一种超历史的幻觉，同时也是一种肤浅的思想。中国的群体主义的哲学，就其使个体屈从和牺牲于等级制来说，是我们今天必须坚决抛弃的；但就其认为个体只有在社会的"事业""大业"的完成中才能使其价值得到最高的肯定来说，却有着超越柏格森及西方其他人所宣扬的个体主义的深刻思想。从这方面说，中国人所追求的人生境界往往高于西方。但这又不等于说西方的个体主义毫无可取之处。为了打破封建主义思想的束缚，这种个体主义有其不应否认的历史进步作用，但它不应成为我们所追求的终极的理想。我认为，在马克思主义的基础上，找到西方的个体本位主义和中国的群体本位主义两者内在的辩证统一（不是折中、调和），才是真正的出路所在。这种统一是一个漫长的历史过程，实际上只有在共产主义社会下才能真正实现。在此之前，在绝大多数情况下，群体本位主义较之个体本位主义更有其崇高的意义。

　　自由是柏格森论生命哲学的重要思想，与之相关的另一个重要方面则是创造。生命的进化是创造的，这就是柏格森的基本看法。而且，柏格森反复强调创造根本不同于机械论、目的论所说的那种按照既定的因果关系和先定的目的而进行的活动。柏格森一次又一次地批判机械论与目的论，证明生命的创造是自发的、本能的、无意识的，没有任何预先规定好了的程序与目的。创造不可预见，不可事先进行规定，只有创造终了才知道创造的结果是怎样的。他说："生命并没任何目标和计划。"①存在处于持续不断地生成之中，但却不可预见。显然，这对后来存在主义者萨特的思想产生了直接的影响。柏格森这种说法的合理之处，在于看到了生命运动不同于 18 世纪许多自然科学家所讲的那种简单的机械运动。他看到了生命的复杂性，而且他的说法与艺术创造的情况非常切合，他也常以艺术创造活动为例来说明他的观点。但柏格森因此而强调自发性、本能，否认生命也有其客观的规律性，又由此而强调"直觉"，贬抑"知性"，都是片面的，不正确的。反观《周易》在这个问题上的看法，很有值得注意的深刻思想。

　　在《周易》中，更扩大来说，在整个中国古代哲学中，看不到"创造"这个词，分言"创"或"造"则很常见。这当然不能因此就说中国哲学没有"创造"这一观念。从《周易》来看，它反复运用的作为动词的"生"这一观念明显含有"创造"的意思。"富有之谓大业，日新之谓盛德，生生之谓易"（《系辞上》）。"日新"与"生生"不可分，要"生生"才可能"日新"，可见"生生"即是不断产生新东西的过程，意味着不断地创新、创造。《周易》又说，"立成器以为天下利，莫大乎圣人"（《系辞上》）。这里的"立"当然也是创造的意思。《周易》讲到卦象的性质、功能，说"见乃谓之象，形乃谓之器，制而用之谓之法"，又说"以制器者尚其象"。这里的"制"也是创造的意思，而且包含范围很广，如《系辞下》中说"斲木为耜"，"刳木为舟"，"服牛乘马"，制衣裳，立宫室，乃至文字的创造，都包含在内。人类全部的物质文明

---

　　①　［法］亨利·伯格森：《创造进化论》，王珍丽、余习广译，长沙：湖南人民出版社 1989 年版，第 209 页。

与精神文明都是人创造出来的，这也就是《考工记》中所说的"知者创物"。总之，《周易》所使用的"生""立""制"等词均含有创造之意。而《周易》所说的创造，就生命的运动、日新来说，是有其客观的规律的。如前已指出，《周易》认为"天地以顺动"，日月的运行，寒暑的变化，万物的生长均有其合规律性。就人类物质、精神文化的创造来说，《周易》认为这是取法于卦象的，而卦象又是取法于天地的。"天地变化，圣人效之"（《系辞上》）。卦象是"仰则观象于天，俯则观法于地"而造出来的，目的是"以通神明之德，以类万物之情"（《系辞下》）。它"范围天地之化而不过，曲成万物而不遗"（《系辞上》）。虽然卦象之作无疑含有神秘性，但在《周易》看来又正是天地变化的规律的表现。所以，我们可以说《周易》所讲的创造不是无规律的，而是合规律的。但《周易》又反复地说明、强调这种规律并非可以机械地加以规定，简单地就能掌握的东西。它是"变动不居"，"不可为典要，唯变所适"的（《系辞下》）。《周易》用"神"这个概念来说明它，指出"阴阳不测之谓神"，"神无方而易无体"，"知变化之道者，其知神之所为乎"（《系辞上》）。又说："神也者，妙万物而为言者也。"（《系辞下》）所以，《周易》认为对天地变化的规律的认识、掌握，是"神而明之，存乎其人"的（《系辞上》），完全可以"同归而殊途，一致而百虑"（《系辞下》）。由此可见，《周易》既充分承认天地、生命的运动有其客观规律，但又竭力排除对规律作一种简单机械的理解。就《周易》的整个思想来看，它与西方 18 世纪的机械论、目的论很不相同，在本质上是反机械论、反目的论的。它对生命运动具有非机械的性质的看法，"阴阳不测之谓神"的看法，同柏格森一再强调生命运动的不可预见性相近、相似。更进一步说，柏格森的《创造进化论》对生命的看法之所以同两千年前中国《周易》的看法有明显类似之点，就因为柏格森是强烈地反对用机械论、目的论来解释生命的，而《周易》对生命的看法也同样是反机械论、反目的论的。[1] 但是，《周

---

① 总的来看，不仅《周易》，中国哲学在绝大多数情况下都是反机械论、反目的论的。儒道两家均同。

易》却没有因为反机械论、反目的论而走向对生命的规律的否定，不把生命看作不受规律制约的本能的冲动。我以为这就是《周易》比《创造进化论》高明的地方。当然，《周易》对规律的肯定，与它维护上下尊卑等级区分的不可移易有明显联系，因而有着束缚个体生命发展的危害性。但我们又不能因此而否认《周易》在肯定生命运动的非机械的性质时不走向对生命运动规律的否定这一思想的合理性与深刻性。

柏格森认为生命的根本特征是创造的，从而也是自由的。但生命何以会具有这样的特征，其根源何在？柏格森是用"意识"来加以说明的。他说："如果生命是纯粹意识，或者是超意识，那么生命就是纯粹的创造活动。"[1]他又说："如果我们的分析正确，那么生命的根源就在于意识，甚至超意识。……这种意识是创造的需要。哪里有创造，哪里就有意识显现。"[2]在他看来，"意识与发明和自由同义"[3]，所以有意识就有创造、有自由。我们当然不能简单地说柏格森的这种看法是胡说八道，因为人类的生命之所以是创造的、自由的，不同于动物的生命，确乎同人类具有意识密切相关。但柏格森又把人类生命的创造、自由完全归之于"意识"。柏格森有相当丰富的自然科学知识，他不可能完全看不到生命是要受到自然规律的限定、制约的。但他又认为生命的"意识"的发展完全可以打破自然规律的限制、束缚。他说："实际上，生命依附在有机体上，并服从非生物的普遍规律。不过一切迹象都表明，生命仿佛在尽最大的努力摆脱这些规律的束缚。生命没有力量促使卡尔诺定律所规定的物理变化的方向逆转。然而，一旦生命能自由行动，它就能朝相反的方向前进"[4]。他还说，

---

① ［法］亨利·伯格森：《创造进化论》，王珍丽、余习广译，长沙：湖南人民出版社1989年版，第194页。

② ［法］亨利·伯格森：《创造进化论》，王珍丽、余习广译，长沙：湖南人民出版社1989年版，第207页。

③ ［法］亨利·伯格森：《创造进化论》，王珍丽、余习广译，长沙：湖南人民出版社1989年版，第208页。

④ ［法］亨利·伯格森：《创造进化论》，王珍丽、余习广译，长沙：湖南人民出版社1989年版，第194页。

"化学和物理学并不能给予我们理解生命的钥匙"①。这些，都只能称为一个唯心主义者的一厢情愿的幻想。如果人类真的使卡尔诺定律规定的物理变化朝相反的方向逆转了，那也是人类在"意识"的帮助下掌握和应用了能使这种逆转发生的有关自然规律。离开了对自然规律的创造性的掌握和应用，人类就不可能有什么真正的自由和创造可言。我想，在这里不必去引述马克思、恩格斯有关这一问题的许多深刻论述来反驳柏格森，只需指出他的纯粹以"意识"为根据的自由、创造是一种幻想就够了。这种幻想，过去存在，现在和今后长时期内也仍将存在。它不是一个单纯理论上的是非问题，而有其深刻的社会历史根源。尽管现代科学技术和物质生产的高度发展已千百次证明人类不是仅靠柏格森所说的"意识"而从自然取得自由的，但柏格森的思想仍会存在。这就像科学早已证明世界不是基督教所说的是上帝创造的，但全世界仍有大量的基督教徒一样。

《周易》当然还不可能认识到人能从自然取得自由是因为人能掌握、应用自然规律，它对人类生命的自由与人的意识的联系的认识，其水平当然也在柏格森之下。而且，如前已指出，它还不可能有柏格森的近现代个体自由的观念。但是，在一种素朴的思想形态之中，《周易》是把人作为自然的一部分来看待的，并且主张人类要生存就必须效法自然，其行动须与自然的变化符合、一致。《周易》不把人与自然分离开来，不认为人可以任意左右、支配自然。它说："有天地然后有万物，有万物然后有男女。"（《序卦》）这就明白肯定人是自然所产生的，并且是自然的一部分。它又说："天地变化，圣人效之。"（《系辞上》）例如，"天下雷行，物与无妄，先王以茂对时育万物"（《无妄》）。对于中国这样一个有悠久历史的农业大国来说，人事的活动不能违反天地自然、四时节季等等的变化规律，是自古以来就不断得到充分确认的。不过，《周易》是一本讲社会人事吉凶的书，因此对物质生产方面涉及较少。不论如何，《周易》绝不认为人凭着

① ［法］亨利·伯格森：《创造进化论》，王珍丽、余习广译，长沙：湖南人民出版社1989年版，第28页。

"意识"就可以改变自然的规律。例如，它认为"天地以顺动"，四时的变化是有规律的，绝不认为人的"意识"可以使天地逆动。又如，它认为"水流湿，火就燥"（《乾》），绝非人的"意识"所能改变，即使是"圣人"也做不到。相反，"圣人"之所以为"圣人"，就在他能效法自然的变化，向人们指出这种变化。这较之于柏格森认为凭着"意识"就能"使卡尔诺定律所规定的物理变化的方向发生逆转"，究竟谁更正确一些呢？此外，《周易》要人效法自然，又绝非把人看得十分渺小，要人拜倒在自然面前。相反，它是要人变得像自然那样强大、有力。所以，它说"天行健，君子以自强不息"，说"大人者，与天地合其德，与日月合其明，与四时合其序"（《乾》）。这虽然还不是柏格森所讲的那种近现代意义上的个体自由，但终究又极大地强调了人的地位与力量。

《周易》出现在《创造进化论》之前两千年，但其思想却有比《创造进化论》高明的地方，这是为什么呢？我认为这里有一个古代的农业文明与近代的工业文明的关系问题。后者较之前者当然是一个重大的历史进步，但如果因此就认为古代农业文明毫无可取之处，那是一种缺乏历史观点的看法。古代农业是极大地依赖于自然的，农业的收成显得是"自然的赠与，自然的生产力"。① 但正因为如此，人对自然是采取一种合作、协调、亲善的态度的。任何一个有从事农业的长期经验的民族，都绝不会怀疑人在农业生产中的活动是不能违背自然的规律的。而且，这种古代的农业文明，基本上是为了创造生活所需的使用价值，而不是以赢利、发财为根本目的。近代的工业文明则不同，获取最大限度的利润是它的根本目的，自然界不过是用以创造商品、交换价值的对象、材料而已。因此，近代工业文明失去了古代农业文明对待自然所特有的那种亲善感，它毫不留情地掠夺、破坏自然。虽然科学有了极大的发展，人对自然规律的认识空前提高了，但较之于古代农业条件下对自然的那种整体性的、直观的认识，它又把一切规

---

① ［德］马克思：《剩余价值学说史》，郭大力译，北京：人民出版社1975年版，第17页。

律都变成了机械的运动规律。与上述情况相关联，古代农业文明下人
与自然的和谐关系遭到破坏，资本主义的社会关系又使人发生了异
化，于是人与自然和人与社会的和谐被看作可笑的幻想，不断遭到奚
落、嘲笑。个体有不受任何必然规律束缚的"自由"，以及他的"意
识"有可以超越一切必然的神奇功能，不断地被歌颂，或者说被吹
嘘。但人终究又是自然的一部分，其存在一刻也不能脱离自然。任何
违背自然规律的做法终将遭到自然的惩罚。而唯心主义者们这时应当
放出他们那个神通广大的法宝——"意识"来使问题得到解决才是，
否则他们大为歌颂的这个法宝不就失去其神圣性了吗？但包括柏格森
在内，他们的这个法宝是无效的，因为它虽是反自然的，但却制服不
了自然。近代工业文明所存在的问题使一些人记起了古代农业文明的
优点，于是有回到古代农业文明的浪漫幻想产生。但是，要人类抛弃
近代工业文明的成果，却是办不到的，因为这是历史的倒退。只有一
个人率先提出了一种正确的解决办法，把古代农业文明的优点与近代
工业文明的优点结合起来，创造一种新的文明。这个人就是马克思，
他在《资本论》中阐述了这一思想。① 只要我们承认古代农业文明有其
不能否认的优点，那么在这种文明下产生的思想也相应有其不能抹煞
的价值，并且是能融入现代思想的。特别是中国古代的农业文明极为
漫长悠久，而且其社会结构直接由原始氏族社会演化而来，保存了许
多源出于氏族社会的优秀的东西。因此，包括《周易》在内，中国传
统思想中包含着许多至今仍有重要价值的思想。任何对西方现代思想
的盲目崇拜都是没有道理的。

三　美在生命

　　以上我们用很大的篇幅分析了《周易》的生命哲学，几乎无一语
及于美学。这是因为中国古代美学思想经常就包含在哲学之中，美学

---

① 见[德]马克思：《资本论》（第1卷），北京：人民出版社1975年版，第
551~552页。

远未从哲学中分化、独立出来。《周易》一书在很大程度上也是这样。因此，对中国古代美学的研究经常会碰到的繁难之处，就是必须先去分析与之相关的哲学思想，然后把包含其中的美学思想析离出来。如果不努力做好这一工作，只是孤立地抓住某几句直接讲到美或艺术的话，那就只能作一种肤浅的说明，或望文生义地作一些不着边际的发挥，最后仍然令人不知所云。所以，我只有请关心《周易》美学的读者了解这种情况、苦衷，忍耐一下不得不作的哲学分析。在后面各章有的地方，也还少不了有一些哲学方面的分析。但现在我们对《周易》哲学的最基本的方面的分析可告一段落，而进入美学问题了。

虽然我在第一章中已对《周易》一书中出现的"美"这个词的含义一一作了说明，但那仍是侧重于文字训诂的，目的只在说明《周易》的美的观念原本是怎样的。现在则需要更进一步作一种理论上的分析。这种分析，我认为可以概括为一句话——"生命即美"，但又不能把它与西方近现代的生命美学相等同。

讲到中国美学，特别是儒家美学，向来就有一种很普遍的看法，即认为儒家所说的"美"其实就是伦理道德上的"善"，因而认为儒家思想中并无多少美学可言。这有相当的道理。但我认为这里需要注意一个不可忽视的事实，即儒家所讲的伦理道德是同人的生命的保持和发展密切相关的。至少从先秦至西汉的儒家很强调这一点。因此，儒家所说的善就与生命的感性的存在相联，而具有了美的意义。如果说儒家所说的善即是美，没有与善不同的美，那么在文字概念上又何以在"善"字之外还要用"美"字呢？孔子在《论语·八佾》中评论音乐时何以又要区分"尽美矣，又尽善矣"和"尽美矣，未尽善也"这样两种不同的情况呢？我认为儒家对美与善的看法在根本上是立足于人的生命的，由美到善乃至美善合一均与此有关。而属于儒家系统的《周易》的美学又在所有儒家美学中特别突出了美与生命的不可分的联系。《周易》从天地出发来讲美亦即是从生命出发来讲美。更进一步，《周易》所讲的生命的规律也就是美的规律。这正是《周易》中许多不是讲美的思想都可具有美学意义的根本原因。但《周易》认为人类的道德行为的准则都是效法自然，以自然为根据的，从而它所说的生命之美也就具有伦理道德意义，与善相通、一致。尽管如此，由于《周易》是从天地自然生命的运动出发来讲美与善的，因此《周易》所讲的善具有与生命相联的很为明显的美学意义。

以上是一个总的概略说明，下面我们将分析《周易》如何将生命与美相联，视生命为美。至于包含在《周易》中的与生命的规律相联的美的规律问题，我们将在下章中讨论。

我在拙作《中国美学史》第一卷中曾经指出，中国人对美的认识最初是与从味、色、声得来的愉快的感受分不开的。我认为这是了解中国古代审美意识发生的重大关键，也是了解中国人何以将美与生命相联的关键。现将有关的言论按时代先后罗列于下：

(1) 天有六气，降生五味，发为五色，征为五声，淫生六疾。六气曰阴、阳、风、雨、晦、明也。分为四时，序为五节，过则为灾。阴淫寒疾，阳淫热疾，风淫末疾，雨淫腹疾，晦淫惑疾，明淫心疾(《左传·昭公元年》)。

(2) 则天之明，因地之性，生其六气，用其五行。气为五味，发为五色，章为五声。淫则昏乱，民失其性，故为礼以奉之(《左传·昭公二十五年》)。

(3) 耳不听五声之和为聋，目不别五色之章为昧(《左传·僖公二十四年》)。

(4) 五味实气，五色精心，五声昭德(《国语·周语中》)。

(5) 且夫仁者之为天下度也，非为其目之所美，耳之所乐，口之所甘，身体之所安；以此亏夺民衣食之财，仁者弗为也。是故子墨子之所以非乐者，非以大钟、鸣鼓、琴瑟、竽笙之声，以为不乐也；非以刻镂华文章之色，以为不美也；非以刍豢煎炙之味，以为不甘也；非以高台、厚榭、邃野之居，以为不安也。虽身知其安也，口知其甘也，目知其美也，耳知其乐也；然上考之，不中圣王之事；下度之，不中万民之利。是故子墨子曰：为乐非也(《墨子·非乐》)！

(6) 五色令人目盲，五音令人耳聋，五味令人口爽(《老子·

第十二章》)。

(7)且夫失性有五:一曰五色乱目,使目不明;二曰五色乱耳,使耳不聪;三曰五臭薰鼻,困惾中颡;四曰五味浊口,使口厉爽;五曰趣害滑心,使性飞扬。此五者,皆生之害也(《庄子·天地》)。

(8)人之情,口好味而臭味莫美焉;耳好声而声乐莫大焉;目好色而文章致繁而妇女莫众焉……(《荀子·王霸》)。

(9)天生人而使有贪有欲。欲有情,情有节。圣人修节以止欲,不过行其情也。故耳之欲五声,目之欲五色,口之欲五味,情也。此三者,贵、贱、愚、智、贤、不肖,欲之若一,虽神农、黄帝,其与桀、纣同。圣人之所以异者,得其情也。由贵生动,则得其情矣;不由贵生动,则失其情矣。此二者,死生存亡之本也(《吕氏春秋·仲春纪·情欲》)。

(10)人者,天地之心也,五行之端也,食味、别声、被色而生也(《礼记正义》卷二十二)。

(11)音之数不过五,而五音之变,不可胜听也;味之和不过五,而五味之化,不可胜尝也;色之数不过五,而五色之变,不可胜观也。故音者,宫立而五音形矣;味者,甘立而五味享矣;色者,白立而五色成矣。道者,一立而万物生矣(《淮南子·原道训》)。

(12)五色乱目,使目不明;五声乱耳,使耳不聪;五味乱口,使口爽伤;趣舍滑心,使行飞扬。此四者,天下之所养性也,然皆人累也(《淮南子·精神训》)。

以上引文从春秋至汉初,共12条。由此可见,尽管各家看法有别,但都一致说味、色、声能给人以一种感官上的愉悦,同美密切相关。在中国美学中,这种由味、色、声所引起的感官上的愉悦,可以说属于一种较纯粹的美感。各家又都认为这种味、色、声之美最初是由自然界产生的,并且是一切人都具有的欲望,与人的生命存在和发展密切相关。第一条所引是医和的话,他从医学的观点指出对味、色、声的美的追求享受不可过度，否则就会产生疾病。这一看法的影响很大。老子、庄子否定味、色、声之美，其实也就是因为他们认为对这种美的放肆的追求有害于人的生命。如果符合于他们所说的"自然无为"的要求，他们其实也并不一概否认味、声、色的美。①《吕氏春秋》的看法近于道家，但它并不直接地否认味、声、色的美的价值，还和荀子一样认为追求味、声、色的美是一切人的共同本性，只不过要"修节以止欲"，不能有害于生命。它在《孟春纪·本生》中还说过："圣人于声色滋味也，利于性则取之，害于性则舍之，此全性之道也。"《淮南子》也基本上站在道家立场上，但并不处处否定味、色、声的美的价值。在讲到宇宙的产生时，它赞美味、色、声之数虽各各不过五，但"不可胜听"，"不可胜尝"，"不可胜观"，充分肯定了宇宙间味、色、声之美的无比丰富。它虽照着道家讲"五色乱目，使目不明"等语，但承认味、色、声是"天下之所以养性也"，即有调养生命的功能。这种认为味、色、声的美的享受具有"养"的功能的看法，荀子讲得最为明白、具体，《吕氏春秋》也有类似的看法。两者均认为味之美可以"养口"，色之美可以"养目"，声之美可以"养耳"（见《荀子·礼论》及《吕氏春秋·孝行览》）。墨子更为具体地说明了味、声、色的美，并且声明他绝不否认这种美，他只是因为对这种美的追求会导致对人民的衣食的剥夺，所以才反对追求它。这其实也仍是立足于人的生命的存在来看味、声、色的美的。如果人民衣食的需要得到了保障，则墨家的后学认为美的追求也是合理的。这就是所谓"食必常饱，然后求美；衣必常暖，然后求丽"（《墨子佚文》）。儒家的孔子没有直接明确地谈到味、声、色的美，但从《论语》看，他绝不否认这种美。《述而》说："子在齐闻《韶》，三月不知肉味，曰：'不图为乐之至于斯也'。"《韶》乐即声之美，孔子将它与味相比拟，认为远非味所能及，这说明味也有美，否则即不可能与乐之美相比。《子罕》中又说，孔子认为"吾未见好德如好色者也"，这不能理解为孔子根本否认"色"的美。在《八佾》的记载中，孔子充分欣赏"巧

---

① 参见拙著《中国美学史》第一卷老子、庄子章。

笑倩兮，美目盼兮，素以为绚兮"这几句话，他并不否定这里所描绘的美人的美，而只是要求美须以"礼"为本。孔子赞美周"郁郁乎文哉"，颂扬尧"焕乎！其有文章"（见《八佾》《泰伯》），主张"文质彬彬，然后君子"（《雍也》），都明显充分肯定"文"的美。而"文"的美也正是可以包含在"五色"的美之中的。属于儒家系统的子产（上引第（2）条为子产语）、孔子、荀子均不否认味、声、色之美，荀子还认为这是一切人的本性所欲求的，但他们都主张对这种欲求须加以节制。这种节制，既与医和一致，是为了保持人的生命的健康，同时还是为了免去社会的纷争，维护社会的和谐。所以，子产说要"为礼以奉之"，孔子、荀子当然也都主张要用"礼"来加以规范，荀子更特别强调对味、色、声的美的享受须有等级上的严格区分。这既有束缚人的个性的一面，同时又是为了把对味、色、声的美的感受从感官生理上的愉快提升为与动物不同的、具有符合于人的尊严的社会性的东西。

现在，我们再来看一看《周易》，它同样是肯定味、色、声之美的。虽然它没有正面地提出，但在对各卦的解释中可以看到。如需卦讲到"君子以饮食宴乐"，"需于酒食，贞吉"，"酒食贞吉，以中正也"。这当然都与味有关。豫卦讲到"雷出地奋，先王以作乐崇德"，中孚卦讲到"鹤鸣在阴，其子和之"，这与音的美有关。贲卦讲到"贲如皤如，白马翰如"，离卦讲到"日月丽乎天，百谷草木丽乎土，重明以离乎正"，革卦讲到"大人虎变，其文炳也"，"君子豹变，其文蔚也"，鼎卦讲到"鼎，黄耳金铉，利贞"，这都与"色"的美相关。《周易》很重"色"的美，它讲的"文明""光明"均含有美的意思（详第四章）。

中国古代历来重视味、色、声之美，又认为它是自然的产物。如第（1）条引医和语认为是"六气"的产物，即阴、阳、风、雨、晦、明的产物。第（2）条所引子产的话，则除"六气"之外，又加上"五行"。这种出自自然的美的意义在于它可以"养性"（即养生），但必须加以合乎生命要求的节制和合乎社会伦理的规范。由此构成了中国古代关于美的认识的几个基本方面，并非常鲜明地体现在《周易》的美学中。

第一，味、色、声的美都来自自然，为自然所生，不能脱离自然生命而存在。如味的美当然与人所食用的各种自然物分不开；色的美与自然物（包含人体）的形状、颜色、花纹分不开；音的美与大自然所发出的各种声音分不开，如《吕氏春秋·仲夏纪·古乐》中提到的"凤皇之鸣""八风之音""山林溪谷之音"，等等。因此，美存在于哪里呢？就存在于天地所生的自然万物之中。不可能设想离开了天地及其所生的自然万物还会有美的存在。所以《周易》第一次赋予了天以"亨"这一特性与功能，并提出了"乾始能以美利利天下"这个重要命题。天不仅生出了各种有利于人的生命的东西，而且它还像在嘉会之礼中赠人以美物一样，为人提供了各种可供人享用的美的东西。① 天之生物，是既"美"且"利"的。"利"是有益之意，在一些情况下可与好、善同义。而"美"在此既与"利"并列，则显然不能释之为好善。更何况在乾所具有的"元、亨、利、贞"四德中，"亨"即美之意，与"利"不同。② 因此，"乾始能以美利利天下"这一命题确实明确肯定了与一般所言好、善不同的美为天所生。而其实际所指，就是上述自然物所具有的味、色、声之美。由于这种美自古以来被认为可以"养性"，即"养口""养目""养耳"，有利于人的生命，所以"美"又可以与"利"相联，被认为是可以"利天下"的。

第二，既然美产生于自然和存在于自然之中，因此宇宙、自然、万物的运动、变化、生长也就具有了美的意义，自然生命的流行不息、欣欣向上就能给人以美的感受。《周易》用"云行雨施，品物流形。大明终始，六位时成，时乘六龙以御天"来形容宇宙、自然生命运动、生长的景象，并引入古代的神话，虽未直言美，实则即是在赞颂自然的美。旧注均认为"云行雨施，品物流形"是用以释"亨"的，而"亨"如本书第一章所考证，既有"通"之意，也有"美"之意。"通"指生命的畅顺流行，"美"指生命给人的愉悦欢欣。"云行雨施，品物流形"正是生命成长的一派令人欢欣的景象。旧注释"品物"为各品、

---

① 参见本书第一章释"元、亨、利、贞"。
② 参见本书第一章释"元、亨、利、贞"。

各类之物是对的，因为乾卦中即已指出万物是"各从其类"的。但对"流形"一词的注解则尚欠妥帖。有释为"流布其形"者（《周易正义》），释为"以云雨流坤之形"者（《周易集解》），释为"流动分形"者（《汉上易传》），释为物之生长"由短而倏至于修，如水之流由此而倏至于彼"者（《易纂言》），释为"物各以类而生生不已，其机不停滞"者（《周易集注》），释为"运动其形体"者（《周易大传今注》）。我认为以《周易集注》所释较是，但缺少对文字的考证。"流形"之"流"有变化之意。《古文尚书·泰誓》："有火自上复于下，至于王屋，流为乌。"孙星衍注引郑玄曰："流犹变也。"而在《周易》的观念中，变化与生长是分不开的，"化"与"生"常连用为一词，如"男女构精，万物化生"（《系辞下》）。因此，"品物流形"之"流"乃指万物不断变化、生长其形体，不是"流布其形"，"流动分形"，或"运动其形体"的意思。也因此，"云行雨施，品物流行"亦即"天地设位而易行乎其中"，"生生之谓易"（《系辞上》）的具体表现，也是乾的"亨"德的表现，即美的表现。《周易》又说："坤厚载物，德合无疆，含弘光大，品物咸亨"（《坤》），并说"天地相遇，品物咸章也"（《姤》）。"亨""章"均有美意，"品物咸亨"与"品物咸章"肯定了天地所生万物是美的，而美历来与物的形体相关。因此"品物流形"实意味着万物的美的形体的变化、生长、生成。更进一步说，"流形"即"流美"。魏钟繇论书法艺术说，"用笔者天也，流美者地也"（《书苑菁华》），即据《周易》而提出。在讲了"云行雨施，品物流形"之后，《周易》紧接着又说"大明终始，六位时成，时乘六龙以御天"。《周易大传今注》释为"日运行于天空，而后宇宙光明，天在上方，地在下方，日出处为东方，日入处为西方，向日处为南方，背日处为北方，于是上下四方之位乃定"，并指出"时乘六龙以御天"为古代神话，甚是。《周易》在这里所描写的景象同样是一种宇宙之美的景象。"大明终始"之"大明"指太阳（《周易集解》引侯果注），《系辞上》又说"悬象著明莫大乎日月"。太阳是普照万物的光明的源泉，光明在古代的意识中与美有着密切的联系，光明即意味着美，这在《周易》中也有明显的表现。"六位时成"涉及宇宙空间，也与四时季节的变化相联。而在中国古代观念中，空间与美也有密切联系。道家推崇空间的广大无限的美，称之为"大美"。《淮南子》也有相同的观念。①《周易》很受道家思想影响，它也推崇广、大。《系辞上》说"夫《易》，广矣，大矣"，又说"广大配天地"，并认为《易》能"范围天地之化"。宇宙空间之美，在后世中国山水画中得到了很成功的表现。中国山水画一向赞赏"咫尺而有千里之势"。宋代郭熙《林泉高致》所言"高远""深远""平远"也是三种不同空间的美。四时季节的变化，在中国古代文艺中，历来也与美有密切联系。刘勰《文心雕龙·物色》对四时季节变化在文学家心中引起的情感、文思的变化作了很好的说明。宋代山水画论详细讨论了春夏秋冬四季不同山水的美，并对阴晴明晦的变化给人的美的感受也十分注意。所以，《周易》所说"大明终始，六位时成"，就字面看与美无关，实际包含有丰富的美学意义。这同样是因为中国自古以来是从人的生命存在与发展来看美的问题的，而人的生命的存在离不开空间，也离不开自然界四时季节的变化。对一个农业民族来说，这是很明显的事。因为它的生产活动，从而它的整个生活的安排，处处都必须考虑到天象、季节。所以《周礼》中有所谓"月令"，规定每一季节应如何行事。"大明终始，六位时成"不是在讲美，但接下去引出了"时乘六龙以御天"的古代神话，这又透露出"大明终始，六位时成"和美与艺术的某种关系了。因为古代神话是古代艺术的土壤，它经常具有审美上的意义。考"时乘六龙以御天"的神话见于《山海经》《淮南子》记载。但言之最早、最详，并予以艺术的表现者，仍是《楚辞》中的《离骚》，特别是《东君》。《东君》是祭日神的歌辞，它以奇丽的想象，极生动地描绘了日神驾着龙车不息地巡行于天宇的景象。马茂元解释说："它从吐出光明到渐渐升起，从丽影当空到金乌西坠，始终在勤劳不息地运行着，给人以光明的、伟大的、具有永久意义的美感。"②《周易》在讲了"云行雨施，品物流形。大明终始，六位时成"这些话之后，对于说明万物生命的产生已经足够了，但末了还要以

---

① 参见拙著《中国美学史》第一卷庄子章及《淮南子》章。
② 马茂元：《楚辞选》，北京：人民文学出版社 1958 年版，第 98 页。

"时乘六龙以御天"作结，不只是出于对卦象的解释的需要，还相当明显地表现出乾传的作者企图对他所说与万物生命的产生相关的种种自然景象赋予一种审美的意味。他所作的全部描述，合起来看就如一幅宇宙生命的图画。

第三，《周易》既认为美产生于自然，和天地所生的万物分不开，因此美的产生与存在就与生命的繁荣，财物的富有分不开，从而也与人的努力分不开。很早以来，中国古代在讲到"乐"时经常是把它与自然物质财富的增殖直接相联的。"乐"在古代是一切与审美的愉悦、享受有关的东西的总称，它首先是指音乐(含器乐与声乐)，但同时也包含着舞蹈。"乐"能给人以美的享受，但古人十分素朴而正确地指出，如没有充裕的物质财富就不可能有"乐"。伶州鸠说："圣人保乐而爱财，财以备器，乐以殖财。"(《国语·周语下》)韦昭注："古者以乐省风土而纪农事，故曰'乐以殖财'。"最初的"乐"并非单纯为了美的欣赏，它是与农业生产活动密切相联的。也正因为这样，伶州鸠更进一步认为，风调雨顺，万物生长繁茂，人民生活富裕安乐，这才是真正的"乐"。他说："气无滞阴，亦无散阳，阴阳次序，风雨时至，嘉生繁祉，人民和利。物备而乐成，上下不罢，故曰乐正。"反之，"妨正匮财"，那就不叫"乐"(同上)。到了深受《周易》影响的《乐记》一书，对"乐"的美的价值的认识已大有提高，但它也认为"乐"就是万物生长兴盛的表现。它说："地气上齐，天气下降，阴阳相摩，天地相荡。鼓之以雷霆，润之以风雨，动之以四时，煖之以日月而百化兴焉。如此，则乐者天地之和也。"这里采用了出自《周易》的语言，并且十分明确地说出了包含在《周易》中的以生命为美的思想，即认为天地运行，使"百化兴焉"，这就是"乐"，也就是美。然而，"百化兴焉"不能只靠天地，还需有人事的活动。因此，《周易》又进一步把美与"事业"联系起来了。它说："君子黄中通理，正位居体，美在其中，而畅于四支，发于事业，美之至也。"(《坤》)这里所谓"黄中通理，正位居体"，是从"君子"效法天地来说的，它就是"美在其中"之"美"的由来。而这种"美"还须"畅于四支，发于事业"，方能达到美之极至。所谓"畅于四支"既可指孟子、荀子都讲过的内

在的道德的美表现于人的形体、四肢，也可指荀子多次言及的美可以
"养口""养目""养耳""养体"，两义可兼而有之。"发于事业"也有双
重的含义，首先是指"君子"效法天地之美，致力于自然物质财富的
生产。所以《周易》又说："富有之谓大业。"（《系辞上》）生产了丰富
的物质财富，方能有天地所生的各种美物，而得到味、色、声的美的
充分享受。这种思想，也明显是承荀子而来的。荀子反驳墨子"非
乐"，认为对"乐"的追求将亏夺人民衣食之财的思想，指出这不过是
墨子的"私忧过计"。实际上，只要人善于治理，就根本不必忧虑财
富的不足。荀子说：

> 夫不足，非天下之公患也，特墨子之私忧过计也。今是土之
> 生五谷也，人善治之，则亩数盆，一岁而再获之；然后瓜桃枣
> 李，一本数以盆鼓，然后荤菜、百蔬以泽量，然后六畜禽兽，一
> 而垌车，鼋鼍、鱼鳖、鳅鳣以时别，一而成群，然后飞鸟凫雁若
> 烟海，然后昆虫万物生其间，可以相食养者不可胜数也。夫天地
> 之生万物也，固有余足以食人矣；麻葛、茧丝、鸟兽之羽毛齿革
> 也，固有余足以衣人矣。夫有余不足，非天下之公患也，特墨子
> 之私忧过计也（《荀子·富国》）。

既然只要善于治理，财富就会滚滚而来，不可胜数，那么王者为
了得天下，就不但不需要如墨子所说的"非乐"，而且要尽量去满足
人们对于美的欲求。"必将撞大钟，击鸣鼓，吹竽笙，弹琴瑟，以塞
其耳；必将雕琢刻镂，黼黻文章，以塞其目；必将刍豢稻粱，五味芬
芳，以塞其口。"（《荀子·富国》）这也就是对人人均有的对于味、色、
声的美的追求，予以最充分的满足。荀子最后总结说："故儒术诚
行，则天下大而富，使而功，撞钟击鼓而和。"（《荀子·王制》）显然，
这正是《周易》所说"富有之谓大业"，"发于事业，美之至也"的意
思。《荀子·王制》中还有一段话，也正好可用以贴切地解释《周易》
将"富有""事业"与美相联的意思：

北海则有走马吠犬焉，然而中国得而畜使之。南海则有羽
翮、齿革、曾青、丹干焉，然而中国得而财之。东海则有紫绤鱼
盐焉，然而中国得而衣食之。西海则有皮革、文旄焉，然而中国
得而用之。故泽人足乎木，山人足乎鱼，农夫不斵削、不陶冶而
足乎械用，工贾不耕田而足菽粟。故虎豹为猛矣，君子剥而用
之。故天之所覆，地之所载，莫不尽其美，致其用，上以致贤
良，下以养百姓而安乐之。夫是之谓大神。

这种将美与自然物质财富的积极生产直接联系起来的思想，在荀
子及《周易》的美学思想中是很宝贵的。但是，要使物质财富能源源
不竭生产出来，使天地所生之美为人享用，又须统治者善于治理国
家。所以《周易》又说"举而措之天下之民谓之事业"（《系辞上》）。这
也就是《周易》所说"发于事业"的另一层含义，并且同样是继荀子的
思想而来的。《荀子·王霸》认为，君主善于治国是"积美之源"。因
为只有君主善于治国，使国家富有平安，然后才可能有"乐"，有味、
色、声的美的享受。

国危则无乐君，国安则无忧民。乱则国危，治则国安。今君
人者，急逐乐而缓治国，岂不过甚矣哉！譬之是由好声色而恬无
耳目也，岂不哀哉！夫人之情，目欲綦色，耳欲綦声，口欲綦
味，鼻欲綦臭，心欲綦佚。此五綦者，人情之所必不免也。养五
綦者有具，无其具，则五綦者不可得而致也。万乘之国，可谓广
大富厚矣，加有治辨强固之道焉，若是则恬愉无患难矣，然后养
五綦之具具也。故百乐者，生于治国者也；忧患者，生于乱国者
也。急逐乐而缓治国者，非知乐者也。故明君者，必将先治其
国，然后百乐得其中（《荀子·王霸》）。

《周易》认为"君子体仁足以长人，嘉会足以合礼，利物足以和
义，贞固足以干事"（《乾》），所说的也正是君子治国之道。其中的
"贞固足以干事"之"事"，当然应是与治国相关之"事"。按《周礼》对

"事职"的解释，指"以富万邦，以养万民，以生百物"（《周礼注疏》卷三），与《周易》的思想相合。《周易》在讲了君子治国之道的四个方面之后，接着又说"君子行此四德者，故曰乾元、亨、利、贞"。而"元、亨、利、贞"，如本书第一章中所释，也正是一种广义的美的实现。此外，《周易》还说："天地感而万物化生，圣人感人心而天下和平。"（《咸》）"日月得天而能久照，四时变化而能久成。圣人久于其道而天下化成。"（《恒》）这里的"天下和平""天下久成"也都含有美的意思在内。《周易》的整个思想，正如荀子的思想，是把治国安民与美相联的，把美视为君子能治国安民的结果。由此，对于《周易》来说，它所讲的天地之美、生命之美又是与政治伦理道德上的善密不可分的。从古代论"乐"亦即美来看，一方面有我们已讲过的"乐以殖财"的说法，另一方面又还有"乐以安德"（《左传·襄公十一年》）以及《乐记》反复申说的"乐"以"象德"的说法。这就是因为"殖财"与治国不可分，而治国又与"德"不可分。在这种思想发展的过程中，还出现了直接把政治伦理道德上的善看作就是美的思想，如伍举论美，即提出"服宠以为美，安民以为乐"的思想，并说"夫美也者，上下、内外、小大、远近皆无害焉，故曰美。若于目观为美，缩于财用则匮，是聚民以自封而瘠民也，胡美之为"（《国语·楚语上》）。《左传·襄公二十九年》记季札"观于周乐"，他反复用"美哉"二字所称颂者，实际都是与周的盛德的表现相关的政治伦理道德行为。但何以不用"善哉"来称颂，而硬要用"美哉"来称颂呢？这不仅因为这些盛德是通过能给人以愉悦的"乐"表现出来的，而且还因为这盛德与人们的作为、事业分不开，是人们奋斗、创造的结果，也就是《周易》所言"发于事业"的结果。因此，《周易》将美与"发于事业"相联，也就是将给人以味、色、声的愉悦享受的生命之美与君子治国的"事业"相联，推展到使人能够获得、占有这种美的社会性的活动、创造上去了。与此同时，由于《周易》认为人的社会政治伦理活动都是效法自然，与自然生命的活动、表现相通、一致，因此生命的美又不只在给人以味、色、声的愉悦享受，而具有了超出感官愉悦享受的更深层的伦理道德意义。至此，给人以感官愉悦享受的生命之美与伦理道德的美合而为一。但在《周易》中，天地、生命终究又是它的最基本、最重要的观念，因此，就美学而论，生命之美的观念在《周易》中是居于主导地位的。这是《周易》美学最重要的特色，也是它最重要的贡献。

四 "大和"之美

《周易》认为美在生命之中，生命即美，而这种美的最高表现即是"大和"（"大"读为"太"）。因为只有在"大和"的状态下，生命才能获得最顺畅、最理想的发展。以"和"为美，是中国美学的一个很重要而古老的观念，甚至可以说是中国美学关于美的核心思想。《周易》虽然没有直接地把它所说的"大和"与美相联，明确指出"大和"即美，但明确指出了"乾始能以美利利天下"。而"大和"正是"乾道变化"必须达到和保持的最高理想状态，并且只有"大和"方能"利贞"。由此可见，"大和"是与"乾始能以美利利天下"分不开的，从而是与美分不开的。

《周易》说："乾道变化，各正性命，保合大和，乃利贞。"（《乾》）这里所说的"乾道变化"指的就是上文"云行雨施，品物流形。大明终始，六位时成"，即天象的变化和万物的生长。而《周易》认为这种生长变化，必须"各正性命，保合大和"，才能吉利、正常、永久。问题是什么叫做"大和"？历来旧注的解释，或十分空泛，或并未得"大和"的本义。王弼的《周易注》释为"不和而刚暴"，意为"大和"即不刚暴之意。它从《周易》的刚暴观念来释"大和"，虽然也可讲通，但完全脱离了"大和"一词出现的上下文义。之后，《周易正义》《周易集解》对"大和"之含义均语焉不详，不作正面的解释、界定。朱熹《周易本义》明确解释为"大和，阴阳会合冲和之气也"。这是宋儒的普遍的看法，影响甚大。《汉上易传》释"大和"为"相感绷缊之气"，与此说相近。明代来知德《周易集注》则完全重复朱熹之说。此后罕有新解。在我看来，《周易》虽曾多次联系到"气"来讲阴阳变化，而且它所说的"太极"实即指阴阳未分之"气"①，但"气"的观念在《周易》中是隐而不显的，不占主要地位。当《周易》提出"大和"这一观念时，它又仅是从"乾"如何始生万物来讲的，意在说明"乾"为"万物资始"。虽然这也与"坤"相关，但尚未涉及"坤"的作用、功能问题。因此，它所说的"大和"还没有与阴(坤)阳(乾)的关系联系起来，同时显然也没有联系到"气"的问题。只要我们不脱离"大和"一词出现的上下文义去解释它，那么"大和"是不可能释为"阴阳会合冲和之气"的。宋儒朱熹、邵雍等人对《周易》思想的阐释虽颇有深刻之处，但往往并不细究原文之本义而自行加以发挥。

"和"的观念发生很早。在《周易》的传成书之前，"和"的含义大致有三：一指社会、人际关系的和谐，即和睦相亲。如"和协辑睦于是乎兴"(《国语·周语上》)、"和宁百姓"(《国语·周语中》)、"以和邦国""以谐万民"(《周礼注疏》卷二)。二指与"同"相对的"和"，意为杂多的统一。如《左传·昭公二十年》及《国语·郑语》所记晏子及史伯关于"和同"的言论。三指由钟这种乐器的制造所引出的音乐上的"和"的问题，并由此而推及于阴阳二气之和及社会国家之和。如《国语·周语下》所记单穆公与伶州鸠关于音乐的言论。以上三种含义，当然又常常是互相联系的。《周易》所说的"大和"之"和"虽也可以通于以上所说三种意思，但却不能与任何一种意思等同。这里的关键在于《周易》是从生命的产生来讲"和"的，离开这一点就不能确切如实地理解它的含义。"和"与"生"的关系，史伯在论"和"与"同"的区别时已提到。他说："夫和实生物，同则不继。"但他是从世界由杂多的事物的统一所构成这一意义上来讲的，而不是从万物生命的产生来讲的。子产在讲到人的生死问题时曾说过"协于天地之性"的话(《左传·昭公二十五年》)，但他是从"礼"的重要性来讲的。《荀子·天论》已提出过"万物各得其和以生"，但未加以发挥。专门从或特别着重从万物的产生来讲"和"实始于《周易》(传)。这也证明了我

---

① 参见李泽厚、刘纲纪：《中国美学史》(第二卷)，北京：中国社会科学出版社1987年版，第664~670页。

们在前面已指出过的，《周易》的哲学在本质上是一种生命哲学。

《周易》所说的"保合大和"是与"乾道变化，各正性命"直接相联的。在这里，"乾道变化"产生了万物的"性命"，同时万物又能"各正性命"，这样就可以"保合大和"，而永远吉利和合于正道了。因此，"保合大和"与"各正性命"分不开。正因为能"各正性命"才能"保合大和"；反过来说，能够"保合大和"也就是能够"各正性命"的表现。但什么叫"各正性命"呢？高亨《周易大传今注》认为"性，属性。命，寿命"，甚是。更简明地说，"性命"就是包含人在内的天地万物各自具有的不同特性与生命，两者是直接相联而不能分离的。《周易》认为万物是"各从其类"的，其生命各有不同的特性。这里还需要指出，《周易》所理解的生命是广义的，连无机物也包含在内，与我们已讲过的柏格森生命哲学的看法不同。柏格森把生命区分为植物、动物、人三种不同形态，此外的东西就属于无机物，在他看来是与生命不同的"惰性"的"物质"。而且，柏格森讲的生命又以"意识"为其本质特征，所以实际就是指人的生命，不包含人之外的自然界的生命。《周易》由于还不可能有近代自然科学的观念，而是从远古的观念来看生命，所以不仅人是有生命的，和人的生命的存在、发展不能分离的万物均被看作有生命的。① 《周易》说："同声相应，同气相求。水流湿，火就燥。云从龙，风从虎。……本乎天者亲上，本乎地者亲下，则各从其类也。"（《乾》）这实际就是对万物"各正性命"的一个具体的例解。再如万物有刚有柔，人有男有女，动植物的生长繁殖各有不同的季节，都必须各按其性质而存在发展。《系辞上》指出天下"至赜而不可恶也"，"至动而不可乱也"，就因为万物是"各从其类"，"各正性命"的。由于万物均能"各从其类"，"各正性命"，因此万物就都能得到顺利的繁荣发展，永远生生不息，这就叫"保合大和"。"保"为保持之意，"合"旧注有释为"聚"者，《周易大传今注》释为"成"，甚

---

① 从科学上看，这是错误的，但从审美、艺术上看却很正确。所以《周易》几乎处处与美学相通。

是。"保合大和"意为保持成就"大和"，使万物的生命都既能各自按其特性而顺利发展，又彼此不相妨碍。在《周易》所说的"大和"中包含这样的意思：万物和人都具有"各从其类"的差异性，即具有不同的"性命"，但只要万物和人的由天地所赋予的各自的本性和生命得到正常合理的发展，那么这种"各从其类"的差异性不仅不会破坏世界的和谐，而且恰恰会使世界达到最高的和谐。这也就是《系辞下》所说的"天下同归而殊途，一致而百虑"。和谐绝不取消或排斥差异性，相反，它正是差异性获得正常合理发展的产物。这是《周易》所特有的，包含深刻意蕴的宇宙和谐论，在今天也具有值得我们注意思考研究的重大意义。从儒家对"和"的认识来看，《周易》的"大和"观超越了孔子、孟子、荀子仅从人的伦理道德关系来讲的"和"，也超越了《中庸》从个体内在情感来讲的"中和"，因为它不仅是一种从宇宙论的高度来讲的"和"，而且是一种充分承认差异性的存在，并以之为前提的"和"。从和谐与差异的关系来看，孔子说过："君子和而不同"（《论语·子路》），《周易》"睽"卦传文中也有"君子以同而异"的话，两者看来好像是一个意思，其实差别甚大。《周易》认为君子之所以是"同"的，正因为他们是"异"的，孔子则认为君子是"异"（"不同"）的，要以"同"（"和"）为前提。但《周易》的"大和"观当然又是从在它之前儒家关于"和"的思想发展而来的，我认为它实际是儒家在社会政治理想上的"大同"思想在《周易》宇宙论哲学基础上的提升和表现。

上述对"大和"的理解，可以从深受《周易》思想影响的《乐记》对于"和"的理解得到充分的印证。《乐记》不仅以"乐"为"天地之和"的表现，还提出了"大乐与天地同和"这一前所未见的命题。它对"天地之和"的解释，又始终与"各从其类"、各有"性命"的万物共同和谐发展分不开。它一再指出，"和，故百物不失"；"和，故百物皆化"；"流而不息，合同而化，而乐兴焉"；"百化兴焉。如此，则乐者，天地之和也"；"天地诉合，阴阳相得，煦妪覆育万物，然后草木茂，区萌达，羽翼奋，角觡生，蛰虫昭苏。羽者妪伏，毛者孕鬻，胎生者不殄，而卵生者不殈，则乐之道归焉耳!"末一段话，特别能用以具体解释《周易》所说"各正性命，保合大和"之意，因为它指出各种不同种类的生物统统都得到了和谐的发展。

如前已指出，《周易》所说的"大和"是与美相联的，但还没有直接明确地加以说明。到了《乐记》提出"大乐与天地同和"，就是直接以《周易》所说的"大和"为美了。以"大和"为美是什么意思呢? 就是不只以生命合规律的、和谐的发展为美，而且以各不相同的个体生命都能共同和谐发展为美，以整个大自然和人类全体生命的兴旺发达为美。所以，这不同于一般所说的"和"之美，而是囊括宇宙万物和人类的"大和"之美。当然，这又很容易与政治伦理道德联系起来，从生命之"大和"通向社会人伦道德的"大和"。

五　与西方美学的比较

以上对同《周易》生命哲学密不可分的美的观念的说明，基本上还是描述性的。下面，我将把《周易》这种美的观念与古希腊美学和西方近现代美学加以比较，由此对《周易》在美的问题上的基本看法所具有的价值作一些分析。通过这种分析，可以更为清楚地看出《周易》关于美的思想的理论实质，以及它比西方美学伟大和不足的地方。由此，还可为本书后面各章中还将进行的中西美学比较奠定一个基本的理论前提。

古希腊人的美的观念是与愉悦的观念不可分地联系在一起的。什么是古希腊人观念中的"美"呢? 波兰著名美学史家沃拉德斯拉维·塔塔科维兹说:

> 它指愉悦人、吸引人以及令人赞赏的事物。换句话说，它所表示的范围比现在要广泛。它包含赏心悦目和悦耳的事物，包括以外在特点引起人们愉悦的事物，也包括以不同方式和不同原因使人愉悦的大量事物。它意味着视觉和听觉，也意味着意识和性

格的特征①。

在把美看作使人愉悦的东西这一点上，古希腊美学与包含《周易》在内的中国古代美学有很大的一致性。但在对愉悦的理解上，两者又很为不同。古希腊美学对美与愉悦的关系提出了各种观点、看法，我认为它所讲的愉悦基本上可以概括为四个方面：（1）感官的；（2）实用功利的；（3）道德的；（4）认识性的。② 中国古代美学所说的愉悦也包含着这四个方面。我想从这四方面逐一将古希腊美学与中国古代美学作一对比，然后再讨论在两者的美学中均占有重要地位的"和谐"问题。

感官的愉悦

古希腊智者学派认为："美是通过视听给人以愉悦的东西。"③这是从感官的愉悦所得出的关于美的最直截了当的定义。虽然柏拉图在《大希庇阿斯篇》中批评和否定了这一定义，但从《斐利布斯篇》中可以清楚看出他并不否认美与愉悦的关系。他说：

> 真正的愉悦来自那些被称作美的色彩或美的形式的东西，来自气味和声音。④

柏拉图的学生亚里士多德在《问题集》中看来好像否认了"色彩、

---

① ［波］沃拉德斯拉维·塔塔科维兹：《古代美学》，杨力等译，北京：中国社会科学出版社 1990 年版，第 38 页。

② 这里未专门列出巫术、宗教性的愉悦，因为它就包含在这四个方面之中，特别是(1)、(3)、(4)之中。详见下文。

③ ［波］沃拉德斯拉维·塔塔科维兹：《古代美学》，杨力等译，北京：中国社会科学出版社 1990 年版，第 140 页。

④ ［波］沃拉德斯拉维·塔塔科维兹：《古代美学》，杨力等译，北京：中国社会科学出版社 1990 年版，第 173 页。

气味和味道"的美①，但在《尼可马克伦理学》中，他以完全肯定的态度讲到"在观看像色彩、形状和图画等东西时找到"的"愉悦"、"听觉的愉悦"，乃至"由嗅觉而来的愉悦"。② 在《欧台谟伦理学》中，亚里士多德又指出只有人才能从"味觉和触觉的对象"中感受到"美的全部愉悦"。③ 他还特别谈到"吃的或喝的东西的味道"，以及"吃和喝的愉悦"。④

　　上述古希腊的这些观念同中国自古以来认为味、色、声能给人以快感、美感十分相似，而且古中国人比古希腊人讲得更为清楚、明确。因为中国古代很早就提出了"五味""五色""五声"的概念，把给人以美的愉悦的感官对象明确划分为味、色、声三种，并进行了相当详细的讨论。这种划分虽然也已包含在上述柏拉图、亚里士多德的有关言论里，但没有做出明确的区分、概括。古希腊讲法的优点在于它很为强调"愉悦"这一观念。中国古代在孟子之前还没有明确提出"愉悦"的观念并将它与"美"相联，但丝毫不否认美所具有的感官的愉悦性。到了孟子，不仅明确指出味、色、声的美能"悦"人的口、目、耳，而且还提出"理义之悦我心，犹刍豢之悦我口"（《孟子·告子章句上》），即道德的行为也能给人以审美的愉悦。孟子之后，荀子用"乐"（欢乐、愉快）这一概念概括地指出味、色、声给人的各种愉悦，并认为追求"乐"是一切人共有的欲望、本性。深受荀子思想影响的《周易》在讲到美时所说的"正位居体，美在其中，畅于四支，发于事业"的"畅"，既有通达之意，也有畅快之意，而"四支"则显然与身体感官相联。因此，"畅于四支"即包含对美所给人的感官愉悦

---

① 鲍桑葵：《美学史》，张今译，商务印书馆1986年版，第80~81页。
② ［波］沃拉德斯拉维·塔塔科维兹：《古代美学》，杨力等译，北京：中国社会科学出版社1990年版，第215~216页。
③ ［波］沃拉德斯拉维·塔塔科维兹：《古代美学》，杨力等译，北京：中国社会科学出版社1990年版，第216页。
④ ［波］沃拉德斯拉维·塔塔科维兹：《古代美学》，杨力等译，北京：中国社会科学出版社1990年版，第216页。

性的肯定。① 如果追溯到《荀子·礼论》，这里的"畅"应有美可以"养口""养鼻""养目""养耳""养体"之意。

中外古代美学一致肯定了美与感官愉悦相关，这是由于审美是有愉悦性的，而且最初是与人类的种种生理快感直接相联的，作为一种特殊快感的美感尚未与其他快感明确地区别开来。试图说明这种区别，解释作为美感的快感的特殊性及其产生的原因，这也正是中外古代美学一致关注的重要问题。

在古希腊美学中，偏重从感官享乐去看美。这是在认识论上持相对主义观点的智者学派的看法，它对上述问题还没有作出较有价值的说明。从毕达哥拉斯学派开始，到柏拉图、亚里士多德，都努力要以感官对象所具有的形式去说明美的愉悦的产生及其特殊性，提出了"和谐"这一重要概念。关于"和谐"问题，下面再谈。这里要着重指出的是，古希腊美学主要是用感官对象的形式来解释美的感官愉悦性的产生的。如柏拉图认为这种形式必然地引起美的愉悦，因此是一种绝对的而非相对的美。他说：

> ……当我说形式美时，我指的不是大多数人所了解的关于动物的和绘画的美，我指的是直线、圆，以及利用尺、规和矩来画直线和圆所形成的平面形和立体形……因为我断言这些形式的美不像其它东西那样是相对的，而是按它们的本质就永远是绝对的美，并产生特有的愉悦……而这些色彩也具有这种美并产生这种性质的愉悦。②

中国古代美学是否看到了美引起的感官愉悦与感官对象的形式有密切联系呢？当然是看到了的，并且远远早于古希腊美学。它用

---

① 南朝宗炳在《画山水序》中提出"畅神"的说法，与此有关。晋及南朝美学更为重视美的愉悦性，但与先秦已有颇大的不同。

② ［波］沃拉德斯拉维·塔塔科维兹：《古代美学》，杨力等译，北京：中国社会科学出版社1990年版，第173页。

"文"这一概念来指引起感官愉悦的美的对象的形式，并经由《周易》而得到了很大的发展，我们将在本书第四章中专门加以讨论。现在，我想要着重指出的是，中国古代完全懂得美所产生的感官愉悦与感官对象的形式密切相联，并且从来就很重视它。但中国古代美学又主要不是用形式，而是用人的生命的存在与发展去解释这种愉悦性的产生及其所具有的价值。当它讲到形式亦即"文"时，这形式也是作为生命的形式而对人成为美的。这就是中国古代美学对美的感官愉悦性的解释与古希腊美学的重要区别所在。

如前已详述，中国古代医和等人都毫不否认味、色、声所具有的美的愉悦的价值，但他们一则认为这种美是由"天地"（自然界）产生的，二则认为对这种美的享受必须有节制，不能放任，以致危害人的生命。前引《左传·僖公二十四年》说"耳不听五声之和为聋，目不别五色之章为昧"，并以之为"四奸"中的两奸，可见中国人何等重视审美的修养，不否认感官愉悦之美。《老子》声言"五色令人目盲，五音令人耳聋"，明显是针对《左传》所记的看法而发的，但目的仍在"保生""重生"。只要审美不导致违害生命的结果，道家是一点也不否认审美的。至于《周易》，则明显是从"天地"（自然界）、人的生命的存在和发展来解决美的问题的，一点不否认味、色、声的美的享受，但同样主张须有节制，不能危害生命。它说："天地节而四时成。节以制度，不伤财，不害民。"（《周易·节》）但与此同时，它又反对"苦节"，即反对如墨家那样压抑、否定包含审美在内的人的生命的各种要求、欲望的满足，认为"苦节不可贞，其道穷也"（《周易·节》）。这种对感官审美愉悦与人的生命的保持和发展，以及对审美愉悦与伦理道德的关系（详下）的高度重视，使得中国古代美学既十分重视审美的感官愉悦的价值，但又不像古希腊智者学派那样简单地宣称"美是通过视听给人以愉悦的东西"。中国古代美学很早就认识到并非任何给人以快感的东西都是美的，十分注意区分审美的与非审美的、动物性的快感。

以《周易》美学为代表，中国人立足于人类生命正常、健全的发展去观察、解决美学问题，这种思想有其不可轻视的、多方面的、深刻的理论意义，我们在后面还要从各个不同的角度去加以说明。从审美所具有的感官愉悦性这一角度来看，中国人既重视它的价值，同时又要求必须有节制，不能危害生命的健全发展，这就使中国人的美学精神不可能走向古希腊那种在神秘和狂欢中去求得解脱的所谓"酒神精神"。这种精神表面看来似乎比中国人远为重视生命欲望的满足，实际上是轻视肉体、生命的。因为这种神秘和狂欢，如毕达哥拉斯派的音乐理论所说，是为了使灵魂从肉体的束缚中得到解脱，并在瞬间离开肉体。① 在中国，则由于重视生命，因之也重视肉体，并不认为肉体是卑下的，是对灵魂的束缚，灵魂只有摆脱肉体的束缚才能得到解脱。前面已说过，《周易》提出美"畅于四支"，实即已指出美是对肉体、生命的肯定，美不能脱离肉体、生命。在中国美学精神中，找不到将灵魂与肉体相对立，并以纵欲狂欢去打破肉体对灵魂的束缚的思想。虽然《周易》本是一本讲占筮的书，与巫术有密切关系，但不论在经或传中都找不到这样的思想。固然，中国人忽视了在肉体与精神(灵魂)之间所存在的矛盾冲突，中国古代对等级、名分、礼法的强调也束缚、压抑了生命的发展，但中国古代美学立足于生命的健全发展去看感官的愉悦，主张不应无节制地放纵地去追求这种愉悦，以致损害生命的健全发展，这在今天也仍然是正确的，是它优于"酒神精神"的地方。西方有一些学者把中国古代的思想称为"东方神秘主义"，其实是很不准确的。因为在东方古代的思想中，中国人的思想可能是神秘主义最少的。《老子》《周易》确有某种神秘性，但神秘性不等于主张神秘主义。某种程度的神秘性是古代思想不可避免的，古希腊的毕达哥拉斯学派也是这样。但在另一方面，中国古代美学精神虽不同于"酒神精神"，却又不像古希腊的"日神精神"那样地崇拜清晰鲜明的秩序、法则、尺度、比例等。这种精神历来被认为是典型的希腊精神。从它看来，中国古代美学精神就好像是颇有些神秘的了。因为它并不把美的形式归结为非常确定、清楚的法则、尺度，而主张

---

① 参见［波］沃拉德斯拉维·塔塔科维兹：《古代美学》，杨力等译，北京：中国社会科学出版社1990年版，第109页。

自然的变化是神妙的，"阴阳不测之谓神"。这同样是因为中国美学立足于生命来看美，并且认识到生命处在永恒的变化中，而且其变化的规律是不能机械地加以规定的。我们已指出过，这种思想虽不是直接针对审美、艺术而言的，但却深刻地与美学相通。中国古代的艺术作品看起来缺乏古希腊体现"日神精神"的艺术（特别是建筑）所具有的高度清晰性，但却有一种为古希腊艺术不能相比的宏大的气魄、动势与力量。对此，黑格尔在他的《哲学史讲演录》中论及希腊精神时曾作了很好的说明。

　　我认为古希腊美学主要是从感官对象的形式来说明审美的感官愉悦性的产生，这不是说它一点也没有涉及生命问题。它是涉及了的，但这并不是它所关注的主要方面。其所以如此，恰恰又因为那看来很欣赏生命欲望尽情放纵表现的"酒神精神"，其实是蔑视感性肉体生命的存在的。它要离开这卑下的肉体去找寻那无比高尚、永恒的"灵魂"。从美学角度说，在毕达哥拉斯派，就是要达到那由神秘的"数"所决定的"和谐"；在柏拉图，则是要达到那永恒不灭、不增不减的"美的理念"。毕达哥拉斯派研究科学，但同时又是一个宗教团体，它的推崇酒神音乐的理论是与俄耳普斯教密切相关的。柏拉图的美学深受毕达哥拉斯派的影响，同样轻视肉体，推崇灵魂，但在理论上当然比毕达哥拉斯派复杂、完善得多。前面已讲到，柏拉图认为几何形体的美"永远是绝对的美"，显然来自毕达哥拉斯派。他认为最好的诗是在有神凭附的迷狂状态下写成的，也与毕达哥拉斯派的音乐理论类似、相通。在《会饮篇》中，柏拉图从男女之爱、男女结合而生殖来讲美的产生、创造，吉尔伯特和库恩合著的《美学史》因此说"柏拉图把美想象为生育后代的主要动因"①，这是一种误解和简单化的说法。因为在《会饮篇》中，柏拉图从男女生殖来讲美的产生、创造还只是一种比喻，尽管是一个深刻的比喻。柏拉图是轻视肉体的，绝不

_____

　　①　[美]凯瑟琳·埃弗雷特·吉尔伯特、[联邦德国]赫尔穆特·库恩：《美学史》(上卷)，夏乾丰译，上海：上海译文出版社1989年版，第67页。

会认为美从肉体的生殖中产生，或肉体的生殖是以美为目的的。他之所以应用这一比喻，只是因为他觉得"心灵方面生殖力"与"肉体方面生殖力"有类似处，可以用后者去比喻、说明前者。正因为这样，他特别强调地指出"心灵方面生殖力"的价值远远高于"肉体方面生殖力"，进而指出只有"在心灵方面生殖力旺盛的人"才能达到那超越肉体和尘世间一切东西的"美本身"，即永恒不灭的"美的理念"。[①] 柏拉图以男女生殖为喻来说明美的产生、创造，可以使我们联想到《周易》从天地、阴阳说明美的产生。但在柏拉图那里，真正的美是与肉体、感性的自然生命不同的，远远超越和凌驾于它之上的"美本身"；在《周易》，美是不能脱离肉体的、感性的生命的，只能存在于生命合规律的、和谐的变化发展之中，它的最高表现就是我们前面已经讲过的"大和"。如果按照柏拉图的观念来看，中国人的这种观念是很低级的。实际上，把美紧紧地联系于现实的人的生命的存在与发展，这正是中国美学的伟大与深刻之所在。

在柏拉图之后，亚里士多德抛弃了柏拉图轻视感性物质世界的神秘主义看法，在他的哲学中也有涉及美与生命的合目的性的关系的某种观念，但远未得到充分的发挥。亚里士多德的美学强调自然界与美、艺术的关系，但不是从生命的观点去认识这种关系。讲到审美的感性的愉悦的产生，他也只把它归结为自然形式的匀称、明确。如果从古希腊的所谓"酒神精神"与"日神精神"的区分来看亚里士多德的美学，则他的美学正是明显地趋向于"日神精神"的。在他的美学中，美不外就是与自然界的形式、法则相关的东西。反倒是与"酒神精神"有密切联系的毕达哥拉斯派、柏拉图的美学，虽然否定肉体生命的价值，但由于它把审美与艺术和超越肉体生命欲望，追求灵魂不朽联系起来，所以又常常在一种神秘的形式中联系着生命问题来讲审美与艺术。

---

① 参见马奇：《西方美学史资料选编》（上卷），上海：上海人民出版社1987年版，第39~43页。

实用功利的愉悦

一个属于实用功利的对象也可引起人们的审美愉悦。在人类历史发展的早期，审美愉悦经常是同实用功利分不开的。

在古希腊，从实用功利观点来考察美的问题，其代表人物是苏格拉底。他说：

> "……人所用的一切其他东西，相对于它们所适用的事物来说，也被认为是既美又好的。"
>
> "那么一个粪筐也是美的了？"
>
> "当然，而且，即使一面金盾也可能是丑的，如果对于各自的特殊用途而言，粪筐制作良好而金盾制作粗糙的话。"①

人们常说苏格拉底是以实用功利的目的来规定美的，这不错。但这种说法忽视了苏格拉底认为一个事物要成为美的，不但要符合某个实用功利目的，而且还要"制作良好"。苏格拉底的这一思想是深刻的，因为它触及美与劳动创造的关系问题。但苏格拉底以实用功利目的来规定美，这明显又是狭隘的、错误的。因为一个"制作良好"、却无实用功利目的的东西（如纯粹用于装饰的各种奢侈品）也完全可以是美的。

中国先秦时期的美学也曾讨论过美与实用功利的关系问题。墨子认为，人们对于一切事物，只应求其有用，不应求其美观。如求其美观，就会亏夺人民衣食之财，并妨害生产和治国的活动。显然，这是中国古代连最起码的物质生活需要也难以满足的小生产者的狭隘观念，而且不能同苏格拉底的观点相提并论。因为苏格拉底只是从实用功利目的来规定美，而不是像墨子那样，用实用功利来否定美。墨子的观点遭到了儒家，特别是荀子的批判，并对《周易》的传的作者的

---

① ［波］沃拉德斯拉维·塔塔科维兹：《古代美学》，杨力等译，北京：中国社会科学出版社1990年版，第144页。

思想产生了影响(见下)。对于苏格拉底所说"制作良好"与美的关系问题，中国古代美学曾进行过远比苏格拉底的看法更为深入的讨论。这表现在庄子关于"技"与"道"的关系问题的深刻论述中，也表现在荀子"性无伪则不能自美"这一重要命题的提出和阐述中①，以及从荀子而来的《周易》"观象制器"的思想中(此一问题，将在本书第五章中讨论)。

我们已经指出，"利"在《周易》思想中是一个很重要的方面，而且与美的问题密切相关。"利"在《周易》中，明显含有有利、有益之意。《周易》很重视功利，但没有如墨子那样导致对美的否定，也没有像西方美学那样常常将美与功利互不相容地对立起来。这是因为《周易》所说的"利"是利天下、利万民、利国家之"利"，不是狭隘的个人私利，也不限于人的物质需求的满足，因而它与美并不是互不相容的(尽管其最终目的又是为了维护统治者的利益)。如我们已经指出过的，《周易》把美看作文明社会的生活中不可缺少的一个重要方面，因此在六十四卦中，它把美饰的问题分给"贲"卦来承担，一点也没有忘记在它所构造的世界模式中美应占有的地位。

《周易》在"利"与美的关系问题上，还有一个十分重要的思想。那就是认为只有把国家治理好，使物质财富不断增长，才能使统治者及其臣民在味、色、声等美的享受上得到最好的满足。《周易》并没有像我们在这里这样明确地说出这一思想，但如我们已经分析过的，它包含着这种思想，其渊源来自荀子。《周易》认为"富有之谓大业"，而在论及美的问题时又说："美在其中，畅于四支，发于事业，美之至也。"这里的"发于事业"的"事业"，显然应包含"富有"这一"大业"。这是对荀子"富国"思想和"先治其国，然后百乐得其中"的看法的发展。所以，我们有足够的根据说，《周易》包含政治清明、国家安宁、生产发展、财物富足，是获得各种美的享受的前提这样一个至今看来仍无疑是正确的思想。不仅如此，《周易》认为美不仅"畅于四支"，还要"发于事业"，并以"发于事业"为"美之至"即最高的美。

---

① 参见《中国美学史》，第一卷庄子、荀子章。

这就将美与整个人类生活(包含政治、经济、文化各个领域)的创造、发展联系了起来。这是因为"发于事业"的"事业"必定包含"富有"这一"大业",而这一"大业"的实现,除物质生产的发展外还同社会政治、伦理道德、人文教化紧密相联,并且需要发挥《周易》所倡导的那种"天行健,君子以自强不息"的精神才能完成。这也就是说,"发于事业"这一最高的美,就表现在如大自然那样一种生生不息、日日更新的努力与创造活动之中。这是《周易》美学为古希腊美学所不及的一个十分重要的思想。

古希腊的苏格拉底把美与实用功利的问题联系起来,但他的这种思想在古希腊美学及其后的西方美学中不仅不受重视,而且常常遭到强烈的反对。柏拉图在《大希庇阿斯篇》中就反驳了"凡是有用的就是顶美的""有益的就是美的""美就是有用的,有益的"这种观点。① 虽然假苏格拉底之口而说出,实际反驳的就是一般认为是出自苏格拉底的观点。② 在古希腊,由于奴隶主阶级极其轻视一切物质生产劳动,因此也轻视一切与实用功利有关的活动,因而在美学上,古希腊美学所推崇的是与实用功利活动无关的所谓"观照"(详后),非常漠视美与实用功利的关系。中国古代的奴隶主阶级则不同。由于种种与古希腊不同的历史原因(这里无法详谈),一般而论,中国古代奴隶主阶级对于物质生产是很重视、关心的。自春秋到战国,出现七雄互争的局面,各国统治者为了自身的生存和发展不能不充分考虑如何安定人民、富国强兵的问题,因而也不能不注意物质生产的发展问题。所以,在中国古代美学中,除墨子及后来的韩非以功利否定审美之外,占主导地位的思想是既不用功利去否定审美,又充分承认审美不能脱离功利。连大力鼓吹超功利的审美态度的庄子美学,也看到了美与"技"(古代的各种生产技艺)之间的深刻联系。重功利的儒家美学,

---

① 参见马奇:《西方美学史资料选编》(上卷),上海:上海人民出版社1987年版,第18~21页。

② 苏格拉底关于美的观点见于他的弟子色诺芬的《回忆录》。一般认为是苏格拉底的看法,也有人认为实际是色诺芬自己的看法。

特别是荀子美学及受其深刻影响的《周易》美学，也只认为美与功利相关，并没有如苏格拉底的弟子色诺芬那样认为美即功利，最符合功利目的的东西即是最美的东西，以致说"泡眼是美的，因为它们看东西最清楚；大嘴唇是好的，因为它们最适合吃东西，所以长着泡眼和大嘴唇的苏格拉底比绝代美男子克利托布勒斯更美"①。但是，当中国儒家过分强调实用功利的时候，又会产生忽视美的特殊性与独立性的弊端，使美成为不过是"善"的附庸或一种可有可无的外在形式。

伦理道德的愉悦

古希腊美学的绝大多数看法充分承认美不仅可给人以感官的愉悦，而且还能引起伦理道德的愉悦，产生塑造、"净化"心灵的作用。但在种种看来好像大同小异的说法中，存在着两种必须加以区分的理论。一种是偏于"酒神精神"的毕达哥拉斯派、柏拉图的理论。它认为艺术（特别是音乐）能够塑造人的心灵，但由于这一派的理论是轻视人的肉体生命的，因此它所谓塑造人的心灵就是要使人的"灵魂"从肉体中解脱出来，获得永恒和不朽。如毕达哥拉斯派认为"音乐的目的并不是为了使人愉快，而是服务于美德"②。这看起来同中国儒家的乐论很类似，其实"服务于美德"最终是要使"灵魂"从肉体的束缚中得到"净化"与解放。③ 柏拉图在他的许多著作里也很强调审美与艺术的道德教育作用，但由于他也是轻视、否定人的肉体生命的价值的，因此在《理想国》中他声称诗人（包括荷马）、画家的作品所具有的"感染力"都"不诉诸灵魂的最高部分"，而诉诸"低级的部分"，"煽起和加强人性中危害理性的部分"，因此他要求将诗人、画家逐

---

① ［波］沃拉德斯拉维·塔塔科维兹：《古代美学》，杨力等译，北京：中国社会科学出版社 1990 年版，第 139 页。

② ［波］沃拉德斯拉维·塔塔科维兹：《古代美学》，杨力等译，北京：中国社会科学出版社 1990 年版，第 110 页。

③ ［波］沃拉德斯拉维·塔塔科维兹：《古代美学》，杨力等译，北京：中国社会科学出版社 1990 年版，第 110 页。

出他的"理想国"。① 与毕达哥拉斯派、柏拉图不同,偏于"日神精神"的亚里士多德美学对审美与艺术的教育作用的重视,目的是在培养古希腊奴隶主民主制下一个有教养、有知识的公民,并在闲暇时给他以一种高尚的消遣。亚里士多德说,"音乐有助于我们心灵的培养和道德知识的增长"②,并且认为音乐是"一种只适于自由人的消遣形式"③。这两方面的看法在亚里士多德关于审美与艺术的作用的理论中是并行不悖的,只不过有时特别强调某一方面罢了。

在中国古代美学中,很早就把审美与艺术所带来的感官愉悦同伦理道德密切联系起来,甚至直接把伦理道德上的善所引起的愉悦看作就是美。但从理论上明确地指出伦理道德行为能够引起如味、色、声的美所引起的那样一种具有普遍性的审美愉悦,则始于我们前面已讲到的孟子。《周易》的美学基本上源于荀子,但也受到孟子的重要影响。荀子十分强调审美与艺术的教育作用,《周易》当然也是这样。如它提出的"观乎人文以化成天下"(《贲》)的思想,是对荀子思想的重大发展,在后来儒家美学的发展中产生了很大的影响,超过了荀子。又如它指出"雷出地奋,先王以作乐崇德"(《豫》),很明确地肯定了艺术的道德教育作用。

上述中国古代美学的这些思想与古希腊美学的一个重大的不同,在于它所讲的审美与艺术的教育作用,在根本上是与人的生命的健全发展相关的,所以它绝无毕达哥拉斯派、柏拉图所说通过审美与艺术使人脱离肉体束缚而求得灵魂的永生,或达到柏拉图那个超感性的"理念"世界的意思。这又是由于中国古代儒家的伦理学并不否定人的感性的、肉体的生命,而只是要使这感性肉体的生命获得与动物不同的合理的发展,并且达到一种充分体现了人的社会性的崇高境界。

---

① [波]沃拉德斯拉维·塔塔科维兹:《古代美学》,杨力等译,北京:中国社会科学出版社 1990 年版,第 178 页。

② [波]沃拉德斯拉维·塔塔科维兹:《古代美学》,杨力等译,北京:中国社会科学出版社 1990 年版,第 211 页。

③ [波]沃拉德斯拉维·塔塔科维兹:《古代美学》,杨力等译,北京:中国社会科学出版社 1990 年版,第 211 页。

不论从伦理学还是从美学上看，这种思想在《周易》中获得了很大的发展，鲜明地呈现出与古希腊美学不同的重要特征。

我们已指出过，在《周易》看来，人类生活中必须遵循的伦理道德原则与天地、自然生命变化发展的规律完全一致，而且前者是以后者为根据的。在这种看来是牵强的说法中，除去它为等级制辩护的消极作用之外，异常深刻地肯定了人类伦理道德行为与人类生命存在、发展的一致性。由此，又必然要在美学上引出一系列重要结论。第一，审美与艺术的教育作用最终在于达到人与自然、人与人之间协调和谐的发展，而不是否定生命，把人引入一个超自然的神秘世界。这也就是《乐记》所说的"大乐与天地同和"。从古希腊美学常讲的审美与艺术有塑造心灵的作用来看，这不但比毕达哥拉斯派、柏拉图的看法要合理得多，也比亚里士多德仅从奴隶主的教养、消遣来讲审美与艺术的作用更为深刻。中国古代美学赋予了审美与艺术以一种远远超出一般所说的文化教养和日常消遣的重大作用，即塑造人性的作用。虽然这里所说的人性只能是中国古代奴隶主阶级所说的人性，但中国古代美学看到了审美与艺术有助于达到人与自然、人与人之间协调和谐的发展，这有着不可忽视的重要意义。当然，如我们已说过的，中国美学往往不注意人与自然、人与人之间所存在的矛盾冲突，但它不像西方那样无限度地夸大这种冲突，把人引向超自然的神秘世界，这却是它优于西方美学的重要之点。不论人与自然、人与人之间存在着怎样尖锐的矛盾冲突，如果两者之间无任何协调和谐可言，那么人类就只有灭亡。第二，《周易》认为美为天地所生，而天地的运动变化又无不具有伦理道德的意义，这样，一方面自然的美成了道德情感的表现，另一方面抽象的道德观念又被感性化、生命化了。由此确立了中国人对待自然的一种特殊的态度，即审美与伦理相统一的态度，并切断了通向超自然的神秘主义的道路。在今天人类的生存受到生态环境的破坏而带来的威胁的情况下，中国人对待自然的这种审美与伦理相统一的态度，也有不可忽视的重要意义。因为人类在实践上怎样对待自然，是同人类以怎样的态度去看待自然分不开的。当然，中国美学以伦理观念去看自然的美，有时陷入牵强附会，但总的来看，中国古代诗歌、绘画中许多描写自然，同时又寄寓着某种道德情操的作品，并未丧失自然生命的美的丰富性与生动性，变成对道德概念的抽象图解。这仍然是由于中国古代的伦理学把道德与自然生命的健全发展看作是完全一致的。

鲍桑葵的《美学史》在论述古希腊美学时，把"道德主义原则"列为他所说的古希腊美学的"三项原则"的第一原则，并且在具体论述中不断批评古希腊美学如何把道德混同于美与艺术。[①] 鲍桑葵用他自己的与克罗齐美学相近的观点为尺度去衡量古希腊美学，凡在他看来是与他主张的纯审美原则相接近的观点就加以肯定，凡将美、艺术与道德联系起来的观点就加以批评。如果从鲍桑葵的这种观点来看中国古代美学，那当然是比古希腊美学更加"道德主义"的，因而也是更需要加以批评的了。实际上，从这种观点来批评中国古代美学，在今天也常常可以看到。我们充分承认，美确实不同于善（道德），但如果因此而将美孤立化，竭力要切断它与善和真的联系，那是根本错误的。因为人类生活是一个相互联系的有机整体，没有任何东西能脱离这个有机整体而孤立存在。美如果脱离了与人类社会生活的多方面的联系，变成了一个孤立自在的东西，看来好像是抬高了美的地位，其实是掏空了它所具有的丰富复杂的社会内容，使美变成了一种极其贫乏的东西，变成了"虚无"，从而又使美失去了促进人类社会生活发展的积极作用。近代以来，西方美学在认识美不同于善的特殊性上有重大的进展。较之古代美学，这是一个进步。但与此同时，它又将美极大地孤立化了，这又是一个退步。相反，古代美学虽然尚未能清楚地认识美与善相区别的特殊性，但它把美看作是与社会生活的其他方面相联系而存在的，这又有其不能否认的合理性。包含《周易》在内的中国古代儒家美学，无疑是把善放在很高的位置的，比鲍桑葵所批评的古希腊美学更为重视、强调美与善的不可分的联系。但它所说的善不仅不排斥、否定人的自然生命，而且要求人与自然、人与人之间

---

① 　鲍桑葵《美学史》中译本第 26 页。并参阅该书第三、四章对古希腊美学的论述。

的协调和谐的发展，因此这样的一种善就不是与美互不相容的，而恰好是相通无碍的。最高的道德境界就是人与自然、人与人之间的协调和谐的完满实现（"大和"），因此它同时就是一种美的境界。《荀子·乐论》提出的"美善相乐"很好地表达了中国古代美学所主张的美善相通无碍的思想。《周易》所说的美也都既是美又是善。我认为这是中国美学的一个优秀传统，较之西方将美孤立于善之外的思想要优越得多。我们今天所要反对的，只是那种重善轻美的倾向，特别是宋代理学中那种将美与善相对立，认为美有害于善的思想，以及包含在儒家善的观念中那种束缚人的个性发展的等级观念。此外，中国古代美学强调美与善不可分的一致性，但并未否认美不同于善的特殊性。因为与美相通的善的实现有一个能否取得符合美的规律的形式问题，亦即我们已指出的"文"的问题。它不是仅凭善或依靠善就能求得解决的。虽然儒家中有极少数人把这种形式看作近乎可有可无的东西，但绝大多数人并不轻视它，而很看重它。孔子在《论语》中论及乐时明确区分了"尽善"与"尽美"（见《八佾》）。虽然他只讲到"尽美矣，未尽善也"，但反过来亦可以说"尽善"不等于就是"尽美"。这个"尽美"之"美"，实即孔子所说与"质"（善）相对的"文"的问题。"文"与"质"必须统一，做到了"文质彬彬"（见《雍也》）就是既"尽美"又"尽善"。相反，有"文"无"质"或有"质"无"文"，即在美、善两方各有所缺。我们可以说，儒家在解决美善关系时，是把美作为善所要求的、能给人以审美愉悦的形式来看的。但这也正好说明了它认为善与美是相通的，善的实现本身就要求着美。如果善在本性上是与美无关的另一个东西，甚至是与美不能相容的东西，那就不需要求也不可能要求它必须取得一种美的形式。

　　总之，在审美的感官愉悦与道德伦理愉悦、美与善的关系问题上，中国古代所提出的思想远比古希腊丰富、深刻。不把道德与人的感性生命的发展对立起来，强调通过审美与艺术作用于人的生命情感，把动物性的生命欲求转化为符合于人的社会性要求的情感，实现人与自然、人与人之间协调和谐的发展，这就是中国古代美学的基本看法。

认识性的愉悦

古希腊奴隶主阶级是一个真正的有闲阶级，它拥有大量的闲暇时间。因此，古希腊美学常将审美与艺术问题同闲暇、消遣联系起来。这在中国古代美学中是看不到的。因为中国古代奴隶主阶级为了保持自己的统治和求得生存与发展，需要处理大量的实际事务，并且如《周易》所说，要"终日乾乾，夕惕若"（《乾》），居安思危，小心谨慎。因此，中国古代美学并不否认审美与艺术有消遣、享受作用，但它历来反对把审美与艺术看作单纯的消遣、享受，更反对无限度地去追求它，认为这只能导致亡国。

古希腊的毕达哥拉斯派提出了一种"旁观"或"观照"的概念，并认为最值得过的生活就是进行"观照"。据狄奥戈涅斯·劳丢斯《名哲言行录》记载，毕达哥拉斯说：

> 生活就像一种游戏，一些人来是为了竞赛，另一些人来是为了做买卖，而最好的是来做旁观者。与此相似，具有奴隶气质的人一生孜孜以求名利，而具有哲学头脑的人则寻求真理。①

亚里士多德的思想与毕达哥拉斯派的思想很不相同，但他也提出与上引毕达哥拉斯的看法相类似的观点：

> 最终，完全有理由认为，沉思的活动是唯一一种因其自身的理由而值得赞美的活动。因为在沉思的活动中除了沉思什么也不会产生，而在实践活动中我们总期望能得到某些多少超出单纯是行动的东西。另外，人们普遍相信要有幸福，就必定要有闲暇；我们忙碌不休就是为了可能会有闲暇，这正像我们为了和平而发

---

① ［波］沃拉德斯拉维·塔塔科维兹：《古代美学》，杨力等译，北京：中国社会科学出版社1990年版，第116页。

动战争一样。①

下面我还将看到，柏拉图也持着与此类似的看法。这是在古希腊奴隶主阶级中普遍存在的一种看法，即认为一个不须为生活而操心，具有大量闲暇时间的人所应当过的最好的生活就是观照、沉思、默想，寻求知识、真理。这使得古希腊美学在讲到由美和艺术所产生的愉悦时，经常把它与求知的愉悦联系起来，并且十分推崇这种认识性的愉悦。

柏拉图在《会饮篇》中把对美的认识划分为若干"阶梯"。他声称通过这些"阶梯"而"逐渐上升"，最后就能"自美的知识而达到了我所说过的那种以美为对象的知识，而最终彻悟了美的本体。这是一种最值得人过的生活，这就是对绝对美的沉思"②。初看起来，这种说法是颇为奇怪的。因为许许多多人欣赏美并非为了去求得关于美的知识。虽然这种知识有助于他们欣赏美，他们的欣赏经验也可能产生关于美的某些知识，但除了哲学家、美学家之外，一般人欣赏美的最终目的并不是为了求得"以美为对象的知识"，"彻悟""美的本体"，过一种"对绝对美的沉思"的生活，更不必说以此为"一种最值得过的生活"了。显然，与上述毕达哥拉斯、亚里士多德的看法相同，柏拉图的看法来自古希腊奴隶主共有的看法，即以对知识的"沉思"为人世间最幸福的生活，从而，审美与艺术的重要价值也在于它能给人以知识，把人引向对真理的"沉思"。

同样的倾向，在亚里士多德的《诗学》中也清楚地表现了出来：

> 一般说来，诗的起源似乎有两个原因，它们都深深植根于我们的天性。首先，人自孩提时代起就有模仿的本能。人与其他动物之间的一个区别就是：人是最善于模仿的动物，而且他最初的

---

① ［波］沃拉德斯拉维·塔塔科维兹：《古代美学》，杨力等译，北京：中国社会科学出版社 1990 年版，第 211 页。

② ［波］沃拉德斯拉维·塔塔科维兹：《古代美学》，杨力等译，北京：中国社会科学出版社 1990 年版，第 172~173 页。

知识就来自模仿；同样，人们总是在被模仿的事物中感觉到愉悦。经验证明了这一点，那些本身看上去令我们不愉快的东西，当其被精确地加以再现的时候，我们也会愉快地注视它们，诸如最丑的动物和死尸的形状。①

"模仿"是古希腊美学极为重要的概念，柏拉图也用它来说明艺术的本质。但柏拉图认为模仿无论怎样都只能停留在虚幻的感性世界上，不可能使人获得对超感性的"理念"的知识，因此他否定了模仿的价值。亚里士多德则不同，他抛弃了柏拉图的"绝对理念"，重视感性的物质世界，转而认为人类"最初的知识就来自模仿"，并以模仿来说明艺术的起源与本质，说明模仿何以能引起人的愉悦。虽然他对模仿的看法、评价与柏拉图很不相同，但他们都是立足于求得知识去评价模仿的，并且都把美、艺术引起的愉悦与求得知识联系起来。

在上述古希腊美学的看法与中国古代美学的看法之间，存在着很值得深入研究的重大差异。

在中国，不论道家或儒家都有效法自然的观念。就儒家来说，这种观念又正是在《周易》中获得了充分发展的。"天地变化，圣人效之"（《系辞上》），这是《周易》的一个基本思想。但中国人所说的效法自然不同于古希腊人所说的模仿自然。首先，这种效法包含着认识自然的规律以应用于物质生产活动的意思，如认识天文、季节的变化规律以应用于农业生产，但它是直接地实践的，不是无所为而为的"沉思"，仅出于对自然知识的探求的兴趣，更不认为进行这种"沉思"就是人最值得过的一种生活。其次，这种效法不仅仅限于认识自然本身的规律以应用于物质生产，还包含着从对自然的观察获得如何治理国家的政治伦理道德上的启示与感悟。而且，这后一方面，对于统治者说来经常是更基本、更重要的。中国人认为，通过效法自然，人就可以达到像自然那样伟大、永恒，与天地相并立。因此，在中国

① ［波］沃拉德斯拉维·塔塔科维兹：《古代美学》，杨力等译，北京：中国社会科学出版社1990年版，第213页。

人的观念里，人是自然的效法者，但绝不是它的模仿者。人高于动物的地方，也绝非如亚里士多德所说，在于"人是最善于模仿的动物"。

基于上述看法，中国美学在讲到艺术的发生、创造时，不但不排斥自然，而且主张艺术需效法自然。如《吕氏春秋·古乐》讲到音乐的产生，即在好几个方面讲到人对自然的效法。《周易》在"豫"卦中讲到"乐"的创造，也与效法自然分不开。更进一步说，八卦的创造本身也同效法自然分不开（这将在本书第五章中进一步详细讨论）。这种效法，当然离不开对自然的观察，从而也包含着从自然获得知识，但目的却不是要通过对自然的模仿以求得知识，而是要揭示自然生命的规律与人的政治伦理道德理想的实现的一致性，以作用于人的思想感情。因为如前已指出，《周易》认为自然生命的规律以及它的美，是同人类所应遵循的政治伦理道德原则完全一致的。例如，《周易》说："天行健，君子以自强不息"。在这里，"君子"的"自强不息"是对自然的效法，当然也同"君子"对天的运行的观察、认识分不开。但"君子"对自然的效法仅仅在于人要像天的运行不息那样，具有一种"自强不息"的精神，而绝不是说人的活动要模仿天体的运动，像天体那样去活动。而当"君子"创造艺术作品的时候，他对自然的效法也仅仅在于要表现出天的那种运行不息的刚健的特征，以激起"君子"的"自强不息"的精神，而绝非要通过对天的运动的模仿，给人以关于天体运动的知识。所以，像亚里士多德所说的那样，为了求得知识，对"诸如最丑的动物和死尸的形状"，也要"精确地加以再现"，并且认为这同样能给人以"愉悦"，对中国美学来说是完全不可思议的怪事。这里，我们看到了关于审美与艺术的两种很不相同的观念：一种是充分有闲的古希腊奴隶主的观念。它认为人类最值得过的，从而也是最美的生活，是为了求得知识的无所为而为的"沉思"，因此审美与艺术也被看作是进行这种"沉思"，以求得知识的方式，本质上是与科学相通、一致的。另一种是忙于治国平天下的中国古代奴隶主阶级的观念。它认为美的最高表现是"发于事业"，而非古希腊奴隶主最倾心的那种"沉思"，因此审美与艺术虽也同知识有关，但根本目的并不在给人以知识，而在培育、唤起人们从事治国平天下这一事业所必需的伦理道德精神，本质上是与伦理学相通、一致的。亚里士多德说艺术是自然的模仿，是为了由模仿而求得知识，所以连死尸的形状也要"精确地加以再现"；中国美学说艺术要效法自然，是为了从自然生命的运动变化中去获取治国平天下所必需的伦理道德精神的启示与感悟，所以它从不主张艺术是对自然的模仿，更不会认为有必要去精确地再现死尸的形状，并从中获得"愉悦"。在中国人关于"礼"、生死的观念里，这是一种绝对不能容许的反道德的行为。死也是中国艺术所描写的主题之一，但绝不会去精确再现死尸的形状，而是表达对死者的悼念，或祝愿死者升入中国人所设想的天堂（如长沙出土的著名的汉墓帛画所画的）。即使是对不属于奴隶主阶级而属于奴隶的人的死，中国人也绝不会去精确再现他的尸体的形状以获得"愉悦"的。

我充分承认，古希腊奴隶主阶级最为欣赏的无所为而为的"观照""沉思"，曾有力地推动了艺术、科学的独立发展，不像中国古代的艺术、科学经常为中国奴隶主阶级和后来封建阶级的纲常伦教所束缚。我也充分承认，基于模仿的古希腊艺术，在对社会生活的反映的广阔性、多面性、丰富性上优于中国古代的艺术，并且确实具有重要的认识价值。但是，在古希腊奴隶主阶级所推崇的无所为而为的"观照""沉思"中，又包含对尘世生活的一种不动心的冷漠。因此，从热烈地执著于人生，对人生有一种超越生死的乐观信念，以及对人的存在的社会性的深刻体验等方面来看，古希腊艺术又往往不及中国艺术。就艺术所产生的作用说，中国美学也并不否认它有认识性的作用。如孔子提出的诗"可以观"，就包含着对一个国家的社会政治状态、风俗、人心的观察认识。《周易》"观"卦中所发挥的思想与此直接相关。但这种认识又伴随着与伦理道德情感交融在一起的审美情感，不同于一般的科学认识。在这一点上，中国人比古希腊人更了解包含在审美中的认识的特殊性。中国人所说的"观"，经常带有观赏、欣赏的含义，不能等同于科学上所说的观察。一般而论，古希腊艺术长于叙事，中国古代艺术长于抒情。当然，在中国历代的文艺作品中，也有一些把抒情与叙事很好地结合起来的作品，如汉乐府中的不少叙事诗、杜甫的一些长篇歌行、白居易的《长恨歌》《琵琶行》就是。它的弱点是，或多或少受着儒家政治伦理的束缚，因而不能出现古希腊那种广阔地描写社会生活的史诗和戏剧作品。这种情况，直到宋人话本、元曲、明清杂剧、小说，特别是《红楼梦》出现后才终于被打破。但中国文学的叙事性始终是同抒情性紧密结合在一起的。这是中国文学的一大特点，也是一大优点。

就较为抽象的哲学、美学的角度看，中国的效法自然说较之于古希腊的模仿自然说的优越之处，在于它强调了主体在自然基础上的能动创造，不把艺术看作被动地模仿自然的产物。当然，我们也知道，亚里士多德讲模仿也曾注意到艺术家的能动性，并不就认为艺术即是自然的如实的复制品。但不论亚里士多德所讲的能动性多么大，最终仍然是为了去模仿自然中已经存在或可能存在的东西，因此决定艺术创造的最根本的东西仍然是对自然的模仿。中国的效法自然说则不同，它反对脱离自然，但又绝不处处模仿自然。因为在这里自然并不是仅仅因为它本身的存在状态而进入审美与艺术的，而是因为这种存在状态含有与人相关的伦理道德意义，能给人以道德精神上的启示、感悟才得以进入审美与艺术的。因此，在中国美学中，艺术创造就不是主体对客体的模仿的产物，而是主体与客体相互作用、交感的产物。所得的作品，也就不是对原已存在于自然中的东西的模仿，而是艺术家在自然的基础上所创造出来的意象。从艺术创造中主体与客体的关系来看，中国美学不认为是一种模仿者与被模仿者的关系，而认为是一种主客交感的关系；因此，从创造所得的作品来看，中国美学不认为是自然的模仿品，而认为是主客交感所得的意象的物态化。我认为这种主客交感论与意象论比亚里士多德的模仿论要更为合理、深刻，并且可以广泛解释任何一个艺术部门，而不致碰到模仿论对某些艺术部门(如音乐、建筑)难于作出合理解释的问题。① 这种交感论和

———————

① 对交感论、意象论应作出马克思主义的反映论的解释，而不应认为它是对马克思主义的反映论的否定。因为交感和意象的产生归根到底决定于人们的社会存在，是社会存在在人们意识中的反映。

意象论，正是由《周易》提出，并为之奠定了深刻的哲学基础的。本书将在以后各章中更为具体地加以讨论。

总起来看，中国美学所说的审美愉悦包含西方美学中讲到的感官的、实用功利的、伦理道德的、认识性的愉悦，但又都与西方有所不同。最大的特征是：所有这些愉悦最后都表现为一种不脱离感性物质世界的精神上的欢乐、快乐。因此，在中国古代美学中经常使用的"乐"（欢乐的乐）这个词，指的就是一种和审美愉悦联系在一起的精神上的欢乐、快乐。它是由"道"的完满实现而引起的，因此也包含和"道"的实现相关的感官的、实用功利的、伦理道德的、认识性的愉悦，但又不简单地等同于其中的任何一种愉悦。此外，在中国古代美学中我们找不到"审美"或"美感"这样的词，而只能找到"观赏"（有时单言"观"）、"玩赏"（有时单言"玩"）、"欣赏"之类的词。中国古代美学从不否认审美愉悦的产生与人对外物的感受相关，但又不是一种被动的感觉。审美愉悦是由主客交感而产生的一种对人生的欢乐感。

和 谐 问 题

在古希腊美学中占有重要地位的"和谐"说，由毕达哥拉斯学派首先提出。该学派的创始人毕达哥拉斯生活于公元前 6 世纪，其继承者活动于公元前 5 世纪和前 4 世纪，所以整个学派的活动前后延续了约三百年，约当中国春秋周桓王二十一年至战国周安王二年。但"和谐"说于何时提出，已难确考。

吉尔伯特、库恩合著的《美学史》认为，古代的美学与宇宙学密切相联，美学是"宇宙学的产物"。① 这一看法是正确的，因为古代对于美的思考经常是同对宇宙的思考分不开的。古代美学与宇宙学密切相关的典型例证，在古希腊就是毕达哥拉斯派的美学，在中国古代就是《周易》的美学，而且两者都以宇宙的"和谐"为美。

---

① ［美]凯瑟琳·埃弗雷特·吉尔伯特、[联邦德国]赫尔穆特·库恩：《美学史》(上卷)，夏乾丰译，上海：上海译文出版社 1989 年版，第 14 页。

毕达哥拉斯派认为和谐是宇宙的属性，音乐的和谐来自天体运动的和谐。吉尔伯特、库恩指出：

> ……这些人创立了内容较广泛的音乐理论，其中包括"天体音乐"（music of the spheres）这种概念，以及充满人世意义的各种泛音。根据这个理论，人间音乐（它在提供快感的艺术中居首位）实质上只是一种模仿。它的原型是从天体间得到的和声。这些进行着远距离运行的天体，不仅是自然体系中的主要实在，即隐藏于自然表面现象之后的真正宇宙，同时也最好地体现了数学规律。在这种天体和声中，音调的高低"由天体运动的速度所决定，而这个速度又以天体之间的距离为转移，这些天体之间距离的比率又与八度音程之间间隔的比率相一致"。毕达哥拉斯学派所讲的这个宇宙，乃是一种"神妙的百音盒"（divine music box）：星体以和谐的距离彼此相间隔，以预定的速度沿着自己的路线运行，而它们的运行所激起的灵气，则发出最强有力的旋律。①

吉尔伯特、库恩的这种叙述，显然是依据亚里士多德《天文学》一书中关于毕达哥拉斯派的学说的记述②，参以其他有关材料而作出的。它使我们联想到《乐记》中从《周易》而来的"大乐与天地同和"的说法，但实际上两者的区别是巨大的。

毕达哥拉斯派的和谐理论，本质上是要为古希腊人非常推崇的音乐的和谐找到一种理论的说明。由于这个学派既是一个宗教团体，又从事科学研究，因此它一方面将和谐与"超自然的和神的存在"相联③，另一方面又试图用古代的数学、天文学、声学去解释它。因

---

① ［美］凯瑟琳·埃弗雷特·吉尔伯特、［联邦德国］赫尔穆特·库恩：《美学史》（上卷），夏乾丰译，上海：上海译文出版社1989年版，第19页。

② ［波］沃拉德斯拉维·塔塔科维兹：《古代美学》，杨力等译，北京：中国社会科学出版社1990年版，第115页。

③ ［波］沃拉德斯拉维·塔塔科维兹：《古代美学》，杨力等译，北京：中国社会科学出版社1990年版，第114页。

此，当它进行这种宗教与科学相杂糅的解释时，它就超出了对音乐和谐的解释而达到了宇宙在本性上是和谐的看法。在中国，和谐的理论也与音乐有十分直接而密切的关系，但它的提出首先不是为了解释音乐的和谐，而是为了说明"和"对人的生命的健全发展以及社会伦理政治所具有的重大意义。

从《国语·周语下》所记单穆公、伶州鸠论乐可以清楚地看出，中国在西周末年已很明确地肯定了乐必须是"和"的，比毕达哥拉斯活动的时间要早很多年。单穆公与伶州鸠主要不是讨论音乐的"和"从何而来，它是如何产生与构成的，而是讨论音乐的"和"的重要性。单穆公着重从人的生命、感官说明只有音乐是"和"的，才不致扰乱人的心智，而有利于保持生命的健康和心智的清明，从而有利于统治者对国家的治理，所以他提出"听和则聪，视正则明。聪则言听，明则德昭"。伶州鸠则提出了"乐从和"这一重要命题，并涉及音乐的"和"如何构成的问题，但主要的方面仍在讨论"和"与治理国家的关系，所以他最后说："夫有和平之声，则有蕃殖之财。于是乎道之以中德，咏之以中音，以合神人，神是以宁，民是以听。"《国语·郑语》和《左传·昭公二十年》所记史伯、晏子论"和"，则是从君主治国要善于听取各种不同的意见来讲的，并且举了和音乐相关的"和"以作例证，同时两者都包含有以"和"为各种杂多、对立要素的协调统一的思想，不仅仅是指音乐的"和"而言。《左传·襄公十一年》又记载："九合诸侯，如乐之和，无所不谐。"这里所说的"和"以乐来作比，但讲的是社会人际关系的"和"，并且明确地把"和"与"谐"联系起来了。在中国古代文献中，"和谐"连为一词而用很少见，单言"和"也就是和谐的意思。但如我在本书第一章中指出过的，《周易正义》《周易集解》在总释"乾"卦的"元、亨、利、贞"时直接使用了"和谐"一词。

《周易》所说的"大和"是在继承前人有关"和"的思想基础上提出来的。如前已指出，这个"大和"有双重含义。它首先是指天地万物生命合规律的、协调的繁荣生长，这就是所谓"乾道变化，各正性命"；其次指由人法天而来的社会政治生活中人际关系的和谐，亦即

《周易》所讲到的君臣、父子、夫妇各正其位，以获得协调的发展。这两重含义不可分离，但前者又是更根本的。《周易》所以把它称之为"大和"，就是说它是最高的"和"，同时也如毕达哥拉斯派那样，肯定了宇宙在本性上是和谐的。但较之于毕达哥拉斯派从天体间的距离及运行速度来说明宇宙的和谐却要深刻得多。因为《周易》是基于它的生命哲学，从天地万物生命存在与发展的合规律性来说明宇宙是和谐的，抓住了宇宙之所以是和谐的根本。而毕达哥拉斯派的解释虽也包含有古代天文学的某些知识，但却缺乏深刻的哲学意义。而且从科学的角度看，毕达哥拉斯派认为天体在运行中发出和谐的声音之类的说法，更不能是科学的解释，而只能说是一种带有神话宗教色彩的诗意的解释。

事实上，宇宙之所以是和谐的，以及和谐之所以被看作美，就因为"乾道变化，各正性命"，向人显示了看来无限杂多、变化不定的自然万物，具有相互协调、不断生长变化的合规律性。人类只有掌握这种合规律性，才能从自然取得自由，使自己的生存得到肯定，因而作为这种合规律性的表现的和谐，对人就具有了美的意义。特别是在人类历史发展的早期，对这种合规律性的感知与认识，无疑是非常重大的发现，它会引起人类的欢欣与赞美，是很自然的事。从这个方面来看，毕达哥拉斯派提出"秩序""比例"的概念以解释和谐，比它对天体和谐的那种半神话式的诗意解释要深刻得多：

> 秩序和比例是美的和有用的，而无序和缺乏比例是丑的和无用的。①

但是，毕达哥拉斯派仍未达到像《周易》那样深刻的对宇宙的合规律性的理解。"秩序"是宇宙的合规律性的表现，但还不是合规律性本身。宇宙的合规律性表现于"秩序"，但"无序"之中也未尝没有

---

① [波]沃拉德斯拉维·塔塔科维兹：《古代美学》，杨力等译，北京：中国社会科学出版社 1990 年版，第 114 页。

合规律性。毕达哥拉斯派的"秩序"观念，包含着对宇宙的合规律性的理解，但它把"秩序"与"无序"相对立，又把"秩序"与"比例"相联，认为宇宙的和谐与"秩序"分不开，而"秩序"又与由数所决定的比例分不开，所以和谐是由数所决定的，并声称"一切艺术都产生于数"①。这些表明毕达哥拉斯派对宇宙的合规律性的理解仍是狭隘的、不深刻的。《周易》则不同，它提出的"乾道变化，各正性命""乾元用九，乃见天则""天地以顺动"等思想，都很深刻地肯定了宇宙的合规律性，而且强调宇宙的合规律性是表现于宇宙永无止息的并且常常是神妙难测的变化之中的。这就排除了毕达哥拉斯派将"秩序"绝对化，并使之与"无序"相对立的思想。《周易》也很重视数的问题，但通观《周易》全书的思想体系，它并不认为数是决定宇宙的秩序与和谐的东西。决定的东西仍是天地阴阳变化的合规律性，而数则只是这合规律性的表现，目的只是说明这种合规律性。《周易》没有毕达哥拉斯派那种认为宇宙的规律、秩序、和谐全由数来决定，并认为数先于宇宙和谐而存在的神秘观念。这一点很重要，本书第五章还将进一步加以讨论。此外，《周易》讲宇宙的合规律性及和谐，是从生命问题出发的，始终不离生命的存在、变化、发展这一根本性的思想，并且始终把宇宙自然生命的和谐与社会政治伦理生活中人际关系的和谐看作相通、一致的。而毕达哥拉斯派则忽视了生命问题，它虽然也讲到由宇宙和谐而来的音乐的和谐与社会生活的和谐的关系②，但就它的整个思想而论，毕达哥拉斯派所了解的宇宙的和谐是一种由数所决定的形式上的秩序，具有绝对的、永恒不变的性质，并且没有同宇宙生命及人类社会的和谐问题紧密地联系起来。这是一种神秘的、抽象的、形式上的和谐。它对后来西方美学关于美与艺术的纯形式的探讨发生了很深的影响，甚至可以视为西方现代抽象主义美学最早的萌芽。毕

---

① 参见[波]沃拉德斯拉维·塔塔科维兹：《古代美学》，杨力等译，北京：中国社会科学出版社1990年版，第114页。

② 参见[波]沃拉德斯拉维·塔塔科维兹：《古代美学》，杨力等译，北京：中国社会科学出版社1990年版，第115~116页。

达哥拉斯派所讲的和谐论，在强调和谐亦即美与形式、秩序、比例、尺度的关系这一点上是有贡献的，但与《周易》所讲的和谐相比，缺乏丰富深广的哲学与美学意义。和谐与形式有密切关系，但和谐又绝不是仅仅由数决定的，抽空了自然和社会内容，并且是绝对不变的纯形式。毕达哥拉斯派的和谐论是西方纯形式美学的肇始者，《周易》的和谐论也绝不忽视形式问题，但它同这种纯形式的美学无法相容。它始终主张从宇宙自然生命与人类社会协调的、合规律的，并且是变化不息的发展中去寻找和谐，以及与这种和谐相适应的，同样是变化多端的形式。我认为这是《周易》的和谐论比毕达哥拉斯派的和谐论优越和伟大的地方。更进一步说，也是它比整个古希腊美学的和谐论优越和伟大的地方。因为古希腊美学的和谐论在基本上都秉承了毕达哥拉斯派的思想，把和谐理解为由一定数量、比例、尺寸所决定的形式和谐。柏拉图如此，亚里士多德也不例外。他在《形而上学》一书中说："美的主要形式是秩序、对称、明确，这些特别表现在数学中。"①

西方近现代美学中的生命问题

在把从天地、生命出发建立起来的《周易》美学与古希腊美学作了一番比较之后，现在还需要把它与西方近现代美学中涉及生命问题的美学作一个大致的比较。这或许可以见出《周易》的生命美学在现代还具有的价值。

自西方文艺复兴以来，古希腊人从自然出发去理解审美与艺术、视艺术为自然的模仿的观念，在对中世纪基督教封建禁欲主义的猛烈批判中重新得到了高扬。占据主导地位的思想是：自然是完美无缺的，也是合乎理性的，因此真正美的生活就是合乎自然的生活，真正美的艺术就是模仿自然的艺术。虽然这种思想包括有对中世纪封建禁欲主义的批判，某些方面也对古希腊美学有所丰富和发

---

① ［波］沃拉德斯拉维·塔塔科维兹：《古代美学》，杨力等译，北京：中国社会科学出版社 1990 年版，第 214 页。

展，但基本上仍未超出古希腊美学的观念。如前已指出，《周易》虽主张效法自然，但并没有要人仅仅做一个自然的模仿者的思想，而是要人通过效法自然，使人取得一种与天地并列而三的地位。这就是《中庸》所说的"赞天地之化育"，"与天地参"，是自古以来中国人对人与自然关系的看法与西方很不相同的地方。因此，不可把中国人所讲的"天人合一"理解为人没入、消失于自然之中，与自然成为一体，失去人的主体性的存在。相反，这种合一所要求的，正是要把人确立为与天地相并列，像天地一样强大、永恒的主体。中国哲学一向是重视自然的，几乎没有反自然、超自然的神秘狂想，但又很明确地认识到人与自然的区别和人高于自然的地位与价值，从来不拜倒在自然面前。所以，歌颂自然不可思议的高度完美，以模仿自然为艺术的极致，这种思想在中国美学中是不存在的。即使道家看起来常常歌颂自然，那也是要通过顺应自然而使人成为遨游于天地之间的绝对自由的主体。所以，在道家美学中，我们也找不到艺术是自然的模仿的说法。

西方自文艺复兴以来对自然的高扬是与对中世纪封建禁欲主义的反抗、批判分不开的。因此，这种反抗、批判最后必将导致对自然生命及其与人的关系问题的思考。但在长时期内，生命问题与审美、艺术的关系经常是在一种经验主义、自然唯物主义的水平上来加以解决，其最后一言，仍然只是肯定审美与艺术不能脱离自然（这是法国唯物主义的基本看法）。直到康德，才在真正的哲学高度上思考了审美、艺术与自然生命的关系问题。

康德在《判断力批判》（上卷）中对他的美学思想作了系统的论证。他的根本出发点是要找寻将他在《纯粹理性批判》中所论证了的"自然概念领域"和在《实践理性批判》中论证了的"自由概念领域"联系起来的中介、媒介。为此，他提出了自然的"合目的性"的概念，认为通过这种"合目的性"即可使"自由概念"在"自然概念的领域"获得实现，使两者不再互相分裂。而审美与艺术正是"自然的合目的性的美学表象"。在进一步分析这种表象时，他提出这种表象是由主体的想象力与悟性（或译知性）协调活动所引起的情感愉快决定的，因而一种"主观的、形式的合目的性"。① 康德的这些观点是从他的哲学体系进行推演而得出的,看上去很抽象难解,并且远离具体的艺术现象。但是,它从"自然"(必然)与"自由"的相互联结来思考美的问题,用"合目的性"概念说明自然生命的特征与美,在美学史上具有划时代的重大意义。不过,他认为美是由情感愉快所决定的"主观的、形式的合目的性",明显受到古希腊美学从情感的愉悦和自然的形式来讲美的影响。康德的美学虽然包含对美感的特征的不少有重要意义的分析,却又抽去了美的丰富深刻的社会历史内容,使之成为一种抽象贫乏的东西。这是康德美学远不及黑格尔美学的地方,但恰恰又是它受到西方现代美学热烈欢迎的地方。

《周易》是一本古代的著作,并且不是一本专门讨论美学的著作。因此,在概念的清晰、分析的细密上,在对一些重大理论观点的论证上,当然无法与康德美学相比。但它那素朴的、经常是未加清晰分析的思想里,却又包含有比康德美学优越的东西。更扩大一些说,也是中国哲学比西方哲学优越的地方。自古以来,中国哲学就确认人是生活于"天地"(自然界)之中的,不能离开"天地"而存在,而"天地"又是有它的不以人的意志为转移的规律性的。因此,人要达到自己的目的,就需要"则天""法天"。反过来说,只要"则天""法天",人就可以达到自己的目的。这里的"则天""法天"在某些情况下带有神秘的含义,但在大多数情况下又明显包含着按照自然规律行事的意思。所以,康德苦苦思索的那个"自然概念领域"与"自由概念领域"、合规律与合目的如何联结、统一起来的问题,对于中国哲学来说是一个在人类日常生活中,在统治阶级治国平天下的活动中都可以看到的自明之理,不需要什么高深莫测的论证。②《周易》非常明显地继承和肯定

---

① 参见[德]康德:《判断力批判》(上卷),宗白华译,北京:商务印书馆1964年版,导论。

② 其所以如此,是因为在中国人的思想中,从来就没有西方基督教那种将人与自然割裂和对立起来的思想,因此也从来不认为有什么超自然的、为人所无法达到的"彼岸世界"。

了这种思想，因此合目的性的达到，在它看来就是人效法自然行事的结果，而不是如康德所说，仅仅是人通过意识的活动，把合目的性安放到自然上面去的结果。例如，中国人很早就认识到四季的变化是有规律性的，这种变化同植物的生长之间又存在合规律的联系，因此只要统治者"敬授民时"，"使民以时"，让人民按季节的变化去耕耘种植，就能获至丰产，取得衣食之财。这显然是一种实实在在的合目的性，而不是什么由人的意识想象出来的合目的性。中国人既知道效法自然规律行事即可达成自己的目的，因此在合规律与合目的之间就不存在什么不可逾越的鸿沟。比西方那些把人与自然割裂和对立起来，自以为很深奥的哲学要正确和深刻得多。这种思想，从西方哲学来看还是粗浅的、常识性的，算不上哲学，但却基于上述思想，尽管《周易》没有明确提出康德所说的"合规律""合目的"这些概念，当然也没有去系统地分析论证两者何以能够统一，但它对自然生命的变化运动的种种论述，都指出了这种运动变化既是合规律的，又是合目的的，从而也就是美的。这不是什么"主观的、形式的合目的性"，而是"乾道变化，各正性命，保合大和"的结果。我们已指出过，《周易》并不忽视美的形式，它用"文"这一概念来指称这种形式，而且把它放在重要的地位。但它绝不是一种由人的意识所产生的抽象空洞的形式，而是生命本身所要求具有的形式（详见本书第四章）。《周易》又认为大自然生命的运动变化及其形式都同时具有伦理道德上的意义。就这一点说，它同康德主张"美是道德的象征"①，倒是有类似之处，但两者的思想基础是不同的（这里不详谈）。

　　康德之后，19世纪中期以来，叔本华、尼采、狄尔泰、柏格森的美学都与生命问题有密切而直接的联系。存在主义美学也带有颇浓的生命哲学的色彩。这里，不可能将《周易》美学与西方的这些美学流派一一加以比较，只能就这些学派所共有的重要特征来作一些比较。

---

　　①　［德］康德：《判断力批判》（上卷），宗白华译，北京：商务印书馆1964年版，第201页。

　　所有这些学派都是在这样一个大的历史背景中产生的，即在进入19世纪之后，一方面，18世纪启蒙主义者所鼓吹的那个永恒完美的"理性王国"在实践中遭到了破产；另一方面，随着资本主义的发展而来的人的异化越来越尖锐。如何克服人的异化，或者用存在主义的语言来说，如何使人从"非本真的存在"回到"本真的存在"，成为19世纪中期至20世纪西方许许多多哲学家不断在思考的问题。虽然众说纷纭，但在两个问题上又显出了相当广泛的一致性。首先是把矛头对准"理性"，声称人的生命本来是一种非理性的本能冲动，但却被"理性"所残害、扼杀了。如果说在18世纪启蒙主义思想家那里，"理性"是人类最伟大的救星，那么现在它却成了一切坏事的罪魁祸首。对"理性"的讨伐、批判迅速地扩展开来。其次是把矛头对准社会，声称社会使"自我""个性"化为乌有，它是与个体的感性存在不能相容，因此就必须"超越"现实社会去找寻个体生存的意义、价值。虽然诸如此类的哲学，有时也能讲出一些对揭露资本主义社会下人的异化现象来说甚为尖刻，也颇能发人深省的看法；它对人是具有感性血肉之躯的、不可重复的个体存在的反复强调也有其不能抹煞的意义，但它却始终找不到消除资本主义下人的异化的现实道路。在所谓"诗化"的或是晦涩神秘的哲学语言后面隐藏着的东西，不外是这样一种思想：拒斥"理性"，抛却社会，回到生命的本能冲动中去，回到个人的内心世界中去，回到不可言说、无限神秘的直觉、体验中去。真正的"美"就在那儿，最高的"本体"也在那儿。这样，你就获得解脱了，你就达到"本真的存在"了。

　　由于种种复杂的历史原因，上述这样一种思潮在20世纪80年代的中国产生了很大的影响，并被视为20世纪的"现代意识"。从这种"现代意识"来看，《周易》当然是恐龙时代早已死去的思想僵尸，毫无价值可言了。但我认为问题并没有这么简单，思想的价值是不能以它是否合乎某种"新潮"来衡量的。毫无疑问，《周易》还不可能有现代的个体自由的观念。包含于《周易》中的那种束缚、压制人的个性发展的等级制思想，无疑是我们今天必须加以抛弃的。但其中那种确认个体不能脱离群体、社会而存在，反对"离群"（见乾卦传），要求社会应和谐发展的思想，仍有其不可否认的合理性。不论如何抬高个体的地位，脱离社会而存在的个体，或尼采式的"超人"，终究不过是一种心造的幻影，它最终是要在现实的面前遭到破灭的。就美学而论，《周易》把美与生命不可分离地联系起来，同时又确认这生命同天地、自然界不可分离，确认生命的变化发展有其合规律性，确认生命具有与伦理道德完全一致的意义，确认美在生命生生不息的变化、更新之中，在"君子"自强不息、为成就天下"大业"而作的不懈努力之中，都有其不能否认的合理的意义。总之，《周易》将美与生命相联系，但它不把生命引向本能的、盲目的冲动，引向脱离自然和社会的、个体内心某种神秘的直觉、体验之中，这就是《周易》的美学比上述 19 世纪至 20 世纪许多与生命哲学相联系的美学流派高明的地方。因此，不应当对《周易》的生命哲学和与之直接相联的美学投以不屑一顾的目光，而应当以谦虚的胸怀、科学的态度去细心研究其中所包含的合理、深刻的东西，并在现代的条件下把它向前加以发展。

除了以上提到的西方 19 世纪以来与生命哲学相联系的美学流派之外，我认为美国现代著名美学家苏珊·朗格对美与艺术和生命的关系的研究十分值得注意。苏珊·朗格的美学，一般被认为是师承卡西尔的符号哲学而来的符号美学。这有相当的道理，因为苏珊·朗格把艺术看作一种符号，并为了解决艺术符号与其他符号不同的问题而作了许多思考研究。但我认为她的研究更重要的价值，是在她思考艺术符号的特点时，看到了美与艺术同情感、生命的深刻联系。而她对生命的看法又与自叔本华、尼采以来那种非理性、反理性的看法明显不同。这同卡西尔的哲学对她的影响有关，也同现代实证主义、分析哲学的影响有关。就基本的立足点而论，苏珊·朗格是从实证主义出发来分析生命与美和艺术的关系的，没有堕入对生命的非理性、反理性的狂想之中。

苏珊·朗格在她的《艺术问题》第四讲中，对生命与美和艺术的关系作了一个简明扼要的论述。她指出：

> 你愈是深入地研究艺术品的结构，你就会愈加清楚地发现艺

术结构与生命结构的相似之处，这里所说的生命结构包括着从低级生物的生命结构到人类情感和人类本性这样一些高级复杂的生命结构(情感和人性正是那些最高级的艺术所传达的意义)。①

这种认为艺术与生命在结构上有着相似之处的看法，在西方最早是由柏拉图所指出过的。柏拉图说：

> ……每一篇文章都必须有一个生物似的结构，可以说，具有它自己的躯体，它不能缺少头和足，它必须具有能够互相协调和作为一个整体而构成的中间部分和末端。②

但这在柏拉图那里只是就写文章而涉及的看法，没有得到充分的发挥。苏珊·朗格则可以说第一个作了最为系统、深入的分析研究的人。她从四个方面指出了艺术作为"生命的形式"的特征：

> ……要想使一种形式成为一种生命的形式，它就必须具备如下的条件：第一，它必须是一种动力形式。换言之，它那持续稳定的式样必须是一种变化的式样。第二，它的结构必须是一种有机的结构，它的构成成分并不是互不相干，而是通过一个中心互相联系和互相依存。换言之，它必须是由器官组成的。第三，整个结构都是由有节奏的活动结合在一起的。这就是生命所特有的那种统一性，如果它的主要节奏受到了强烈干扰，或者这种节奏哪怕是停止上几分钟，整个有机体就要解体，生命也就随之完结。这就是说，生命的形式就应该是一种不可侵犯的形式。第四，生命的形式所具有的特殊规律，应该是那种随着它自身每一

---

① [美]苏珊·朗格：《艺术问题》，滕守尧、朱疆源译，北京：中国社会科学出版社1983年版，第55页。
② [波]沃拉德斯拉维·塔塔科维兹：《古代美学》，杨力等译，北京：中国社会科学出版社1990年版，第177页。

个特定历史阶段的生长活动和消亡活动辩证发展的规律。①

苏珊·朗格的这些看法，对于研究《周易》美学以至整个中国古代美学都很有启发作用。因为中国美学自古以来就是把美与艺术同生命联系在一起的，《周易》所说生命运动变化的规律同时也就是艺术创造须加以遵循的规律。这一点，充分地表现在《周易》之后历代美学对《周易》的美学意义的阐发之中，差不多可以说《周易》所讲生命运动变化的规律没有一条是同艺术创造无关的。这倒是相当有力地证明了苏珊·朗格的这一论断："关于生命形式的一切特征都必须在艺术创造物中找到。"②不过，苏珊·朗格尚未像《周易》那样提出"天地之大德曰生"，把生命和宇宙及人自身的存在联系起来，并且把宇宙及人自身的存在看作生命运动变化的表现（在此，生命实已具有了本体论的意义），从一种更高的宇宙学、生命哲学的角度来考察生命和美与艺术的关系。因此，苏珊·朗格所作的种种分析，还限于说明她所讲的艺术这种符号的形式特征，是附属于她的艺术符号理论的。此外，苏珊·朗格虽已讲到生命同情感的关系，但仍然是一种实证科学上的分析，而《周易》则提出了自然生命的运动变化与社会伦理道德两者的一致性这个有重要意义的问题。这实际是同苏珊·朗格及其他不少西方现代美学家所论及的自然生命何以会具有"表现性"的问题密切相关的。按《周易》的看法，整个自然生命的运动变化无不具有"表现性"，虽然所表现的东西经常被局限于儒家的伦理道德。不过，上述这些深刻的思想，还只是包含在《周易》之中，《周易》的作者没有也还不可能很明确地从理论上予以系统清晰的分析、概括、论证。从这个方面看，产生于两千多年前的《周易》，当然不能与1957年出版的苏珊·朗格的《艺术问题》一书相比。但这只是从理论的陈述形

① ［美］苏珊·朗格：《艺术问题》，滕守尧、朱疆源译，北京：中国社会科学出版社1983年版，第49页。

② ［美］苏珊·朗格：《艺术问题》，滕守尧、朱疆源译，北京：中国社会科学出版社1983年版，第50页。

式来看，如果从理论的实质、内容来看，那么产生于两千多年前的《周易》已经十分明确地意识到美与艺术同生命的不可分离的联系，并作了许多深刻的说明，其理论的高度与深度绝不低于苏珊·朗格的理论。

第三章　阴阳与美

《周易》没有像古希腊美学那样去抽象地思考"美是什么"这个问题。它认为美为天地所生，天地、自然、万物生命合规律的、和谐的运动变化本身就是美。如果说也有丑的、恶的东西产生，那是由于天地的变化违反了正常的规律，是一种不应有的灾变、祸患的表现。而且这种灾变、祸患，《周易》认为是人可以设法避免、克服的。总之，《周易》认为美即存在于天地、自然、万物生命正常的、合规律的和谐变化之中。而这种变化的规律就是《周易》所详细讨论了的阴阳变化规律，从而这种规律也就是美所必须遵循的规律。虽然《周易》并未明确地指出这一点，但这是由它的思想体系所必然得出的结论，并且为后世中国美学对《周易》思想的美学意义的种种发挥所证明。本章将逐一讨论《周易》有关阴阳、刚柔、动静、变化、感应等思想所包含的重要美学意义。

一　阳刚之美与阴柔之美

《周易》说："子曰：乾坤其《易》之门邪？乾，阳物也；坤，阴物也。阴阳合德而刚柔有体，以体天地之撰，以通神明之德。"（《系辞下》）又说："观变于阴阳而立卦，发挥于刚柔而生爻。""分阴分阳，迭用柔刚，故《易》六位而成章。"（《说卦》）由此可见，阴阳、刚柔是《周易》用以说明天地万物的变化，构成卦象，并判定吉凶的根本。这种阴阳、刚柔观念起源很早，这里不能详论。尽管它还不是现代的科学观念，带有古代观念的直观性、比喻性，但却具有《周易》所说"范围天地之化"的广泛适应性。何以如此，尚待现代科学、哲学的

109

研究去加以透彻的说明，这里也不拟详论。

阳 刚 之 美

在《周易》的思想体系中，乾为天，为阳，为刚。《周易》并未明确提出"阳刚之美"这样的观念，但从它对"乾"卦的解释中可以相当清楚地看出"乾"所具有的阳刚的特性是与美相关的。《周易》先讲"乾元者，始而亨者也。利贞者，性情也。乾始能以美利利天下，不言所利，大矣哉"，紧接着又说："大哉乾乎！刚健中正，纯粹精也。六爻发挥，旁通情也。时乘六龙，以御天也。云行雨施，天下平也。"显然，这一段话即是对上文"乾始能以美利利天下，不言所利，大矣哉"的进一步说明，并以"大哉乾乎！刚健中正，纯粹精也"来概括指出"乾"的功能的伟大所在，因此它是与"乾始能以美利利天下"直接相关的，包含着对"乾"所具有的阳刚之美的说明。这里涉及"大""刚健""中正""纯粹""精"等概念，都具有美学方面的意义。其中，"刚健"又是核心概念。这里，我们从"刚健"开始来作一些分析。

《说文解字》："刚，疆，断也。从刀，刚声。""刚"含有强之意，但特指如刀之坚利，能斩断各种东西。以后又被引申，用以说明人的道德、人格的坚强。《论语·公冶长》："吾未见刚者也。"刘宝楠正义引郑玄注："刚，谓疆志不屈挠。"《孟子·公孙丑章句上》言及"浩然之气"时说：

> 其为气也，至大至刚，以直养而无害，充塞于天地之间。其为气也，配义与道。无是，馁也。

这里所说的"刚"与"馁"相反，也是坚强不屈之义，它与儒家历来所称颂的人格的伟大与美紧密相联。

《说文解字》："健，伉也。从人，建声。"《篇海类编·人物类·人部》又解释说："健，伉也，强也，有力也。"孔颖达《周易正义》释"天行健"之"健"说："健者，强壮之名。"释"刚健"之"健"说："其行劲健。""健"有强之意，但特指人身体的强壮有力。《荀子·王制》

提到"健勇爪牙之士"，这里的"健"亦明显指身体的强壮有力。在《周易》之前，《老子》已使用了"刚强"这个词。《老子》三十六章说："柔弱胜刚强。"《老子》还多次讲到"强"，如"弱其志，强其骨"（三章）、"胜人者有力，自胜者强""强行者有志"（三十三章）、"心使气曰强"（五十五章）。但《老子》是主张"柔弱胜刚强"的，因此它又说"守柔曰强"（五十二章）。正因这样，再加上《老子》所言"强"的含义是广泛的，包含"兵强"（三十章、七十六章），且有强暴之意（三十章），所以《老子》所说的"强"在一些地方虽已含有生命力强大之意，但通篇只讲"强"，而无一语直接讲到"健"。受到《老子》影响的法家，推崇以强力争夺，很重视强兵，因此也常讲到"强"。如《商君书》说："刑生力，力生疆，疆生威。"（去疆第四）"疆者必刚，斗其意。斗则力尽，力尽则备，是故无敌于海内。"（立本第十一）《商君书》还有自强的思想，它说："恃天下者，天下去之。自恃者，得天下。得天下者，先自得也。能胜疆敌者，先自胜者也。"（画策第十八）这里的"自胜"，本于《老子》"自胜者强"。《周易》"刚健"观念的提出，无疑会受到老子以至法家思想的影响。但在《周易》之前，只有老子提出的"刚强"，尚未见到"刚健"一词。这是《周易》的传的作者的独立创造。《周易》之所以言"刚健"而不言"刚强"，首先是因为《周易》所要讨论的是天地万物生命的产生与发展问题，"刚健"一词正好可用以指自然生命的强大有力，而"刚强"一词的含义则广泛得多，不限于指自然生命。其次，《周易》是尚刚而不尚柔的，既吸取了道家思想，同时又坚持儒家的仁道，反对法家的强暴，因此只言"刚健"而不言"刚强"。最后，《周易》以"刚健"来形容产生万物的"乾"的伟大，还完全可能受到儒家孟子讲"至大至刚"的"浩然之气"流行和充塞于天地之间这一说法的启发。但在孟子那里，这"至大至刚"的"浩然之气"实为一种强有力的道德的意志、情感、精神。而《周易》所讲的"刚健"，虽然也具有道德精神上的意义，但首先又是指自然生命运动变化的强大有力。《周易》从"万物资始"的"乾"的功能中，从"云行雨施，品物流形。大明终始，六位时成"、大自然生命运动变化的景象中看到一种生生不息、不可摧折的强大的生命力，并用"刚健"

一词来形容它、赞美它。这个词是十分恰当的，它既有哲学的意义，同时又带有浓厚的艺术色彩和美学色彩。它集中地表现了中华民族自古以来对生命的执著、肯定与赞颂，因而产生了极为悠久深远的影响。

"中正"，朱熹《周易正义》释为"中者，其行无过不及；正者，其立不偏"。元吴澄《易纂言》又说："刚健而中正，则其刚健无过不及而不偏。"这都基本符合《周易》的原义，但还不够，未能得其更深层的含义。实际上，"中正"之"正"首先是指《周易》所说"乾道变化，各正性命"之"正"。如前已指出，这个"正"含有自然变化的合规律性的意思，也就是《周易》所说"天地以顺动"之意。"正"又是与"中"相联系的，不"中"即不能"正"。因为在《周易》及整个儒家思想看来，事物的正常、顺利、合理的发展应是符合于"中庸"的，即无过或不及的毛病。这种看法，经常被现代的研究者斥之为保守。它确实可以用来为保守作辩护，但同时它又深刻地认识到事物的发展有一种必须恰当地加以把握的度，不应太过或不及。虽然这在实际生活中经常是很难做到的一种理想状态，但事物在经过向太过或不及这两极反复摇摆之后，最后仍只有找到既不太过、又非不及的中点，方能使事情得到合理的解决。《周易》尚"刚健"，但并不否认"刚健"的另一极，即"柔""顺"。"刚健"不可片面地加以发展，因此《周易》讨论六十四卦，总以刚柔相应、刚柔得中、"刚中而应"为吉利之卦。这在后面还要讨论，这里不详谈。"正"不但与"中"相关，它还与"大"相关。《周易》说："大者，正也。正大而天地之情可见也。"（《大壮》）这包含着儒家历来提倡的光明正大的道德情操的表达，同时又看到自然生命变化的合规律性是囊括整个宇宙的，"乾"之利万物是无所偏颇的。"刚健"的生命合规律、利万物的表现无所不在、无所不及，所以为"大"。与"正"相联的"大"是对生命的伟大与无私的赞颂，它也带有浓厚的艺术、美学的色彩。而"中"，则是与美的尺度问题密切相关的（详下）。

"纯粹"，《汉上易传》释为"纯全而粹美也"，指出它与美的联系，很对。实际上，《周易》"纯粹"的观念，源出于最重视"纯粹"的荀子，它本是与美相关的。《荀子·劝学》说：

> 君子知夫不全不粹之不足以为美也，故诵数以贯之，思索以通之，为其人以处之，除其害者以持养之，使目非是无欲见也，使耳非是无欲闻也，使口非是无欲言也，使心非是无欲虑也。及至其好之也，目好之五色，耳好之五声，口好之五味，心利之有天下。是故权利不能倾也，群众不能移也，天下不能荡也。生乎由是，死乎由是，夫是之谓德操。德操然后能定，能定然后能应，夫是之谓成人。天见其明，地见其光，君子贵其全也。

在《周易》中，讲了"大哉乾乎！刚健中正，纯粹精也"之后，接着还讲到"君子以成德为行，日可见之行也"。"君子学以聚之，问以辨之，宽以居之，仁以行之"。这明显与上引《荀子·劝学》中的说法、思想相类。《周易》认为"乾"之所以"刚健中正"，和"纯粹精也"分不开。"精"为至于极点或达到了最高之境的意思。它也常被应用于中国的艺术评论，称那些无懈可击的作品为"精品"。而"纯粹"的含义，承荀子而来。在荀子的思想中是指道德人格的高度完美，最后又归结到"天见其明，地见其光"，这也与《周易》所说"夫大人者与天地合其德，与日月合其明"类似、相通。荀子以"全""粹"为美，与西方美学中以"完善"为美有相似的地方。但在荀子，所强调的不只是完全，而且还要纯粹，即不是"一出焉，一入焉"（《王制》），有善有不善，而是贯彻始终的完全的善。荀子讲纯粹，还包含有纯以儒家王道治国，不杂入其他不相容的思想的意思。所以他在批评秦国的政治时说："粹而王，驳（即驳——引者）而霸，无一焉而亡。此秦之所短也。"（《强国》）荀子的纯粹的观念还不是一个纯美学的观念，与道德、政治不可分，但它又涉及美所具有的特性，即完善性、纯粹性。《周易》以出于荀子的"纯粹"观念来说明"乾"的"刚健"，非仅如历代不少注家所说，"乾"卦为纯阳，不杂阴，而且还因为荀子在关于"全""粹"的论述中肯定了一种不能为任何东西所倾覆、转移、瓦解的坚定的"德操"，这也正是《周易》所称颂的"刚健"在道德上的含义。而就自然生命的变化运动来看,自然生命的强有力的表现,也正在于它不可能为任何力量所遏制、改变、挫败。自然生命的运动变化是"刚健"的,正由于它达于"纯粹"之极致。这"纯粹"是具有美的含义的。不过,《周易》并不排斥"杂",因为天地之"杂",最后仍是"贞夫一"的(《系辞下》)。就荀子来看,它在推崇儒家王道时,对"驳"、杂是加以否定的,但在肯定遵循儒家王道这一前提下,荀子也并不把"粹"与"杂"对立起来,而主张"粹而能容杂"(《非相》)。关于这个问题,将在本书第四章中进一步讨论。

以上,我们对"大""刚健""中正""纯粹""精"等概念作了分析。总起来看,《周易》所说的阳刚之美具有如下一些特征:

第一,它是自然生命(同时也是人类道德精神力量)的生生不息、坚不可摧的力量的表现;

第二,它不是一种狂暴、无节制的力量,而是一种合规律、有节制的力量;

第三,它具有一种不可移易的整一性、纯粹性,而非驳杂、散乱、飘忽不定;

第四,它表现于宇宙广大的时空中,遍及宇宙万物。

如与苏珊·朗格在《艺术问题》一书中讲到的生命的形式相比,以上所说虽未达到现代科学分析的水平,但第一条无疑包含苏珊·朗格所讲生命的形式是"动力形式",并且是"不可侵犯的形式"的意思;第二、第三条涉及苏珊·朗格所说生命的"有机结构""节奏""统一性"诸问题;第四条则突出了苏珊·朗格未予充分注意的生命与整个宇宙的运动变化的问题。对于《周易》来说,生命的强大力量不仅表现在一个一个有机自然物身上,而且首先是表现在日月的运行、寒暑的变化、风雷的搏动、雨露的降落、万物的生长上。《周易》是从天地如何生长出万物来观察生命的,因此它所说的生命不只指近现代科学所说的有机物(动植物)的生命,连一切并不属于有机物,但与生命发生、成长不能分离的东西都统统包含在内,都能显示出自然生命的强大力量。如八卦所指称的天、地、雷、风、水、火、山、泽,没有一个具体地指称某种有机物,而且其中除地、水、山、泽并非有机物，但可长有有机物之外，天、雷、风、火都非一般所说的有机物，但所有八者又均与有机生命的存在、发展分不开。因此，《周易》的生命观是把有机生命和有机生命得以存在、发展的种种自然条件统一起来加以考察的整体的生命观。整个宇宙万物被看作一个不断在运动变化着的生命的整体。从而，一切与有机生命的存在、发展相关的自然现象都是生命的表现，宇宙间不存在柏格森所说的那种与有机生命截然对立的所谓"惰性的物质"。这样的一种生命观，从美学上看，极大地扩展了审美的范围。即使是没有生命的山石，也会因它的坚硬、陡峭等而显出"刚健"之美。《周易》能达到这样一种整体的生命观，又是因为如我们已指出过的，《周易》把人的生命的存在看作与整个自然界（包括有机界与无机界）不能分离的。这是中国古代哲学的一个十分重要、深刻的思想。

除"乾"卦中的论述之外，《周易》在"豫"卦和"大壮"卦中还联系到艺术而相当具体地涉及阳刚之美的特点。"豫"卦中说："雷出地奋，豫。先王以作乐崇德，殷荐之上帝，以配祖考。"如"雷出地奋"般的乐，当然是具有阳刚之美的乐。又以之"崇德"并"殷荐之上帝，以配祖考"，实际也就是《毛诗序》所说"美盛德之形容，以其成功告于神明"的颂歌。颂歌的一般特征正是一种阳刚之美。"大壮"卦中说："大壮，大者壮也。刚以动，故壮"，并说"雷在天上，大壮"。《系辞下》中又指出，"上古穴居而野处，后世圣人易之以宫室。上栋下宇，以待风雨，盖取诸大壮"，将"大壮"与宫室建筑相联。由此可见，"大壮"也是一种阳刚之美的表现，而且具有"壮"的特点，也就是壮美。前已指出，"刚健"之"健"为强壮有力之意，因此"刚健"之美也可称之为壮美。中国历代帝王宫室的建筑，正是以壮美为其主要特征的。

《周易》所说的阳刚之美或"刚健"之美，是生命坚强有力的表现。但这里非常需要体会《周易》所说"刚健"之美的意味，而不可将它与道家美学所追求的那解衣磅礴、雄强奔放的美混同起来。虽然两者都与生命的坚强有力相关，但《周易》所说的"刚健"又是与"中正""纯粹"分不开的，非常强调坦诚、直率、无所掩饰和始终一贯地坚持自己的思想信念。这就是孟子所说的毫无畏惧的"至大至刚"，前引《荀子·劝学》中所说的"全""粹""德操"。表现在《周易》中，它将"中正""纯粹"与"方""直"相联。"坤"卦中说："坤至柔而动也刚，至静而德方。"又说："直，其正也；方，其义也。君子敬以直内，义以方外，敬义立而德不孤。直方大，不习无不利，则不疑其所行也。"《系辞上》中又讲到"蓍之德，圆而神；卦之德方以知"。由此可见，《周易》所言"刚健"具有"直""方"之特征，与道家追求的奔放无拘的气势力量的美并不相同。后世中国美学往往将两者混而为一，都归之为阳刚之美，实际上很不一样。例如，唐司空图《二十四诗品》的"雄浑"品说："大用外腓，真体内充，返虚入浑，积健为雄"。看起来好像也是《周易》所说的"刚健"之美，实际上是道家美学所追求的雄强奔放之美。与这种美比较起来，《周易》的"刚健"之美当然也有其雄强的气势力量，但却又是一种不驰骋于幻想的，高度坦诚、直率、刚决、单纯的美。如果用线、形来比喻的话，《周易》并不十分重视曲线、圆形的美，而是重视直线、方形的美。它所说的"刚健"的美正是表现在义无反顾，如斩钉截铁般的"直""方"上。相反，道家所追求的气势力量之美倒是一种无比自由地运动着的曲线之美。

这种说法，很显然要引出一个疑问，即《周易》不是很强调生命不止息的运动变化吗，它何以又追求着"直""方"之美，而不重曲线运动之美呢？我认为这与《周易》思想的内在矛盾相关。《周易》的基本思想是立足于儒家的，但又大量吸取了道家思想。就它对"变化"以及与"变化"相联的"神"极为强调，并不像儒家那样大讲"规矩"来看，在美学上是可以通向道家的(详下)。而且，《周易》不只讲阳刚之美，还讲阴柔之美。但《周易》毕竟又是以儒家思想为主导的，因此阳刚之美对阴柔之美处于主导地位，从而"直""方"之美也是处于主导地位的。

阳刚之美在中国艺术中的表现

以上对《周易》所说的阳刚之美的分析还是相当抽象的。下面我们就来大略考察一下它在中国历代艺术中的具体表现。

　　《周易》六十四卦中有一卦名为"鼎"，解说中还描写了鼎的美。遗存至今，为数不少的商、周古鼎，正好以可视的形象，生动地呈现出《周易》所说的"刚健"之美。这些鼎有不少体积很大，具有一种刚正、威严、雄强的气势与力量。其装饰之花纹，也多由细密、谨严、对称之直线组成，以方正为其特色。到了战国时期，不少铜器都有一种飞动的气势力量，人们也可说它有阳刚之美。但较之商、周古鼎，这已是另一类型的美，不同于《周易》所说的"刚健"之美了。因为《周易》所说的"刚健"之美与"中正"分不开，从而是与"直""方"相联系的。只有这样一种"刚健"才属于《周易》所说的"刚健"之美。

　　远古商、周的音乐，我们今天已不可得而闻了。但可以肯定，其中最重要的乐就是我们在上面已指出的用于祭祀、典礼的颂歌。这些颂歌的曲调虽已不能得知，但它的词却有一些保存在《诗经》中。如《商颂·那》：

> 猗与那与，置我鞉鼓。奏鼓简简，衎我烈祖。
> 汤声奏假，绥我思成。鞉鼓渊渊，嘒嘒管声。
> 既和且平，依我磬声。于赫汤孙，穆穆厥声。
> 庸鼓有斁，万舞有奕。我有嘉客，亦不夷怿。
> 自古在昔，先民有作。温恭朝夕，执事有恪。
> 顾予烝尝，汤孙之将。

　　此歌描写了祭祀时鼓声大作，管声清亮，磬声悠扬，最后钟鼓齐鸣，万舞于庭的热烈情景，大致可以想见《周易·豫》所说"雷出地奋"，"先王以作乐崇德"，"以配祖考"的景象。再如《商颂·殷武》：

> 挞彼殷武，奋伐荆楚。罙入其阻，裒荆之旅。
> 有截其所，汤孙之绪。维女荆楚，居国南乡。
> 昔有成汤，自彼氐羌。莫敢不来享，莫敢不来王，
> 曰商是常。天命多辟，设都于禹之绩。
> 岁事来辟，勿予祸适，稼穑匪解。天命降监，下民有严。

不僭不滥，不敢怠遑。命于下国，封建厥福。
商邑翼翼，西方之极。赫赫厥声，濯濯其灵。
寿考且宁，以保我后生。陟彼景山，松柏九九。
是断是迁，方斵是虔。松桷有梴，旅楹有闲，
寝成孔安。

朱熹注推测此颂写的是《周易》所说"高宗伐鬼方，三年克之"的事迹。从平荆楚、诸侯畏服写到商都的繁盛、宗庙的建立，也就是《毛诗序》所说的"美盛德之形容，以其成功告于神明"了。全诗写得很有气势力量，也充分体现出《周易》所说的"刚健中正"之美，大不同于《楚辞》中祭神的颂歌。如果配以乐舞演唱，更能显其热烈奋发、劲健有力之美。

更进一步说，从诗来看，《周易》所说"刚健中正"之美，正是最典型地由《诗经》体现出来的。[①] 要理解这种"刚健中正"之美，就须体味《诗经》之美。它是与《楚辞》不同的另一种美。

《诗·大雅·嵩高》说："吉甫作诵，其诗孔硕，其风肆好。"这句话，我认为在很大程度上可用以概括《诗经》所追求的美。"硕"为大的意思，而《诗经》是以硕大为美的。这硕大特指人体的壮健有力之美。如《邶风·简兮》所描写的"西方之美人"，"硕人俁俁，公庭万舞。有力如虎，执辔如组"。再如《卫风·硕人》，描写的是女性，著名的美人庄姜，虽然有"巧笑倩兮，美目盼兮"这样的话，但全诗所给我们的印象，仍是一种壮健的美，以至使梁启超感叹后世诗人何以再写不出这样健康的美人，而大多以病态为美。但他把"硕人"之美与《楚辞·招魂》所描写的"美人既醉，朱颜酡些，娭光眇视，目层波些"相提并论，却是不适当的。[②] 虽然两者都是对健康女性的描绘，但前者是一种壮健有力之美，典型的北国美人的美；后者是一种娇小

---

① 《周易》与《诗经》有很密切的关系，须作专题探讨。
② 见朱自清：《古诗歌笺释三种》，上海：上海古籍出版社 1981 年版，第 129 页。

艳丽之美，典型的南国美人的美，两者不可混同。《诗·郑风·羔裘》在写到服饰之美时说过："羔裘豹饰，孔武有力。"这同样是赞扬壮健有力之美。由上所述可见，"其诗孔硕"一语，即是称赞吉甫的诗具有一种壮健有力之美。"其风肆好"一语，朱熹释"风"为"声"，释"肆"为"遂"，欠妥。观上文"吉甫作诵"，此处之"风"通于"讽"，为吟诵之意。"肆"有"遂"之意，亦有"极""尽"之意，此处应取后一意，刚好与"其诗孔硕"之"孔"相对应。"孔"为"甚""很"之意，"好"则为美之意。合起来看，"其诗孔硕，其风肆好"，意为吉甫所作之诗很为壮健有力，且吟诵起来极美。通观《诗经》中的作品，虽也有偏于柔美的，但只占极少数，多数均有"其诗孔硕"的特征，即具有一种壮健有力之美。这不只同所写境界的大小相关，即使所写的不过是日常生活的短章，也有一种强劲的力量贯穿其间。至于如《大雅》中那些带有史诗性质的长篇，当然更是如此。

《诗经》的这种美同《楚辞》之美有何区别？后者毫无疑问也使我们感受到一种宏大的气势力量之美，但它是同诗人上天入地、层出不穷的想象，繁富艳丽的描写，缠绵起伏的情思联系在一起的。我比之为一种回环曲折、飘扬飞动、变幻莫测的曲线美。《诗经》之美则不同，它没有那么多的幻想，那么多的缠绵，那么多动人心魄的艳丽，但它却有一种刚决无畏的力量，直率强烈的爱憎，坚忍博大的精神，一种超出变化多端的艳丽之上、永恒地普照万物的光辉。我比之为一种错综交织、"独立不惧""确乎其不可拔"的直线美。① 这当然只是一个比喻，并且是就主要方面而言的，并不排斥直中可以有曲，曲中可以有直。曲为柔，直为刚。《楚辞》也有刚，但却是柔中之刚。《诗经》也有柔，但却是刚中之柔。前者以柔统摄刚，后者以刚统摄柔。用"刚健中正"概括说明《诗经》之美的主要特征，我认为很是切合。但要用以概括说明《楚辞》之美，就显然难以相投了。②

一般而言，今天人们较易接受、欣赏《楚辞》之美，对《诗经》之

---

① 　引文见《周易》"大过"及"乾"。
② 　当然，《楚辞》中也有少数以刚健为主的作品，如《国殇》《橘颂》。

美则难以欣赏，甚或觉得它未免简单粗笨。从简繁来说，我认为确实可以说《楚辞》的美是繁复的，《诗经》的美是简易的。《周易》尚简易，《系辞上》说："乾以易知，坤以简能。""易简而天下之理得矣。"这种尚简易的思想无疑是很古老的思想，越是原始的艺术也显得越简易。但简易非即简单，看来十分简易的原始艺术也有现代繁复的艺术难以企及的地方。造型艺术如此，诗也不例外。例如，保存在《周易》中两首远古的民歌：

> 贲如！皤如！白马翰如（《贲》）。
> 突如，其来如。焚如！死如！弃如！（《离》）

再如与上述两诗类似的，见于《吴越春秋》的《弹歌》：

> 断竹续竹，飞土逐宍（古肉字）。

第一首写迎亲路上的欢欣景象，且给人以色彩缤纷之感。第二首高亨《周易大传今注》释为"古人对于不孝之子、不忠之臣、不顺之民，则流放之，如其归来，则或焚之，或死之，或弃之"。此说甚是。诗中极好地表现了那种彻底决裂，毫不宽假的感情，令人如闻其声，如见其形。第三首写射猎，逐兽突奔，跃然纸上。三首都极短，然而它所唤起的极强烈的印象，是《楚辞》似的繁复描写很难达到的。较之这些远古的诗，《诗经》自然是要繁复得多了，但又仍然留存着远古那种崇尚简易，不贵繁复的精神。无论描写、叙事、抒情，都以极简易的手法出之，予人以极明快、深刻、有力的印象。这样的例子极多，如《硕人》中描写流水："河水洋洋，北流活活。"只用声韵铿锵的两句话即把汪洋的河水滔滔北流写了出来，胜于种种繁复的描绘，而且加强了齐人欢迎美人庄姜到来的欢快气氛。如邶风中的《燕燕》一诗开头一章："燕燕于飞，差池其羽。之子于归，远送于野。瞻望弗及，泣涕如雨。"此写送人远行的哀伤，如以《楚辞》似的笔法来写，足可敷衍为很长的一篇，但效果却不见得比这仅十六字的短章更能予人以如此诚挚感人的印象。以《诗经》中较长的篇章而论，如"大雅"中的《桑柔》，恨国之不治，类似于屈原《离骚》所说"哀民生之多艰"，但却非如屈原"长太息以掩涕"，而是如朱熹注所说，"号天而诉之"，直斥君主的不智及小人之专权。全诗极简练，气势雄强，其大义凛然、"刚健中正"之美，不是《离骚》所能代替的。见于《桑柔》后的《云汉》一诗，写严重的旱象使国人忧心如焚，但仍不屈服于天，表达了一种对天的怒恨与畏惧交加的感情，读来十分动人。其中描写旱象严重程度的一些诗句，如"旱既大甚，则不可推。兢兢业业，如霆如雷。周余黎民，靡有孑遗"，"旱既大甚，滌滌山川。旱魃为虐，如惔如焚。我心惮暑，忧心如熏"。其刚健有力，真可掷地作金石声。

《诗经》这种简易之美即《周易》所说"纯粹精也"的表现，绝不是容易达到的。《周易·中孚》中有一首仿《诗经》之风格而写成的诗："鹤鸣在阴，其子和之。我有好爵，吾与尔靡之。"虽然也还写得不坏，但较之《诗经》，显得逊色。繁复之作，可借词藻的堆砌而成，如从《楚辞》发展而来的汉赋即有此毛病。简易之作则无可假借，要取得明快、强烈、动人的审美效果，不流于平淡无味、空洞简单，非大手笔不能办。如果说不成功的繁复之作不过是雕虫小技而已，那么极成功的简易之作则是老子所说"大巧若拙"的表现，在境界上是很高的。我个人虽然很欣赏《楚辞》之美，但深感《诗经》之美是轻视不得的。前者主要表现了中华民族奇丽瑰玮的想象和细腻缠绵的情感的美，后者则主要表现了中华民族坚忍博大的理智和不畏艰险的意志的美。就哲学、美学的思想体系来说，前者明显受到儒家思想的深刻影响，但道家思想是其主要方面；后者明显吸取了道家思想，但儒家思想是其根本方面。就理论的表述来说，前者仅在《楚辞》中有不连属的、片段的说明；后者则通过《周易》而得到了相当系统又很为深刻的论证。虽然孔子删诗，对《诗》三百篇予以极大的推崇，但真正显示了《诗》的美学精神特征的是《周易》。

《诗经》是《周易》所说"刚健中正"之美的最高典范。我们在体味、分析了这种美在《诗经》中的表现之后，对于这种美在后来历代文艺中的具体表现就不难了解了。

汉赋颇有宏大的气魄，但它的美是属于《楚辞》这一系统的。汉代文学承《诗经》而来的，首推乐府。它与《诗经》一样，以求简易之美为其特征。但平易过于《诗经》，刚健、精练却甚为逊色。直到汉魏之际出现的《古诗十九首》和以曹操为其卓越代表的建安文学，才使我们重睹差不多可与《诗经》比肩的刚健之美。《诗经》中本来就在不少诗里表现了《周易》所说的"忧患"意识，在《古诗十九首》及被推崇为"汉魏风骨"典范的建安文学中，这种"忧患"意识更为深沉，但又仍然充分继承着《诗经》中那种由人伦关系而来的人与人之间诚挚的互爱及不畏艰险的精神，因而使这时的文学大放异彩。成就最高者，当推曹操之作。历代对曹操作品评论不少，但能得曹作之神髓者是钟嵘《诗品》中看来很简单的这两句话："曹公古直，甚有悲凉之句。"这里的"古直"二字至为精辟，它正是《诗经》所树立的刚健之美的重要特色，并且极难达到。曹操之作，置之《诗经》中，亦可说毫不逊色。由于时代的发展，其雄强劲健又有过之，但却不失古朴之气。此种境界，建安诸子中无人能及。

在文学之外，汉代画像砖中常可见《周易》所说"飞龙在天"的刚健之美的形象，但有时带有道教色彩。总的而论，汉画像砖及汉代石雕、石刻所显示的刚健之美，为后世所难企及。汉代书法以隶书为主体，大部分可用钟嵘评曹诗的"古直"二字加以形容，充分地具有"刚健中正"之美。其典型的代表作为《礼器》、《乙瑛》、《史晨》、《衡方》、《张迁》诸碑。在书法的用笔、结体上，汉隶充分发挥着《周易》所说的"直""方"之美。

入唐，刚健之美又有了一个大的发展，表现于诗、文、书、画、乐、舞之中。追求刚健之美，是唐代文艺的鲜明特色。最早或较早明确倡导刚健的，是批评齐梁文学"气骨都尽，刚健不闻"的初唐四杰之一杨炯。① 之后，陈子昂又大声疾呼提倡"汉、魏风骨"，反对齐、

---

① 《王勃集序》。

梁诗"彩丽竞繁，而兴寄都绝"。① 在书法方面，唐太宗论书法也首推骨力，尖锐批评梁代萧子云的书法"无一毫之筋，无半分之骨"。② 至中唐的书论大家张怀瓘，则明言批评王羲之书法"无丈夫气"。③ 韩愈又更为直截了当地说："羲之俗书趁姿媚"。④ 这种说法有片面性，但也可见唐代强调刚健之美这一重要倾向。不过，唐代文艺的阳刚之美，须区分两种不同情况。以李白为代表的阳刚之美属于道家美学这一系统的，书家张旭、画家吴道子也属于这一系统，又与道教密切相关。真正代表属于《诗经》《周易》这一系统的阳刚之美的，首推杜（甫）诗、颜（真卿）字、韩（愈）文。这是此一系统的刚健之美在汉以后的最高表现，之后几乎再也无人能及。在绘画方面，属于此系统的代表人物当是杜甫盛赞的曹操的后代曹霸⑤，但其作品已不传。在乐、舞方面，著名的秦王《破阵乐》、公孙大娘的剑器浑脱舞，或也属于《周易》一系的刚健之美的表现。

至宋而后，儒、道、禅三家思想不断融会、合流，《周易》一系的典型的刚健之美已不易看到，倒是阴柔之美有了很大的发展。但北宋范宽、郭熙，南宋李唐等人的山水画还可说是《周易》刚健之美非常典型的表现。特别是那些大幅立轴全景式的山水画，常按不同季节分别加以描绘，能使我们联想起《周易》所说"云行雨施，品物流形"，"大明终始，六位时成"的天地境界。

在中国现代文艺之中，鲁迅最重视中国美学与艺术所追求的刚健之美，并取得了极高的成就。在写于 1907 年的《摩罗诗力说》一文中，鲁迅把中华民族的刚健精神与为民族独立、国家富强而奋斗的精神很好地结合了起来。他热烈赞扬他在文中所介绍的欧洲 19 世纪的许多爱国诗人，指出：

---

① 《与东方左史虬修竹篇序》。
② 《王羲之传论》。
③ 《书议》。
④ 《石鼓歌》。
⑤ 见《丹青引》。

上述诸人，其为品性言行思维，虽以种族有殊，外缘多别，因现种种状，而实统于一宗：无不刚健不挠，抱诚守真；不取媚于群，以随顺旧俗；发为雄声，以起其国人之新生，而大其国于天下。①

反观中国，鲁迅以一种热切而悲凉的心境，期待着中国能有如他所介绍的那种"刚健不挠"、勇猛有力的诗人出现：

今索诸中国，为精神界之战士者安在？有作至诚之声，致吾人于善美刚健者乎？有作温煦之声，援吾人出于荒寒者乎？②

在《热风》一书的《生命之路》一文中，鲁迅热烈地歌颂了生命。他说：

生命的路是进步的，总是沿着无限的精神三角形向上走，什么都阻止他不得。

自然赋与人们的不调和还很多，人们自己萎缩堕落退步的也还很多，然而生命决不因此回头。无论什么黑暗来防范思潮，什么悲惨来袭击社会，什么罪恶来亵渎人道，人类的渴仰完全的潜力，总是踏了这些铁蒺藜向前进。

生命不怕死，在死的面前笑着跳着，跨过了灭亡的人们向前进。

什么是路？就是从没路的地方践踏出来的，从只有荆棘的地方开辟出来的。

以前早有路了，以后也该永远有路。

人类总不会寂寞，因为生命是进步的，是乐天的。③

① 《鲁迅全集》（第 1 卷），北京：人民文学出版社 1981 年版，第 98～99 页。

② 《鲁迅全集》（第 1 卷），北京：人民文学出版社 1981 年版，第 100 页。

③ 《鲁迅全集》（第 1 卷），北京：人民文学出版社 1981 年版，第 368 页。

这种对生命的赞颂，明显受到西方进化论的影响。但在它的血脉深处，无疑又流动着以《周易》为代表的，中华民族刚健不挠的生命精神。鲁迅在写此文时是否想到了《周易》，我们不可得知。而且，是否想到了，也并不重要。因为一个民族的伟大传统是凝集、潜存在她的伟大人物心灵深处的，时时都在发生作用。就《周易》来看，它确实包含有鲁迅所说的这种思想，即生命是不可战胜的，它永远能够找到自己前进的道路。所谓"物不可以终否"，"物不可以终难"，"物不可以终止"，"穷则变，变则通，通则久"等，都包含有这样的思想。所以，读《周易》既要看到它所强调的"忧患意识"，又要看到它对生命的坚强乐观的信念。

在艺术创造上，鲁迅推崇刚健之美，不仅表现在《摩罗诗力说》一文中，还表现在他后来对许多文艺作品的评论中。充分肯定和赞扬生命的力之美的表现，是鲁迅美学思想中十分重要的观点。上引《生命之路》一文中的话，其实也可当做鲁迅的美学宣言来看。鲁迅是中国现代木刻的倡导者，他论及木刻时，最重视的正是"力之美"，并说：

> 有精力弥满的作家和观者，才会生出"力"的艺术来。"放笔直干"的图画，恐怕难以生存于颓唐，小巧的社会里的①。

鲁迅对文学作品的评论，如对萧红的《生死场》、法捷耶夫的《毁灭》的评论，同样贯彻着赞扬生命的"力之美"的精神。就鲁迅自身而论，具有一种高度强劲、凝练的骨力，正是其作品的重要特色。这在他的小说、散文、杂文中处处可见，尤以《彷徨》和《野草》最佳。鲁迅的这种成就，是继承中国文学的刚健传统，特别是继承"汉魏风骨"而来的，在中国现代文学家中，几乎无人能与之相比。鲁迅曾被誉为"民族魂"，他的美学思想和文学作品对《周易》刚健精神的继承与发扬，很好地说明了这种精神在中华民族精神中所占有的重要地

---

① 《鲁迅全集》(第7卷)，北京：人民文学出版社1981年版，第333页。

位。只看到鲁迅对传统的批判方面，而看不到继承的方面，无疑是一种片面的看法。

阴 柔 之 美

本书第一、二章均已指出，在《周易》的思想中，"乾"有美，"坤"亦有美。"坤"为阴，为柔，故可称"坤"之美为阴柔之美。但我在后面将指出，本书所言阳刚之美与阴柔之美均与清人姚鼐等人的说法有所不同。

阴柔之美具有哪些特殊的规定性呢？我认为可从下述几个方面去加以把握。

第一，《周易·坤》说："坤厚载物，德合无疆。"又说："地势坤，君子以厚德载物。"《说卦》中还指出："乾，天也，故称乎父。坤，地也，故称乎母。"从科学的观点看，这当然是一种没有根据的比附。但恰好是在这样的一种比附中，说明《周易》是以一种与美学、艺术相通的眼光来看世界的。将大地比为母亲，在世界各国的文艺作品中常常可以看到。《周易》所说"坤"的美，实际就是一种宽厚博大的母性的美，与儒家所言仁爱有密切联系。《系辞上》说："安土敦乎仁，故能爱。"上引"君子以厚德载物"也明显包含宽厚的爱。如果说"乾"所强调的是"正""义"，要"知进退存亡而不失其正"，有荀子所说过的那种不可动摇的"德操"，那么"坤"所强调的则是"厚德载物"，是仁爱。前已指出，这种由古代的人伦关系规定的爱，非常诚挚感人地表现于《诗经》的许多作品中。如《小雅·蓼莪》一诗所表现的子女对父母的爱，过去长期为人传诵，今天也不能以它表现的是封建社会的"孝"为理由而简单地加以否定。此外，《诗经》对兄弟、夫妇、男女、朋友、普通人民之间的爱，均有极感人的描写。儒家仁爱精神渗透于《诗经》全书之中，并且尚未失去古代民风那种高度的纯朴。

第二，《周易·坤》说"坤""含弘光大""含章可贞""含万物而化光""有美含之"。这说明"坤"之美是一种内含的美，并且包容广大。中国文艺历来讲究含蓄，推崇含不尽之意，即所谓"言有尽而意无穷"。"坤"之美正好体现了一种蕴涵广大的美，它不是狭隘的、单薄的，而是广大的、充实的。历来一切成功之作，均有"含弘光大"的特色，所以这句话也常被用以赞扬那些第一流的大师的作品。如果说"乾"的"刚健中正"的美是显于外的，那么"坤"的"含弘光大"的美则是藏于内的。前已说过，《诗经》是"刚健中正"之美的典范，但它同时也有"含弘光大"之美，这不仅表现在它涉及的内容的广大上，而且还表现在它的许多看似很直截浅显的诗句，却具有一种可以使人一唱三叹、反复吟味的力量。如千古流传的名句"昔我往矣，杨柳依依。今我来思，雨雪霏霏"就是一例，此外还有不少精彩的句子一直流传下来，尚活在我们今天的语言之中。

第三，《周易·坤》说："牝马地类，行地无疆，柔顺利贞"。又说："坤至柔而动也刚，至静而德方。"《系辞上》中还指出："乾道成男，坤道成女。"由此可见，"坤"的美是一种柔顺的、静的美，也就是一种女性特有的美。女性美的这种特征，是世界各国都普遍地承认的，在今天已成为极简单的常识。就文艺作品来看，有不少作品正是以柔、静为其特色。如唐张怀瓘评王羲之草书说："逸少草有女郎才，无丈夫气，不足贵也。"[1]这是唐代书法强调刚健的风气下产生的一种有片面性的说法。因为王羲之的草书也有骨力气势，并非全作女郎态。但张的评语也非全无根据，因为王的草书确实显著具有柔、静、含蓄的特色，这又常非唐人书法所能及。然而在崇尚刚健的张怀瓘看来，就成了"有女郎才，无丈夫气"的表现了。再如元代倪云林山水学五代关同，关画山石、树木均有我们前面所说"直""方"的刚健特色，而倪则全都予以柔和的处理，并达到了静的极致。就《诗经》来看，"刚健中正"是其主导倾向，但也有少数作品有柔、静之美。如《秦风·蒹葭》《陈风·月出》就是。但《周易》是主张"坤至柔而动也刚，至静而德方"的，这是一个重要的观点。虽然《周易》十分明显地表现出轻视女性的思想，但并不主张女性处处都必须柔顺依从，而认为女性在行动中亦应是刚健的，在"至静"中仍应坚守其道德信念。从文艺来看，如"至柔""至静"而全无刚正的力量，那就是

---

[1] 《书议》。

浅薄软弱而不足取的了。《诗经》中那些偏于柔、静的作品，同时也有着生命的力的律动，这就是它成功的地方。如《小雅·伐木》的首章："伐木丁丁，鸟鸣嘤嘤。出自幽谷，迁于乔木。"写出了山谷的幽静，却又不是死寂无生意的。

总起来看，有宽厚博大的爱，充实广大的内涵，至柔、至静而又不失刚健的力量，这就是《周易》所说，"坤"之美的主要特征。显然，这与尚柔主静的道家美学有颇大的不同。因为后者经常有超脱人世、遨游宇宙的追求，虽然也能表现出一种宏大的气魄和运动感，以及在"虚静"中对人生艰苦的深刻领悟与超越，但终究又有着出离现实人生的缺陷。《周易》所讲的"坤"之美，如前所说，也可称之为阴柔之美，但其精神是执著于现实人生的。这种精神首先是儒家仁爱思想的表现，因而也就不会排除为实现仁爱所要求的积极进取的努力。它与《周易》所说"乾"之美亦即刚健之美或阳刚之美区分，在于前者是儒家所说"舍生取义"的大无畏精神的表现，后者则是儒家所说"仁者爱人"的博大宽厚的精神的表现。就表现于文艺来看，我们可以说前者是勇猛精进之美，后者是"温柔敦厚"之美。这实际是人类情感所具有的两个基本方面，普遍表现于古今中外的文艺之中。因为人类的存在既要有勇猛无畏的斗争，又要有温柔博大的情爱。借用钟嵘《诗品》评晋代诗人张华的用语来讲，就是既要有"风云气"，又要有"儿女情"。虽然不同的时代、阶级的人们对此的理解常常很不相同，不同的时代和不同的文艺家对两者也会有所偏重，但它始终构成人类情感中两个基本的方面。我认为这就是《周易》对阳刚之美与阴柔之美区分的深刻之处。

刚 柔 关 系

《周易》在许多地方，特别是在对六十四卦的诠释中反复讲到刚柔关系，并以之作为决定卦的吉凶的重要根据。从美学上看，这些论述包含对阳刚之美与阴柔之美的关系的理解。

这是怎样的一种关系呢？概而言之，可划分为两大类，即刚柔协调与刚柔不协调。前者是吉利的、美的，后者则是不吉利、不美的。

所谓刚柔协调，就是刚与柔能相应而不孤立，不互相冲突、敌对。这实际就是"和谐"原理的表现。但《周易》不停留在一般地、笼统地肯定刚柔协调上，它对刚柔关系作了很为具体、丰富的分析，计有下述几种情况。

第一，刚柔两两相应。如"咸"卦说："柔上而刚下，二气感应以相与，止而说。""恒"卦说："恒，久也。刚上而柔下，雷风相与，巽而动，刚柔皆应，恒。"这是一种刚柔相互平衡协调的状态，也可以说是一种理想状态。因为一般来说，绝对的平衡是不可能的，总是有所偏。但相对的平衡则是存在的，不能否认。虽然这种相对的平衡的达到不见得在任何情况下都是美与艺术的最高境界，但它确有一种令人叹赏的古典式的和谐之美。如将《诗经》中的《蒹葭》与《关雎》两诗相比，前者是偏于柔的，后者则可说达到了刚柔平衡协调的状态，不刚不柔，亦刚亦柔。陶渊明的某些古体诗也是这样，既"冲淡"（柔）又"质朴"（刚）。就书法而论，如唐代虞世南的《孔子庙堂碑》，可以说是刚柔平衡协调的杰作，与欧阳询的《九成宫醴泉铭》较偏于刚不同。古希腊的不少雕塑也是刚柔平衡协调，恰到好处的佳作。与上述刚柔平衡协调的情况相反的是刚柔各执一面，互相敌对。这就是"艮"卦所说"上下敌应，不相与也"。虽然也可"无咎"，但其本身是不吉利的，也是不美的。在艺术作品中，凡属这种情况也都是不美的。纯柔而排斥刚，则必流于软弱无力；纯刚而排斥柔，则必流于表面的剑拔弩张。中国历代艺术理论对此有许许多多论述。明代绘画中浙派的某些画家的作品即有一味求刚，以刚排柔的缺点，所以被人批评为出筋露骨，僵硬粗暴，霸气十足。

第二，内刚外柔。"泰"卦说："内阳而外阴，内健而外顺。""兑"卦又说："刚中而柔外。"这即是内刚而外柔，是吉利之象。相反，如"否"卦说："内阴而外阳，内柔而外刚"，这是不吉利之象。在艺术上，有些作品，内里是很刚健的，但在表现形式上却显得很柔和，毫不剑拔弩张。以"冲淡"著称的陶渊明的不少作品即有此种显著的特征。这是并不容易达到的境界。相反，如"内柔而外刚"，即表面看去很刚，其实内里是虚弱的。明清画论讲画家用笔，说有一些

129

画家的用笔"似老而实嫩",这就是"内柔而外刚"的表现。相反,"似嫩而实老",则是"内刚而外柔"的表现了。①

第三,柔中有刚。《周易》推崇刚健,但又不使之与柔对立,而很赞赏柔中有刚。如:

> 柔以时升,巽而顺,刚中而应,是以大亨(《升》)。
> 柔进而上行,得中而应乎刚,是以元亨(《鼎》)。
> 柔在内而刚得中,说而巽(《中孚》)。

这些都是虽柔而能应乎刚、得刚,均为吉利之象。《周易》的这一看法还同它对"文明"与"刚健"的看法有密切关系。我们将在别的地方讨论,这里从略。在艺术上,一切以柔为特征的成功的作品均是柔中有刚的。这也就是中国书法、绘画理论中讲到的"百炼刚化为绕指柔"。这也是很不容易达到的境界。晋代书法多偏于柔、静,但一点不浮薄、软弱。元代倪云林山水画用笔,若疏若淡,若有若无,达于柔、静之极至,但同样不是浮薄无力的。

第四,以刚胜柔。"夬"卦说:"夬,决也。刚决柔也,健而说,决而和。"这是说刚能战胜柔,不因柔而失其刚,但又不是排斥柔,不要柔的意思。因为刚胜柔要"健而说,决而和",方为吉利之象。"决而和"就不是片面的刚,用儒家称赞孔子的话来说,就是"温而厉,威而不猛"②。相反,如"剥"卦所说"柔变刚也",即柔完全战胜了刚,那就是不吉利之象。在艺术上,如唐代颜真卿、宋代米芾的书法,都是"刚决柔也,健而说,决而和"的典型,以气势的雄强无畏取胜。特别是米芾的大字行书,如《多景楼诗》,最能见"刚决柔"的气势力量之美。前人评米芾书"沉着痛快,如乘骏马"③,甚是。相反,柔完全压倒、战胜了刚,这样一种柔就是李世民评萧子云书法所

---

① 见唐志契:《绘事微言》。
② 《论语·述而》。
③ 赵构:《翰墨志》。

谓"无一毫之筋，无半分之骨"，完全不可取的了。

《周易》关于刚柔的论述，经常是同"君子""小人"的等级观念联系在一起，并为"君子"的统治地位而辩护的，这当然是时代、历史的局限性所使然。但它对刚柔关系的丰富深入的论述是不可忽视的，并且同艺术创造相通，很值得细加研究。

清代姚鼐等人的有关论述

《周易》已相当明显地包含关于阳刚之美与阴柔之美的思想，但未直接明言。对此加以明确论述和发挥的，是清代桐城派古文家姚鼐。他在《复鲁絜非书》中说：

> 鼐闻天地之道，阴阳刚柔而已。文者，天地之精英，而阴阳刚柔之发也。惟圣人之言，统二气之会而弗偏，然而《易》《书》《论语》所载，亦间有可以刚柔分矣。值其时其人，告语之体各有宜也。自诸子而降，其为文无弗有偏者。其得于阳与刚之美者，则其文如霆，如电，如长风之出谷，如崇山峻崖，如决大川，如奔骐骥；其光也，如杲日，如火，如金镠铁；其于人也，如冯高视远，如君而朝万众，如鼓万勇士而战之。其得于阴与柔之美者，则其文如升初日，如清风，如云，如霞，如烟，如幽林曲涧，如沦，如漾，如珠玉之辉，如鸿鹄之鸣而入寥廓；其于人也，漻乎其如叹，邈乎其如有思，暖乎其如喜，愀乎其如悲。观其文，讽其音，则为文者之性情形状举以殊焉。
>
> 且夫阴阳刚柔，其本二端。造物者糅而气有多寡、进绌，则品次亿万，以至于不可穷，万物生焉。故曰，一阴一阳之为道。夫文之多变，亦若是已。糅而偏胜可也，偏胜之极，一有一绝无，与夫刚不足为刚，柔不足为柔者，皆不足以言文。

姚鼐从古文的写作出发，不但明确地把文章的美与阴阳刚柔联系起来，提出文章有"得于阳与刚之美者"和"得于阴与柔之美者"两大类型，而且还从美的欣赏的角度出发，广喻设譬，生动地说明了这两种美的不同特征。姚鼐又指出阴阳刚柔可以"偏胜"，但不可偏废，即一有一绝无。偏废的结果，就会如他在《海愚诗钞序》中所说的那样，"刚者至于偾强而拂戾，柔者至于颓废而暗幽"。他又认为，文之美或得刚或得柔都是好的（实际他更重视刚），最怕的是"刚不足为刚，柔不足为柔"。姚鼐的这些说法，是对《周易》美学创造性的发挥，在中国美学史上有不可忽视的重要意义。

但是，姚鼐认为自诸子而后，为文者无不或偏于刚或偏于柔，这是不准确的。因为历代还是有一些作品刚柔相对平衡，不偏于一端，如陶渊明、柳宗元的某些散文即是如此。至于诗、书、画，这样的例子就更多了，我们在前面已指出一些。所以，我们可以说偏于刚或偏于柔者占多数，但不能说绝无刚柔相对平衡者。此外，姚鼐尚未注意到儒道两家美学的区别，以及由此而产生的阳刚之美与阴柔之美的不同特征。我在前面已指出，属于道家美学一系的作品也可以有一种非常宏大的气势与力量，但如以《周易》的"刚健中正"的观念去概括这些作品的特征，那就显得并不合适。例如，先秦诸子的文章绝大部分都可以作为文学作品来看，《庄子》与《孟子》更是千古大文。两者都有一种宏大的气势与力量，但前者是与道家遨游宇宙、超越现实人生的意识相联的，后者则是与儒家积极入世、"至大至刚"的伦理道德精神相联的。虽然就字面上说，我们可将两者都归入阳刚之美的范畴，实际上很为不同。曾国藩在《圣哲画像记》中阐述姚鼐阳刚阴柔之美的说法时曾指出：

> 西汉文章，如子云、相如之雄伟，此天地遒劲之气，得于阳与刚之美者也，此天地之义气也。刘向、匡衡之渊懿，此天地温厚之气，得于阴与柔之美者也，此天地之仁气也。

曾国藩把阳刚与"义气"相联，阴柔与"仁气"相联，就儒家美学系统来说，是很有见地的看法。但他把司马相如作为阳刚之美的典型，没有看到司马相如深受道家影响，其作品的"雄伟"之美与儒家所说的阳刚之美并不相同。从司马相如的赋来看，这至为明显。就阴柔之美说，儒道两家追求的境界也是不同的。为了区分两家的不同，我认为道家所说的天地之"大美"（见《庄子·知北游》）相当于儒家所说的阳刚之美，道家所说的"万物无足以挠心"的"虚静"之美（《庄子·天道》）则相当于儒家所说的阴柔之美。

除文论之外，清代的画论还应用《周易》阴阳刚柔的理论来说明绘画用笔的美。沈宗骞《芥舟学画编》说：

> 无前无后，不倚不因，劈空而来，天惊石破；六丁不能运，巨灵不能撼，割然现相，足骇鬼神；挟风雨雷霆之势，具神工鬼斧之奇；语其坚则千夫不易，论其锐则七札可穿，仍能出之于自然，运之于优游，无跋扈飞扬之躁率，有沉著痛快之精能；如剑绣土花，中含坚质；鼎包翠碧，外耀光华；此能尽笔之刚德者也。柔如绕指，软若兜罗，欲断还连，似轻而重；氤氲生气，含烟霏雾结之神；摇曳天风，具翔凤龙盘之势，既百出以尽致，复万变以随机；怳惚无常，似惊蛇之入春草；翩翩有态，俨舞燕之掠平池；飏天外之游丝，未足方其逸；舞窗间之飞絮，不得比其轻；方拟去而忽来，乍欲行而若止；既蠕蠕而欲动，且冉冉以将飞；此能尽笔之柔德者也。二美能全，固称成德，天资所禀，不无偏枯。刚者虑其燥而裂，柔者虑其罢而粘。此弊之来盖有故，或师偏执，狭守门风；或俗尚相沿，因循宿习。是以有志之士，贵能博观旧迹，以得其用笔之道。始以相克，则病可日除；终以相济，而业堪日进，而后可渐几于合德矣。

沈宗骞与姚鼐同时而较后，《芥舟学画编》可能写在姚说提出之后，亦可能在其前，待考。虽然以刚柔论书画用笔早已有之，但明确论述"尽笔之刚德"与"尽笔之柔德"，对两者的不同的美加以详细描绘，则是沈宗骞的贡献。其基本思想与姚的说法相同，但沈究竟是画家而非文学家。他对"刚德""柔德"的描绘，欲拟陆机《文赋》而远不逮，大力铺陈反不如姚的较简洁的描绘能使人得要领。中国画自明末董其昌倡南北宗说以来，南北分宗几成定论。大致而言，北宗的主导倾向是阳刚之美，多方笔，尚强劲；南宗的主导倾向是阴柔之美，多圆笔，尚柔和。这是中国山水画的两大系列，鲜明地体现了阳刚阴柔不同的美。就明代绘画说，沈宗骞《芥舟学画编》以推崇南宗的董其昌为阴柔之美的代表是很对的，以沈石田为阳刚之美的代表也是对的，但不够典型。阳刚之美的典型代表是浙派戴文进、吴小仙等人。文征明则可以说是介于刚柔之间的代表。

与朗吉弩斯比较

中国美学所说的阳刚之美与阴柔之美和西方美学所说的"崇高"与"优美"（或仅称为"美"）有很为明显的类似之处。这说明人类文化有不谋而合的共同点。但细加比较，两者又有很不相同的地方。

西方美学中较早集中论述"崇高"并流传至今的文献，是罗马朗吉弩斯的《论崇高》。我国至今尚未有一个完全的译本。这篇著作主要是从文章的修辞、风格的角度来讲"崇高"的，欠缺哲学、美学的高度。但它终究又从文艺的创作与欣赏的角度提出和描述了"崇高"风格的特征。朗吉弩斯生活于公元213—273年，因此《论崇高》的写成比《周易》要晚好几百年。假定把《周易》的《传》写成推迟至汉武帝执政之前，那也是在公元前141年之前就已写成了，而朗吉弩斯的出生在公元213年，时当我国东汉建安十八年，上距西汉已419年。朗吉弩斯死于公元273年，时当我国西晋武帝司马炎泰始九年。所以，朗吉弩斯活动的时期正当我国汉魏之际。这正是我国文学中"汉魏风骨"大发扬时期，而在罗马也出现了对"崇高"风格的提倡，这倒可以说是相映成趣的。

我们知道，《周易》中曾使用了"崇高"这个词。《系辞上》说："崇高莫大乎富贵。"这是从荀子而来的，以"贵为天子，富有天下"（《荀子·王霸》）为人生最高理想的观念。这个与"富贵"相联的"崇高"并不是一个美学范畴，尽管天子生活的富丽堂皇的表现也可令人产生崇高感（如历代宫廷的建筑）。现在我们所说的美学意义上的"崇高"是对从希腊文、拉丁文转变而来的"Sublime"这个词的中译。① 而且,《周易》所说与"富贵"相联的"崇高"恰好是朗吉弩斯所否定的。他说:

> ……没有一个真有见识的人会认为财富,名誉,光荣,势力或荣华富贵所围绕着的一切是幸福;他深知,仅仅鄙弃它们就是一种福气;事实上,享有它们的人也远不如有机缘获得它们但由于心灵伟大而漠视它们的人受人尊敬。②

朗吉弩斯的这种观念,来自我们在上一章中已讲过的充分有闲,并且推崇有闲,以无所为而为的"观照""沉思"为人世最大幸福的古希腊奴隶主的观念,与经常都在为治国平天下,为争取自己国家的生存发展而操心的中国古代奴隶主的观念很不相同。看起来与蔑视富贵的道家思想近似,实际上也很不相同(此不详论)。

无疑,《周易》所说的与"富贵"相联的"崇高"带有很浓的功利主义色彩,并且完全可能导致一种庸俗的境界,产生朗吉弩斯所批评的"虚假的崇高"。③ 但《周易》所说的"富贵"的得到又是与奴隶主积极进取的努力分不开的,并且是以实行仁义为前提的,因此它包含着儒家积极入世的精神。这就是《周易》所说的"刚健中正"的精神,也就是《周易》所说具有美学意义的"崇高"之美。始终保持着积极入世的精神,不到现实人生之外,也不到某种超自然的东西中去寻求"崇高",这是中国式的"崇高"即阳刚之美的一大特点,也是一大优点。而且,这种中国式的"崇高"向来是鄙弃朗吉弩斯所批评的没有实质内容的"华丽的外表"的。

---

①　这个翻译是否适当,我认为还可考虑。因为在中国语言里,这个词带有很浓的道德色彩。或者,反不如译为"宏大""伟大"为好。

②　马奇:《西方美学史资料选编》,上海:上海人民出版社1987年版,第163页。

③　马奇:《西方美学史资料选编》,上海:上海人民出版社1987年版,第163页。

朗吉弩斯论述了在文艺创造中取得"崇高"的五个条件。他说：

> 第一而且是最重要的是庄严伟大的思想，如我在论芮诺封的作品时所曾指出的。第二是强烈而激动的情感。这两个崇高的条件主要是依靠天赋的，以下的那些却可以从技术得到助力。第三是运用藻饰的技术，藻饰有两种：思想的藻饰和语言的藻饰。第四是高雅的措辞，它可以分为恰当的选词、恰当的使用比喻和其他措辞方面的修饰。崇高的第五个原因包括全部上述的四个，就是整个结构的堂皇卓越。①

这里所说的第一个也是最重要的条件，即"庄严伟大的思想"，从《周易》来说，就是它所赞颂的"大哉乾乎！刚健中正，纯粹精也"的表现。这是一种既合于自然，但又不屈从于自然的大无畏的道德精神的表现，并且是直接诉之日常现实的实践、行动的，没有什么神秘的色彩。从朗吉弩斯的思想来看，他所说的"庄严伟大的思想"尚不能完全摆脱造物主的观念，所以他在第九章中引用《旧约·创世纪》中所说的"上帝说要有光，于是就有了光"来说明"崇高"。② 当然，朗吉弩斯又是如古希腊人一样崇尚自然的。他把人看作是大自然的"子女"，但又把具有"庄严伟大的思想"的人看作是大自然"所挑选出来的子女"③，因此他的"崇高"观念是同对大自然的崇拜相联的。《周易》肯定人为天地所生，并且有"乾"为父、"坤"为母，天地养育了人的思想，但又不认为人就是大自然的"子女"。相反，它认为人通过效法自然就能与天、地并立而三，像天、地一样伟大。因此，在

---

① 马奇：《西方美学史资料选编》，上海：上海人民出版社 1987 年版，第 164 页。

② 朱光潜：《西方美学史》（上卷），北京：人民文学出版社 1963 年版，第 98 页。

③ 马奇：《西方美学史资料选编》，上海：上海人民出版社 1987 年版，第 168 页。

《周易》的"崇高"观念即阳刚之美的观念中，既高度尊重自然，但又没有西方的自然崇拜观念。这是中国人的"崇高"观念与西方不同的一个重要之点。朗吉弩斯所说"崇高"的第二个条件，即"强烈而激动的感情"，中国美学也很重视。但这是一种"刚健中正"的感情，即为清醒坚强的理性所控制的感情，虽"强烈激动"而不流入狂热无理性。中国古代的这种理性精神，既有束缚个性的一面，同时又表现了中华民族特有的那种坚忍不拔、高瞻远瞩、沉着无畏的气概与力量，不为一时的成功或失败所支配。成功了不陷入狂热，失败了也不气馁。我曾见中国不少运动员得了冠军，兴高采烈，但极少达到狂热的程度。有时甚或只微微一笑，似乎向人们显示我取得这样的成绩是平常事，没有什么特别了不得。这些地方，我以为是表现了中国民族性中那种自古以来就有的伟大气魄的。《周易》说："乾始能以美利利天下，而不言所利，大矣哉！"不仅"利天下"是"大"，"不言所利"才更是"大"。今天我们要打破传统中的理性对人的个性的束缚，但只应去打破那种维护等级特权的"理性"，而不是全盘抛弃中华民族的理性精神，去做一个狂热的非理性主义者。这样的非理性主义者，看似坚强，实则十分软弱，当然也不可能有真正的庄严与伟大。朗吉弩斯作为古罗马人，是倾向于日神的理性精神的，但也颇为欣赏酒神的狂热精神。其总的倾向是希望把两者加以折中，所以他说那表现于"崇高"中的"真情"，"通过一种'雅致的疯狂'和神圣的灵感而涌出，听来就如神的声音"[①]。这明显与《周易》执著于现实人生的"刚健中正"的精神不同，而与罗马基督教的精神相通。至于朗吉弩斯所讲"崇高"的第三、四、五几个条件，不外是作品的语言应用及作品的结构问题。这是中国历代美学反复做过许多深入研究的问题。《周易》也十分重视语言的美。

朗吉弩斯对"崇高"的论述在许多地方涉及"崇高"的审美效果问

---

① 马奇：《西方美学史资料选编》（上卷），上海：上海人民出版社1987年版，第164页。

题。他用"惊心动魄"一词来概括地说明这种效果①，并且十分强调作品的气势与力量：

> 崇高的风格到了紧要关头，像剑一样突然脱鞘而出，像闪电一样把所碰到的一切劈得粉碎，这就把作者的全副力量在一闪耀之中完全显现出来。②

他又称赞希腊大演说家德谟斯特尼的演说"以他的力量，气魄，速度，深度和强度，像迅雷疾电一样，燃烧一切，粉碎一切"③。如朱光潜先生所指出："这种对强烈效果的要求，像一条红线贯穿在《论崇高》全书里。"④在中国美学关于阳刚之美的论述中，我们也可看到类似的情况。如前述沈宗骞在描绘"尽笔之刚德"时所说："无前无后，不倚不因，劈空而来，天惊石破；六丁不能运，巨灵不能撼，刲然现象，足骇鬼神；挟风雨雷霆之势，具神工鬼斧之奇；语其坚则千夫不易，论其锐则七札可穿"，显然包含朗吉弩斯所说的"惊心动魄"，具有如利剑出鞘、迅雷疾电般的力量、强度的意思，而且在描述、比喻上较朗吉弩斯丰富一些。前面我们曾讲到米芾的大字行书有《周易》所说"刚决柔"的气势力量之美，与朗吉弩斯所说"像剑一样突然出鞘，像闪电一样把所碰到的一切劈得粉碎"的比喻有类似之处。我国宋代的黄山谷，也曾用与此类似的比喻来说明米芾书法之美。他说："米元章书，如快剑斫阵，强弩射千里，所当穿彻，书家笔势，

① 马奇：《西方美学史资料选编》（上卷），上海：上海人民出版社 1987 年版，第 166、169 页。

② 朱光潜：《西方美学史》（上卷），北京：人民文学出版社 1963 年版，第 96、97 页。

③ 朱光潜：《西方美学史》（上卷），北京：人民文学出版社 1963 年版，第 96 页。

④ 朱光潜：《西方美学史》（上卷），北京：人民文学出版社 1963 年版，第 97 页。

亦穷于此。"①此外，我国美学讲阳刚之美的"惊心动魄"，不只是朗吉弩斯所说使人"惊心动魄"，而且还使鬼神也为之"惊心动魄"。上引沈宗骞语所说"足骇鬼神"即此意，这是中国自古以来相传的观念。杜甫《奉先刘少府新画山水障歌》说："元气淋漓障犹湿，真宰上诉天应泣。"《周易》承认有鬼神存在，但并不惧怕鬼神，声称"大人"能"与鬼神合其吉凶。先天而天弗违，后天而奉天时。天且弗违，而况于人乎？况于鬼神乎"？中国美学所讲的阳刚之美能使鬼神也为之惊惧，但如前所说，中国美学又要求这种阳刚之美须与阴柔之美相济，不可流入剑拔弩张，粗野狂暴。正因为这样，黄山谷一面称赞米芾书法有"如快剑斫阵"之美，另一方面又说"然亦仲由未见孔子时风气耳"，即认为尚有霸气。不论这评论对米芾来说是否准确，它说明了中国美学对阳刚之美的一个重要要求。朗吉弩斯高度赞扬气势力量之美，并明确指出这种美须有理性的控制，他所谓的"雅致的疯狂"也已隐含着须有理性的控制的意思，但看来他更重视的仍是酒神式的狂放。这固然也有它的优点，但中国式的避免流入粗野狂暴的"崇高"，在它具有真实的生命与力量时，往往有一种更深邃的力量，经得起反复欣赏。实际上，没有理性控制的粗野狂暴，是缺乏应有的教养的浅薄表现，不可能产生真正成功的、伟大的作品。就是西方现代以狂放著称的画家，如凡·高的作品，也不是全无节制，一味以粗野狂暴为快的。即令是原始人的艺术，也有图腾巫术必须遵守的规则或规范，绝非完全任意而为。

朗吉弩斯还讲到"崇高"的起源问题。他说：

"……它(指大自然——引者)生了我们，把我们生在这宇宙间，犹如将我们放在某种伟大的竞赛场中，要我们既作它的丰功伟绩的观众又作它的雄心勃勃的竞赛者；它一开始就在我们的灵魂中植有一种不可抗拒的对于一切伟大事物、一切比我们自己更神圣的事物的渴望。因此，就是整个世界，作为人类思想的飞翔

---

① 冯武：《书法正传·黄山谷书评》。

的领域，还是不够宽广，人的心灵还常常超过整个空间的边缘。当我们观察整个生命的领域，而见到它处处富于精妙的，堂皇的、美丽的事物时，我们立即知道人生的真正目标究竟是什么？"①

这些说法，显然充满着来自罗马基督教的自然崇拜思想。对"崇高"的追求被看作"大自然为我们——它挑选出来的子女——所制定的计划"②，是由"大自然"植于我们的灵魂之中的，也是由"大自然"启示给我们的。这是很符合于自视极高的古罗马奴隶主贵族的一种思想。它讲的"大自然"实际上与上帝没有什么本质的区别，而能够达到"崇高"境界的人就是上帝的选民。这样的思想是《周易》所没有的。从《周易》来看，阳刚之美或"刚健中正"之美，是由大自然生命生生不息的运动变化显示给人的，是人在他的伦理道德实践行为中所应当效法的（"天行健，君子以自强不息"）。在这里，大自然就是指生长万物的天地，人对他的效法也只是为了成就现实人间的事业，没有什么神秘的自然崇拜观念，也不"渴望"什么"比我们自己更神圣的事物"，或企图"越过整个空间的边缘"。在《周易》看来，自然是伟大的，而人也能同自然一样伟大。除人和他所生活的自然之外，再没有什么"更神圣的事物"。自然又被看作本身就是永恒、无限的③，所以效法自然的人不必去"越过整个空间的边缘"。因为在永恒无限的自然之外，再没有什么可追求的东西了。《周易》的这种思想较之于古罗马奴隶主贵族的自然崇拜思想，是更健全、更合理，也更有宏大的气魄的。它热烈赞颂自然的伟大："大哉乾元，万物资始"，"至哉坤

① 马奇：《西方美学史资料选编》（上卷），上海：上海人民出版社 1987 年版，第 168 页。
② 马奇：《西方美学史资料选编》（上卷），上海：上海人民出版社 1987 年版，第 168 页。
③ 前已指出，《周易》认为天地之道是"恒久"的，并且认为"物不可穷也"，这是对自然的永恒性与无限性的肯定，虽然《周易》还未能完全克服循环论。

元，万物资生"，但它所赞颂的是自然生命的生生不息的伟大以及效法自然而"自强不息"的人的生命与事业的伟大，并以此为限，而不去追求什么"更神圣的事物"或希图越出自然之外。实际上，除了永恒无限的大自然和能够与自然同其永恒无限的人自身的存在之外，世界上再也没有什么更崇高、更伟大的东西。对"崇高"的追求，起源于人对自然的强大的认识和人希望支配自然，并变得像自然一样强大的要求。人类的这种要求，在古代的巫术、神话中已经明显地表现出来。《周易》的效法自然，并通过效法自然而使人变得像自然一样强大的思想，正是由此发展而来的。古代的许多巫术，常常就是以幻想的形式效法某种自然力，希图使人也具有这种自然力，把这种自然力转移到人的身上，或使它按照人的目的发生作用。所谓模仿、效法自然，在最初是与巫术分不开的，其目的则在于战胜自然，或避免自然所造成的灾难。这一点在《周易》中表现得很为鲜明，我们将在本书第五章中讨论。

与柏克比较

朗吉弩斯之后，近代英国美学家柏克（Edmund Burke，1729—1797）从哲学上对"崇高"与"美"（优美）进行了系统深入的研究，不再像朗吉弩斯那样，仅作为与文辞风格相关的问题来考察。柏克的研究奠定了西方近代美学关于"崇高"与"美"的理论基础，对后来康德的美学发生了很大的影响。

和生活在古罗马时代的朗吉弩斯不同，生活在资本主义兴起时代的柏克，不是用古代自然崇拜的观念，而是用人的"自体保存"的本能、欲望来说明"崇高"的起源。他认为人有保全自己的生命的本能，当生命受到外力威胁时，就会产生恐怖或惊惧的情绪。但在这种威胁对人不产生直接的危险，人能在一定的距离之外去看它，或得到了缓和时，它所产生的恐怖与惊惧就不是单纯的痛感，而能够夹杂着快感。这样的一种快感即是"崇高"感，因此柏克认为恐怖是"崇高"的一个来源，以某种方式令人感到恐怖的对象就是"崇高"的对象。此外，柏克又用竞争心或向上心来说明"崇高"的产生，认为"崇高"就是人在竞争中体验到的"自豪感和胜利感"。这种看法很可能受到朗吉弩斯《论崇高》所说"大自然"把人"放在某种伟大的竞赛场中"的思想的影响，同时也与随资本主义发展而来的竞争观念密切相关。就"崇高"产生的效果说，柏克认为："惊惧是崇高的最高度效果，次要的效果是欣羡和崇敬。"①

柏克从"自体保存"来说明"崇高"的起源，不论与朗吉弩斯或《周易》相比，都是一个重大的历史的进步。因为柏克生活在资本主义已经兴起的 18 世纪，他由之出发的个人已不是奴隶社会或封建社会中那种依存于等级制度的个人，而是马克思所说的"18 世纪的个人"。"这种十八世纪的个人，一方面是封建社会形式解体的产物，另一方面是十六世纪以来新兴生产力的产物"②，已经摆脱封建等级制度的束缚而成为独立的个人。因此，柏克所说的"崇高"已不是那种与等级制度相联的"崇高"，而是打破了等级制度，以独立的个人的存在为前提的"崇高"。正因为这样，柏克才把"崇高"与"自体保存"相联，并且以个体的竞争心来说明"崇高"。这种近代资本主义社会下的"崇高"是与冲破封建等级特权束缚，要求个性解放不可分地联系在一起的，它鲜明地表现在英国密尔顿等人的作品之中。较之于《周易》，这当然是一种处在更高历史发展阶段上的"崇高"。相反，《周易》所说的"崇高"，如前所说，是以"富贵"为最高表现的。就是自然界的"崇高"也被打上了上下尊卑的等级制的烙印。"天尊地卑，乾坤定矣。卑高以陈，贵贱位矣"（《系辞上》）。而且，"君子以思不出其位"（《艮》），"刚健中正"之"正"就包含着"正位"（《家人》），当然也不可能有柏克所说那种以独立的个人为前提的竞争心。所有这些，都是《周易》的"崇高"论不及柏克"崇高"论的地方，也是我们今天必须抛弃的糟粕。任何美化这种糟粕的做法都是有害的。

---

① 以上参见朱光潜：《西方美学史》（上卷），北京：人民文学出版社 1963 年版，第 220~221、224~226 页。

② 《马克思恩格斯全集》（第 46 卷·上册），北京：人民出版社 1979 年版，第 18 页。

　　但是，柏克所说以独立的个人为前提的"崇高"，又包含着资本主义社会所不能解决的深刻的矛盾。这就是带来了人与自然、个人与社会之间的分裂与对抗。个人虽然摆脱了封建特权的束缚，在这点上成了独立的个人，但与此同时又陷入了个人所无法支配的偶然性之中，而成为被资本与金钱所支配的奴隶，导致了人的异化。正因为这样，柏克把恐怖看成是"崇高"的最重要的特征，是有其深刻的社会历史根源的。这种恐怖性的"崇高"，从 19 世纪开始，一天天走向将人与自然、个体与社会互不相容地对立起来的反理性主义和神秘主义的"崇高"，充满着深刻的悲观主义思想。这在叔本华、尼采、基尔凯郭尔、海德格尔等人的哲学、美学思想中十分鲜明地表现了出来，并且广泛地表现在许多文艺流派的作品之中。[1] 相反，《周易》的"崇高"论虽然有着上述为等级制辩护的严重局限性，但它充分地肯定着人与自然、个体与社会的协调一致，不把两者互不相容地对立起来，以"大和"为宇宙的本性，至今仍有其不能否认的重大理论意义。人类的前进、发展当然同人与自然、个体与社会之间所存在的矛盾冲突的解决分不开。因此，任何抹煞、掩盖、否认这种矛盾冲突的做法都是一种廉价的幻想。但是，如果认为这种矛盾冲突是根本无法解决的，人与自然、个体与社会注定了永远只能处在互相分裂、对抗的状态中，那么人类也就注定了只有灭亡。事实上，人类历史发展的过程，既是这种分裂与对抗产生的过程，又是它不断克服、解决这种分裂、对抗的过程。因此，正如我们不应否认人与自然、个体与社会的矛盾冲突一样，我们也不应否认两者在历史过程中具体的、相对的统一，即不应否认和谐的存在。西方 19 世纪以来的美学、文艺强烈地嘲讽、反对"和谐"，讥笑"美"，以"美"为"虚无"等，不过是资本主义无法解决它所造成的人的异化在美学和文艺上的表现，绝非人类不可避免的命运。从这个方面来看，古老的《周易》的思想仍有其伟大

---

　　[1]　在中国 20 世纪 80 年代的美学与文艺中，有不少人企图以西方的这一类思想和文艺作为打破封建思想影响对中国人民个性的束缚的武器，我认为是一种肤浅的、错误的想法。

的地方。

柏克以恐怖为"崇高"的最重要的特征，在不掩盖现实中存在的矛盾冲突，直面哪怕是悲惨的人生这一点上，无疑有其深刻的合理性。但是，大量事实说明，并不是任何恐怖的现象都能成为"崇高"的对象。即使我们如柏克所说，在一定的距离之外去看它，它也仍然只是恐怖，不是"崇高"。只有当人感受到他能克服、超越恐怖，以达到对人自身的存在的肯定时，恐怖方能成为"崇高"。《周易》所讲的"刚健中正"之美即中国式的"崇高"的重要的合理的意义，就在于它是立足于对人自身大无畏的力量的肯定之上的，是一种积极奋发的"崇高"。与柏克的看法相反，《周易》不以恐怖为"崇高"的本质特征，而可以说是排斥着各种单纯引起恐怖的现象的。例如，《周易》在"豫"卦中说，"雷出地奋，先王以作乐崇德"，在"大壮"卦中又说，"雷在天上，大壮"。这都是阳刚之美的表现，也就是中国式的"崇高"的表现。因为这里所说的雷都与大自然生命力的表现，万物的生长相关，是对人的存在的肯定。但如果是一个接一个的，会伤及人畜，带来灾害的响雷，在《周易》看来就只是恐怖的，不属于阳刚之美的表现。所以《周易》的"震"卦中说："洊雷，震。君子以恐惧修省。"从柏克的观点看来，中国式的"崇高"确实存在回避、掩盖悲惨恐怖现象的弱点。但是，与此同时，它又表现了中国式的"崇高"对人的生命的热爱与肯定，不愿将给人带来灾祸、使人遭到毁灭的现象视为"崇高"。这正是贯彻于中国传统思想之中的，极为坚强的古代人道主义精神的表现。它使我们民族历来就憎恶、谴责一切残酷、强暴、惨无人道的东西，而始终对人生怀有光明美好的信念。更进一步说，中国式的"崇高"排斥恐怖，只是排斥那种为人所无法战胜的灾难、悲惨的景象（这经常被看作是带有人格意志的"天"所降给人的），但并不排斥人所能战胜的恐怖。相反，对这种恐怖的战胜正是中国式的"崇高"十分重视的，也正是人的"刚健中正"的大无畏精神的表现，充分地显示着阳刚之美。《周易》全书始终贯彻着以"刚健中正"的精神去战胜一切艰险、危难的思想，并且充满着一切艰险、危难均可被战胜的乐观信念。"需"卦中说："险在前也，刚健而不陷，其义不困穷矣。""师"卦又说:"刚中而应,行险而顺,以此毒天下而民从之,吉又何咎矣。"《周易》又提出"艰贞"的概念,即认为虽碰到了艰险危难,只要坚守正道,不屈不挠,那就仍然会得到吉利的结果(见"明夷"等卦)。即使是天降的灾祸,如"震"卦所言,"君子以恐惧修省",也仍然能战胜它,转危为安。"震"卦中反复说明,只要不为"震惊百里"的"洊雷"所吓倒,既知畏戒,又能镇定,不张皇失措,那就虽危而无害,仍然能保有社稷国家,"无丧"而吉利。基于上述思想,就"崇高"的效果来看,柏克以"惊惧"为"最高度效果",以"欣羡和崇敬"为"次要的效果",而《周易》则可以说刚好倒了过来,以"欣羡和崇敬"为最主要的效果,"惊惧"则是从属于"欣羡和崇敬"的"次要的效果"。中国式的"崇高"始终带有积极肯定的特色,其主要的、基本的情调是壮美的。所谓"欣羡和崇敬"也极少宗教或自然崇拜的意味。它所引起的感受,有时也伴随着柏克所指出的痛感,痛感与快感相夹杂,但在绝大多数情况下不是痛感压倒快感,而是快感压倒痛感,显示出人对自身力量的肯定。如我们在前面已讲到的《诗经》中描写严重的干旱给人带来大灾的《云汉》一诗,既是哀痛的,但在哀痛中又明显地表现出一种愤慨与不平,显示了古代人民在天灾面前既无奈、痛苦,但又不屈服、不甘于毁灭的精神。这正是《周易》所说的"刚健"精神,中国式的"崇高"的表现。

在朗吉弩斯的《论崇高》中,"崇高"与"美"尚未明白地区分开来,有时还以"美"这个词去形容"崇高"。柏克则不同,他非常明确地把"崇高"与"美"(优美)区分开来,并认为两者是不能相容的。这对后来的西方美学产生了广泛的影响。在这个问题上,《周易》的思想与柏克的看法也有很大的不同。

如前已指出,中国美学依据《周易》把美划分为阳刚之美与阴柔之美两大基本形态。两者都属于美,因此阳刚之美虽相当于西方美学所说的"崇高",但绝不是与美不能相容的东西。西方所说的与"崇高"不同的优美,则相当于中国所说的阴柔之美。但在中国美学中,它并不是与阳刚之美互不相容的东西,而是相互渗透,不能分离的。中西美学的这种差异有其深刻的历史原因。

我们在本书第二章中已经讲过，西方自古希腊以来把美看成是给人以情感愉悦的东西，并且把它和伦理道德感情加以区分。因此，不属于给人情感愉悦的东西，而属于使人惊惧、崇敬的东西就被看作是与美不同的另一种东西。这也就是柏克区分"崇高"与"美"，并将两者对立起来的历史缘由。中国则不同，自古以来就不把美限于感官的愉悦，而认为人的伦理道德行为也能引起如像味、色、声所引起的那样一种审美的愉悦，并将这种愉悦看作是更重要、更本质的东西。就此而论，中国美学确实常常将美与善视为一体，影响到对美之为美的特殊性的认识。但从另一方面看，较之西方美学，它又打破了对美的狭窄的了解，扩大了美的领域，并赋予了美以超出情感愉悦的更深广、重要的社会内容。因此，自柏克以来，西方美学所强调的"崇高"与"美"的互不相容的对立，在中国美学中是不存在的。特别是柏克那种明显反映了英国贵族趣味，强调"美"必定是娇弱、娇小的说法，更与中国美学很不相同。例如，柏克认为："粗壮有力的气派对美是很有损害的。一种娇柔的外貌，甚至纤弱的外貌，对美来说几乎是不可缺少的。"①这只能说是18世纪英国若干绅士、贵族特有的审美趣味，或者说是他们的一种偏好。中国古代以"硕人"为"美人"，《周易》也指出"坤至柔而动也刚"。历代讲阴柔之美又十分强调柔不能完全脱离刚，没有刚的柔是软弱无力的、不美的。这种观念显然比柏克的说法更正确、更合乎辩证法。实际上，就是在西方，自古希腊的荷马以来，不论文学或绘画对美人的描写也并不都是一味地强调"娇柔""纤弱"，而排斥"粗壮有力的气派"。至于柏克说植物界、动物界的美也都以"娇柔""纤弱"为特征，因此高大粗壮的树木是不美的，猛犬、"强劲有力"的战马是不美的等②，更是没有什么根据，只能看作某些人的特殊爱好。

---

① 马奇：《西方美学史资料选编》（上卷），上海：上海人民出版社1987年版，第557页。

② 马奇：《西方美学史资料选编》（上卷），上海：上海人民出版社1987年版，第557页。

但是，柏克对"美"的看法也有与中国人的看法切合、相通的地方。第一，柏克讲了"美"必须具备七个条件："第一，比较地说是小的。第二，是光滑的。第三，各个部分的方位要有变化；但是，第四，这些部分不能构成棱角，而必须互相融为一体。第五，要有娇柔纤细的结构，不带任何显著的强壮有力的外貌。第六，它的颜色要洁净明快，但不能强烈夺目。第七，假如它不得不有一种显眼的颜色，那这种颜色就必须同其他颜色一起构成多样的变化。"①虽然讲了七个条件，但柏克在论述每一个条件时，他所特别强调的就是要能给人以一种"温柔""柔软""娇柔""柔和"的感觉，所以表面要"光滑"，不能凹凸不平和有锐角；线条的变化应是渐次的、舒缓的，不能带棱角，"以突然剧变的方式变化"；色彩"必须明快洁净"，但"最适合于美的是每种颜色中较柔和的颜色"；如果有多种颜色混在一起，那就要"使每种颜色的强度和显眼的程度大为减弱"，等等。② 在将"美"与"崇高"做比较时，柏克又说：

> ……崇高的对象在它们的体积方面是巨大的，而美的对象比较小；美必须是平滑光亮的，而伟大的东西则是凹凸不平和奔放不羁的；美必须避开直线条，然而又必须缓慢地偏离直线，而伟大的东西则在许多情况下喜欢采用直线条，而当它偏离直线时也往往作强烈的偏离；美必须不是朦胧模糊的，而伟大的东西则必须是阴暗朦胧的；美必须是轻巧而娇柔的，而伟大的东西则必须是坚实的，甚至是笨重的。③

柏克所作的种种观察、描述，充分表明柏克所说的"美"的最根

---

① 马奇：《西方美学史资料选编》（上卷），上海：上海人民出版社 1987 年版，第 558 页。

② 马奇：《西方美学史资料选编》（上卷），上海：上海人民出版社 1987 年版，第 554~558 页。

③ 马奇：《西方美学史资料选编》（上卷），上海：上海人民出版社 1987 年版，第 565 页。

本的特性就是"柔",而他说的与"美"相对的"崇高"的最根本的特性则是与"柔"不同的"刚"。虽然柏克没有中国人的阳刚阴柔的观念,但他从对"美"与"崇高"的区别的经验观察中达到与中国人的观念有明显类似之处的观念。所不同的是,他不以具有"刚"的特性的"崇高"为"美",并且把它同具有"柔"的特性的"美"对立起来。如仅就柏克所讲的"美"而论,他所说的"美"正是中国人所讲的阴柔之美。虽然具体的理解不可能完全相同,但在肯定这种美以"柔"为其本质特征这一点上,两者是十分一致的。

柏克对"美"的认识,还有另一个与中国美学有相通之处的地方,那就是他用人的社交、群居的本能来说明美感的产生,并把它和同情心、爱联系起来。他说:

> 引起人们敬仰的属于崇高一类的美德,与其说产生爱,倒不如说产生恐怖。例如刚毅、正义、智慧以及诸如此类的东西就是这样。从来没有任何人靠了这些品质而成为可爱。打动我们的心、使我们得到可爱之感的印象的,是那些比较柔和的美德,如性情平易近人、富于同情心、仁慈和蔼、宽大磊落,虽然它们对社会的关系确实不那么直接和不那么重大,也不那么高贵。但是,正因为如此,所以它们才这样可爱。伟大的美德主要是用来对付危险、惩罚和困难的,它们与其说是讨人喜爱,倒不如说是为了防止最坏的灾难;因此它们不是可爱的,虽然他们是非常值得尊敬的。……父亲的权威对我们的幸福来说是这样有益,并且无论如何是正当地值得我们尊敬的,可是它却妨碍我们对它抱有我们对母亲所抱有的那种纯粹的爱,在母亲那里,长辈的权威几乎是消融在母亲的溺爱和纵容里了。但是,我们一般却非常爱我们的祖父,在祖父身上,这种权威离我们更远了一层,而年龄所造成的衰弱则使它变成某种近乎女性偏爱的东西。①

---

① 马奇:《西方美学史资料选编》(上卷),上海:上海人民出版社 1987 年版,第 551~552 页。

　　虽然生活在18世纪英国的柏克的伦理道德观念与中国古代的伦理道德观念有很大的不同，但他用"富有同情心、仁慈和蔼、宽大磊落"来说明"美"，这却与中国人对阴柔之美的看法甚为相似。如前已指出，中国人所说的阳刚之美是与"义"相联的，而阴柔之美则是与"仁"相联的，正是以"仁慈和蔼"、宽厚博大为其特征。此外，很有趣的是，中国人把阳刚之美与男性、父亲相联，把阴柔之美与女性、母亲相联，而柏克也发表了类似的见解，认为"崇高"有如父亲的威严，而"美"则如母亲的慈爱。柏克在距《周易》问世之后的一千多年，发表了与《周易》类似的见解，这使我们看到《周易》的思想确实有其长久的生命力。

与康德比较

　　康德关于"美"与"崇高"的看法很受柏克的影响，但已远远超出柏克那种经验主义的观察与归纳，而建立在更深刻、严密的哲学基础之上了。康德也将"美"与"崇高"加以区分，作为他对审美判断力探讨的两个不同部分，但显然已放弃了柏克那种竭力将"美"与"崇高"互不相容地对立起来的做法。而且，既然康德把"崇高"看作是他所要考察的审美判断力的一个部分，那么即使它与"美"不同，也仍然是属于审美的范围了。康德认为："美和崇高在下列一点上是一致的，就是二者都是自身令人愉快的。"①所不同的是：（1）"美"表现在有确定形式的事物上，"崇高"却可以在对象的无形式中发现；（2）"美"与不确定的悟性概念相关，"崇高"则是理性概念的表现；（3）"美"的愉快是和质结合着，"崇高"的愉快却与量结合着；（4）"美"产生的愉快类似想象力的游戏，具有魅力，"崇高"产生的愉快却是严肃的。"对于崇高的愉快不只是含着积极的快乐，更多的是惊叹或

---

　　①　[德]I. 唐德：《判断力批判》（上卷），北京：商务印书馆1964年版，宗白华译，第83~84页。

崇敬，这就可称作消极的快乐。"①所有这些分析都比柏克的理论细致深入得多。特别是康德不像柏克那样以恐怖为"崇高"的特征，而十分强调"崇高"来自主体对大自然威力（包含恐怖、灾难）的反抗，来自主体对自身所担负的理性使命的自觉，认定自己能够与那全能的大自然威力较量一番。② 这是对柏克的恐怖说的重大发展。

与中国美学相比，康德对"崇高"的看法，较之柏克的看法更接近于以《周易》为代表的看法，但又有不能忽视的重大差别。这首先表现在康德对"崇高"与道德观念的联系的强调上。康德认为"崇高"是与超感性的理性概念结合着的，他所指的实际主要就是道德概念。康德说："事实上一个对大自然崇高的感觉是不能令人思维的，假使不是把它和心情的一种类似道德的情调结合着。"③人类的道德作为理性的力量对感性的自然施加威力，"通过道德的原则克服了感性界的某些一定的障碍，并且由此而成为有趣味的"④，这就是"崇高"。《周易》以"刚健中正"为阳刚之美的表现，也就是以孟子所说"至大至刚"的道德精神为阳刚之美的表现。这种中国式的"崇高"所特别强调的正是道德的理性力量。但在《周易》，这种道德的力量是直接诉诸实践、行动的，表现为"君子"的"自强不息"。而且，这种道德的精神并不是与自然不能相容的，相反，它是效法自然，与自然的永恒不息的生命力的表现完全一致的。在这点上，《周易》的思想与康德的看法出现了重大的差别。因为在康德看来，道德作为理性的力量是超感性的，从而也是超自然的。在感性的自然界找不到能与它相适应的东西，由此才产生了主体在自然面前的崇高感，并从而产生愉快。因

① ［德］I. 唐德：《判断力批判》（上卷），北京：商务印书馆 1964 年版，宗白华译，第 83~84 页。

② ［德］I. 唐德：《判断力批判》（上卷），宗白华译，北京：商务印书馆 1964 年版，第 97、101、104 页。

③ ［德］I. 唐德：《判断力批判》（上卷），宗白华译，北京：商务印书馆 1964 年版，第 109 页。

④ ［德］I. 唐德：《判断力批判》（上卷），宗白华译，北京：商务印书馆 1964 年版，第 113 页。

此，康德认为"崇高"只是主体的心意活动加给自然的东西，与自然界的合目的性完全无关。他说：

> 关于自然界的美我们必须在我们以外去寻找一个根据，关于崇高只须在我们内部和思想的样式里，这种思想样式把崇高性带进自然的表象里去。这是很必须预先加以注意的一点。崇高的观念要和自然界的合目的性完全分开。①

康德竭力要把人的道德理性的力量与自然生命的欲望冲动严格区分开来，并强调指出道德有超越自然生命欲望的伟大力量，这都有其深刻的、合理的意义。但是，道德理性如果脱离了感性物质的自然界，违背了自然的规律，那么所谓道德理性的伟大力量就只能是一种幻想的力量，就会引向对超自然的上帝或某种类似上帝的东西的追求。现代西方文艺中就有不少这种神秘主义的作品。《周易》则不然，它认为道德力量的伟大与自然界的生命力量的伟大是完全一致的，前者可与自然界的伟大相并立，像自然界一样伟大，但绝对不能脱离自然界。自然界生命永恒不息的运动的表现，如《周易》所描绘的"云行雨施，品物流形。大明终始，六位时成"的景象本身就是崇高、壮丽的，而不是由人的超自然的理性力量加给自然的。对自然生命的伟大的赞美又绝不是要贬低人的力量，让人成为匍匐在自然面前的崇拜者，而正是为了激发人去效法自然，使人像自然一样地伟大。一方面，肯定自然的伟大但又不否定人自身的伟大；另一方面，肯定人自身的伟大但又不认为人具有超自然的力量，这就是《周易》思想的深刻性与合理性所在。它抛弃了一切将人与自然分离开来的幻想，在美学上切断了将对"崇高"的追求引向超自然的神秘主义道路。

在"崇高"所产生的效果上，康德很为强调它所具有的振奋作用，这也是与中国美学接近、类似的。康德说："就审美观点上来说'兴

---

① [德]I. 唐德：《判断力批判》（上卷），宗白华译，北京：商务印书馆1964年版，第85页。

奋'是崇高的，因为它是通过观念来奋发力量的。这给予心意以一种高扬。"①他又说："每一属于敢作敢为性质的情操（即是激起我们的力量的意识，克服着每一障碍）是审美上的崇高，例如愤怒，甚至于如绝望（例如愤懑的，而不是失去信心的绝望）。"②康德还很正确地批评了一些肤浅的、感伤的，描写所谓"美的灵魂"，其实是"软弱的灵魂"的作品，指出"某些小说，哭哭啼啼的戏曲，肤浅的道德教条，它们玩弄着（但似是而非的）所谓高贵的意念，实际上使人心萎弱不振"。③ 这个批评表现了康德的伟大的方面，深为黑格尔所赞赏。后来黑格尔又在《精神现象学》《美学》中进一步抨击了这种"美的灵魂"。中国美学所讲的阳刚之美即中国式的"崇高"，自古以来就是强调它的奋发、鼓舞的力量的。即令是阴柔之美，也要求要柔中有刚，认为纯柔而无刚、萎弱不振的作品毫不可取。这无疑是中国美学的一个优秀传统。令人遗憾而叹息的是，在前些年中国当代的文艺作品中，颇有一些如康德所说的"使人心萎弱不振"的作品，失去了中国人的刚健精神。

在关于"崇高"的理论中，康德还讲到所谓"数学的和力学的崇高"④。前者指的是与数量的大小相关的"崇高"，后者则是指与自然界的威力相关的"崇高"。康德在论述这两种"崇高"时，都一再强调理性对自然所具有的优越性。就数量的大小说，自然界即使再大，也达不到理性所能把握的大。就自然的威力说，自然的威力即使再大、再可怕，人也能够反抗它、战胜它。纵然失败了，主体的人格力量也不会因此被贬低。所以，在康德看来，人具有自然所不能企及的理性

① ［德］I. 唐德：《判断力批判》（上卷），宗白华译，北京：商务印书馆1964 年版，第 114 页。

② ［德］I. 唐德：《判断力批判》（上卷），宗白华译，北京：商务印书馆1964 年版，第 114 页。

③ ［德］I. 唐德：《判断力批判》（上卷），宗白华译，北京：商务印书馆1964 年版，第 115 页。

④ ［德］I. 唐德：《判断力批判》（上卷），宗白华译，北京：商务印书馆1964 年版，第 86 页。

的力量，这是自然界的巨大和威力能被人表象为"崇高"的根本原因。康德的这种思想很明显有其深刻、合理之处，远超过柏克的崇高理论。因为人如果不是一个优越于自然，能与自然相较量的主体，那他就不可能克服自然的巨大与威力所引起的恐怖而产生崇高感。但在这里，同样存在着我们在上面已指出的问题，即理性的力量被看作是一种与自然相脱离，凌驾于自然之上的东西。

从中国美学来看，《周易》也是把阳刚之美与"大"相联系的。它说："大哉乾元，万物资始。"又说："大哉乾乎！刚健中正，纯粹精也。"这里的"大"，有伟大之意，但也可包含数量、空间上的"大"。《系辞上》说："夫《易》，广矣，大矣。"又说："广大配天地。""法象莫大乎天地，变通莫大乎四时，悬象著明莫大乎日月。""大"在《周易》中占有重要地位，《周易》全书都是推崇"大"的。而且，《周易》所说的"大"还可表现为数，与数相关。因此，就包含在《周易》中的中国美学对"崇高"的观点来看，也可说《周易》隐含着康德所说"数学的崇高"的思想。但是，《周易》所说的"大"是对自然的永恒、广大、无限的赞美。这"大"是自然本身所具有的，人的崇高感也是由它所引起的，并不需要用不可度量的理性的力量去超越自然的尺度以产生出崇高感。因为自然虽然是"大"的，人通过效法自然就能够"与天地合其德，与日月合其明，与四时合其序"。这也就是说，自然的伟大并不意味着人的渺小，因为人也可像自然一样伟大。正因为这样，中国人对自然的伟大持着一种观赏、赞美的态度，并不感到要用理性的力量去反抗、征服自然的伟大，以肯定人自身的伟大。从而，中国式的"崇高"经常表现为肯定性的雄伟、壮丽，与西方式的那种强调人与自然之间的冲突、对抗的"崇高"不同。当然，这里存在着中国式的"崇高"的弱点，那就是往往缺少西方式的"崇高"那种震撼人心的力量。但它明朗、执著地肯定人与自然的统一性，不把"崇高"引向某种超自然的神秘境界中去，这又是它的不能否认的重大优点。再从康德所说的"力学的崇高"来看，《周易》当然还不可能有近代的力学概念，但它所说的"刚健"显然与生命的力分不开。在我们前面已谈到的"震"卦中，《周易》也讲到康德所说的大自然的威力。在《周易》

153

之后，历代的诗、文、书、画理论，无不把阳刚之美与力相联。力在中国美学中显然是构成中国式的"崇高"的一个十分重要的因素。但《周易》对与"崇高"相关的力的理解与康德不同。康德把它理解为自然界中各种威胁着人，使人产生恐惧的力，而《周易》则在实际上区分了两种不同的力。一种力是显示了自然生命的生生不息的力，这种力本身就是"崇高"的，同时也是美的，不会引起任何恐惧感。《周易》对"天行健"的赞颂，同时也就是对大自然的壮丽、伟美的赞颂。另一种力则是"震"卦中所说会给人带来灾难的力，也就是康德所说的威胁着人的自然力。如前已指出，《周易》认为人只要不因这种力的袭来而张皇失措，既知畏戒，又能镇静，行动符合法则，那就不会遭到危害而保持吉利。对于这样一种力的战胜当然也能显示出"崇高"，接近于康德所说克服自然界的威力。但这种克服虽然要依靠人的理性的力量，却不是如康德所说的那样一种凌驾于自然之上，超自然的力量。因为在《周易》看来，道德的、理性的力量是与自然相一致的，而非某种超自然的东西。所以，这种对自然威力的克服，仍然是"君子"努力实行了与自然相一致的道德原则的结果。由此而产生的"崇高"，无疑会具有上面已指出的不及西方式"崇高"的弱点，即常常冲淡了人与自然之间剧烈的矛盾冲突；但又能表现出人在自然灾难面前的一种镇定、坚韧、求实的理性精神，不堕入到超自然的狂想中去。几千年来，中华民族就是靠着这种镇定、坚韧、求实的精神去战胜无数巨大的灾难（包括社会的灾难）而生存下来的。在这里，既有我们民族伟大的地方，但也有不可忽视的弱点，即不愿直面剧烈的矛盾冲突，竭力避免以致掩盖悲惨的景象，因隐忍而压抑了个性的发展。

二 变化、"神"与美

美与阴阳分不开，而阴阳又与变化分不开。因此，在《周易》的思想中，美与变化密切相关，特别是与变化的神妙性有着深刻的联系。虽然《周易》并未明确地、直接地指出变化、"神"与美的关系，但它无疑包含着这种思想，因此后世的中国美学经常不断地在阐发这种思想，直接将它与美和艺术创造相联系。

《周易》所说"变化"的含义

《周易》所说的"变化"是什么意思呢？我们来看一下《周易》的说明：

(1)在天成象，在地成形，变化见矣，是故刚柔相摩，八卦相荡，鼓之以雷霆，润之以风雨，日月运行，一寒一暑(《系辞上》)。

(2)刚柔相推而生变化(《系辞上》)。

(3)变化者，进退之象也(《系辞上》)。

(4)精气为物，游魂为变(《系辞上》)。

(5)范围天地之化而不过(《系辞上》)。

(6)通变之谓事(《系辞上》)。

(7)变通配四时(《系辞上》)。

(8)凡天地之数有五十，此所以成变化而行鬼神也(《系辞上》)。

(9)知变化之道者，其知神之所为乎(《系辞上》)。

(10)阖户谓之坤，辟户谓之乾。一阖一辟谓之变，往来不穷谓之通(《系辞上》)。

(11)变通莫大乎四时(《系辞上》)。

(12)天地变化，圣人效之(《系辞上》)。

(13)化而裁之谓之变，推而行之谓之通，举而措天下之民谓之事业(《系辞上》)。

(14)化而裁之存乎变，推而行之存乎通(《系辞上》)。

(15)刚柔相推，变在其中矣(《系辞下》)。

(16)功业见乎变(《系辞下》)。

(17)通其变，使民不倦。神而化之，使民宜之。穷则变，变则通，通则久。是以自天祐之，吉无不利(《系辞下》)。

（18）《易》之为书也不可远，为道也屡迁。变动不居，周流六虚，上下无常，刚柔相易，不可为典要，唯变所适（《系辞下》）。

（19）道有变动（《系辞下》）。

（20）观变于阴阳而立卦（《说卦》）。

以上共计二十条。由之可以得出以下几条结论：第一，由（1）、（2）、（15）、（18）、（19）、（20）可知，《周易》认为变化是由刚柔、阴阳的相互作用而产生的。第二，由（3）、（10）可知，《周易》认为变化表现为连续不断的进退、开（阖）合（阖）。第三，由（1）、（5）、（7）、（11）、（12）可知，《周易》所说的变化是指天地的变化，其中又特别重视四时的变化。第四，由（4）、（8）、（9）、（17）、（18）可知，《周易》认为变化具有神妙的性质，并且在一些地方里明言与鬼神相关。第五，由（6）、（12）、（13）、（14）、（16）、（17）可知，《周易》所说的变化不只指天地的变化，而且与人事的变化、天下大业的成就紧密相连。

以上五条结论均与美和艺术问题有重要关系，我们将在下面分别加以说明。

变化的节奏与美

《周易》所讲的变化首先是指天地的变化，并且特别重视与万物的生成、生长不可分离的四时的变化，雷霆风雨、日月运行、寒来暑往的变化。因此，《周易》所讲的变化在根本上是指宇宙万物生命的变化，但又与人事的吉凶祸福、事业的兴衰成败密切相关。这就决定了《周易》所说的变化具有多方面的、重要的美学意义。因为美在根本上不能脱离生命，美的规律与生命的规律有着内在的、深刻的联系，同时作为美来看的生命又不仅仅是自然现象，而同人类社会生活中的幸福与苦难、成功与失败及其所引起的情感不可分离。《周易》对变化的看法同时涉及包含这两个方面，所以它虽不是在讲美学，却几乎处处可与美学相通。

美不能脱离、违背生命的规律，而在生命的规律中，就它的运动变化来看，与美有明显而直接的关系的，是生命运动的节奏。节奏是任何一门艺术的创造都不能忽视的重要问题。苏珊·朗格在论述美与生命的关系时已特别指出了这一点。吉尔伯特、库恩的《美学史》在讲到古希腊宇宙学者关于美的看法时，也指出了这些学者已经看到生命的节奏与美的关系。吉尔伯特、库恩说：

> 这种关于节奏的学说，显然是从以下一些基本的周期性活动中引申出来的：天分为昼和夜，年分为冬与夏，乃至更长的时间单位——时代，亦分为连续不断的进化与衰退。宇宙论学说把这个基本的周期性，与植物和动物的生活节奏，即花开和花谢、青春和老年、生和死，连接在一起。实际上，人类生活本身亦呈现着同样的上升与下降的过程，即欢乐与痛苦、幸福与灾难、富贵荣华与穷途末路等的交替与平衡。这个主宰各种不同活动范围的伟大节奏，导致哲学家认为有一个至高无上的本原，即认为有一个实体（至于这个实体的名称是什么，则无关紧要）——一个类似神灵的存在，在对立现象的永不休止的流动和变化中始终保持着均衡状态。①

在中国古代的宇宙学，而且是比古希腊的宇宙学更为系统严密的宇宙学即《周易》中，同样包含和美与艺术密切相关的生命节奏的深刻了解，虽然它尚未使用"节奏"这一术语。② 吉尔伯特、库恩所说的那个"主宰各种不同范围的伟大节奏"的"至高无上的本原"，在《周易》看来就是阴阳刚柔。这是对立的两极，双方的相互作用使天地万物发生永不止息的变化，但又始终保持着均衡和谐的状态。这和谐是

---

① [美]凯瑟琳·埃弗雷特·吉尔伯特、[联邦德国]赫尔穆特·库恩：《美学史》(上卷)，夏乾丰译，上海：上海译文出版社1989年版，第13页。

② 吉尔伯特、库恩也未言及古希腊宇宙学者是否已使用或从什么时候开始使用"节奏"一词，待考。

整个宇宙的和谐，并且是宇宙万物永恒的本性，也是人类所追求的最高的、最美好的状态，因此《周易》称之为"大和"。

"大和"即最高的美，而这美是"阴阳变化各正性命"的结果，它正是存在于阴阳的永不止息的变化运动的节奏之中。《周易》说变化表现为一进一退、一开一合，正是生命运动的节奏的呈现。《周易》又特别重视日月、四时的变化，把它描述为"日往则月来，月往则日来""寒往则暑来，暑往则寒来"（《系辞下》），相推相生，往来不穷，这同样是大自然生命运动的节奏的表现。

更进一步来看，《周易》认为"刚柔相推而生变化"，这变化正是处处表现为一种连续不断的节奏。因为《周易》所说的变化是同对立面相互转化分不开的，"无往不复，天地际也"（《泰》）。由往而复，由复而往，如此循环不已，即构成节奏。而最根本、最重要的节奏，首先是表现在阴阳刚柔相互不断转化，亦即"刚柔相易"而造成的节奏上。这"刚柔相易"也就是宇宙的最根本的节奏。按《周易》对六十四卦的解释来看，如"刚上而柔下"（《蛊》）转化为"柔上而刚下"（《咸》），"内阳而外阴"（《泰》）转化为"内阴而外阳"（《否》），"柔变刚"（即柔胜刚，见《剥》）转化为"刚决柔"（即刚胜柔，见《夬》），如此等等转化连续不断地发生，就呈现出宇宙运动的节奏。除此之外，《周易》又从这种转化发生的具体状态来观察，提出了许多与节奏相关的概念。我把它归纳了一下，计有下述六个：（1）进退。（2）往来。（3）开合（以上三个前已述及）。（4）终始。见"蛊"卦："终则有始，天行也。"又见"乾"卦："大明终始，六位时成。"（5）消息（即消长）。（6）盈虚。以上见"剥"卦："君子尚消息盈虚，天行也。"所有这些对立面的连续不断的转化，同样能构成节奏。

《周易》从对立面的连续不断的转化来看节奏，这是对节奏的一种很深刻的理解，因为它已不停留在仅用运动的周期性来解释节奏。苏珊·朗格在《艺术问题》一书中批评了仅仅把节奏理解为运动的周期性的观点，她说：

　　宇宙中有许多基本的节奏都是周期性的，事实上，周期性的节奏是这样地普遍，以至于使得大多数人把周期性当成了节奏的本质。但是，正如我们刚才所指出的，节奏的本质并不在于周期性，而是在于连续进行的事件所具有的机能性，周期性尽管很重要，但它毕竟还只能称作是节奏活动的一种特殊的范例。只有这样去理解节奏，我们才能够解释，为什么那些没有重复同一个动作的活动（例如：一个乒乓球运动员的击球运动，一个盘旋飞行的飞鸟的运动或是一个现代舞蹈演员的运动），同样也能展示出明显的节奏性。①

苏珊·朗格的这个看法很有道理。但她所说节奏的本质即"连续进行的事件所具有的机能性"是什么意思呢？她是用一个有连续性事件的开端与结尾的紧密联系来加以解释的。她说："当前一个事件的结尾构成了后一个事件的开端时，节奏便产生了。"②她举出心脏的跳动为例解释说，"在心脏的跳动中，每一次收缩都是下一次扩张的开始，每一次扩张也都是下一次收缩的开端"，因此心脏的跳动才具有"最明显的节奏活动"③。这种用开端与结尾的连续性来说明节奏的看法，与《周易》所说"终则有始，天行也"的看法十分类似。也就是《周易》所说"往来不穷"，"寒往则暑来，暑往则寒来"的意思。终即始，始即终，如环之无端。但是，苏珊·朗格所举心脏跳动的例子，以及钟摆运动、海浪冲击海岸的例子，其实仍有很为明显的周期性。在这些例子中，周期性仍是构成节奏的重要因素，所以并没有充分说明苏珊·朗格所说节奏的本质即"机能性"这一概念，也难以用它去解释乒乓球运动员的动作、鸟的飞翔运动何以也是有节奏的。事实上，产生节奏的所谓"机能性"并不仅仅表现在开端（始）与结尾（终）的连续

① ［美］苏珊·朗格：《艺术问题》，滕守尧、朱疆译，北京：中国社会科学出版社 1983 年版，第 49 页。
② ［美］苏珊·朗格：《艺术问题》，滕守尧、朱疆译，北京：中国社会科学出版社 1983 年版，第 47～48 页。
③ ［美］苏珊·朗格：《艺术问题》，滕守尧、朱疆译，北京：中国社会科学出版社 1983 年版，第 48 页。

不可分上，而且还表现在这种连续不断的运动中，各种对立的运动形态不断地相互转化上，如《周易》所言刚柔、进退、往来、开合、消长、盈虚诸对立面的不断变化。以苏珊·朗格所讲乒乓球运动员的动作来说，构成节奏的不只是他的上一个动作与下一个动作的连续性，而且还在这些动作的转化，即忽刚忽柔，忽进忽退，忽往忽来、忽长忽消，如此等等。总之，只有动作的连续而无不同动作的相互转化，就不会有节奏。即使是苏珊·朗格所举的心脏跳动的例子，也不能只用动作的连续性去加以说明，它实际是两种刚好互相对立的运动即收缩与扩张的不断转化。所以，对苏珊·朗格所说产生节奏的"机能性"应作两个方面的解释：（1）运动的连续性；（2）在形态上刚好相反的运动的不断互相转化。显然，这两重意思都充分地包含在《周易》的思想之中，只不过还没有如我们现在这样明确地表述出来。而且，就是对第一层意思，《周易》也是以"终"与"始"的相互转化来说明的，比苏珊·朗格的说明要深刻。

如果借用苏珊·朗格的说法，我们可以说《周易》正是从运动的"机能性"来理解节奏的。但是，在另一方面，《周易》也看到了运动的周期性。"复"卦中说："反复其道，七日来复，天行也。"关于"七日来复"，旧注有各种不同解释，这里不详论。不论如何解释，它明显指出了运动具有周期性。"豫"卦中还说过："天地以顺动，故日月不过而四时不忒。"这就不仅指出有周期性，而且还指出这种周期性是准确无误的。"节"卦中又说："天地节而四时成。"这里的"节"是天地运行有其一定的度数的意思。正因为这样，才形成了"四时"，而且"四时不忒"。《周易》依据四季变化的周期性而提出了"天地节而四时成"的看法，我们虽不能说"节"即是指节奏，但无疑同节奏问题分不开，因为节奏与运动的周期性分不开。

中国美学、艺术中的节奏问题

《周易》包含关于节奏的很为深刻的思想，但没有使用"节奏"这个词。在中国古代文献中，最早使用这个词的是荀子。但荀子先是从礼义、治国的角度上提出这个词，然后才把它应用于乐论，直接和艺术问题联系起来。荀子之后，《乐记》又继续作了一些发挥。

《荀子》一书在《富国》《致士》《强国》诸文中先后多次讲到"礼义、节奏"或"节奏"的问题。什么是这里所说的"节奏"呢？"节"为节度、法度，它与荀子所说的礼密切相关，也可包含礼节的意思。《荀子·致士》："礼者，节之准也。"《儒效》："礼者，人主之所以为群臣寸、尺、寻、丈检式也。""奏"与"腠"通，原意为肌肤之纹理，泛指事物之条理。合起来看，"节奏"就是以礼为准绳的法度条理。《正名》中说："辞让之节得矣，长少之理顺矣。"此处之"节"即指礼的法度，而"理"即条理，也就是"奏"。法度与条理分不开，掌握了法度才能符合于条理。由于荀子十分强调礼法，所以"节奏"一词是荀子特有的术语。它本来是从君主治国而提出的，但荀子在《乐论》中论及音乐时同样应用了它。其含义虽然不能等同于我们现在的音乐理论或一般艺术理论中所说的"节奏"，但又与之相关。

荀子何以要把他本来是从治国提出的"节奏"概念引入他的音乐理论呢？这是因为荀子认为音乐是人的欢乐情感的必然流露、表现，但荀子又认为人性是恶的，因此既不能否定这种情感的表现（荀子充分承认其合理性），又必须把它导向儒家的礼义，才不至于发生祸乱。① 而荀子提出的"节奏"这一概念，既指合于礼义的法度条理，又能与音乐的创作、演奏相通，因此就被荀子引入音乐理论。荀子指出，合于礼义的音乐，必须"使其曲直、繁省、廉肉、节奏足以感动人之善心"②。这里使用的"节奏"一词指的就是"足以感动人之善心"的法度条理，也就是荀子所主张的合于礼义的法度条理。但这毕竟又已是从音乐来讲的法度条理，不全同于仅从治国来讲的法度条理了。所以荀子接下去又进一步发挥说："乐者，审一以定和者也，比物以饰节者也，合奏以成文者也。"③这就触及音乐艺术的问题，不单是讲政治上的"节奏"，即法度条理。

---

① 见《荀子·乐论》并参见《荀子·性恶》。
② 《荀子·乐论》。
③ 《荀子·乐论》。

　　"审一以定和"的"一"，本于《荀子·王制》所说的"以类行杂，以一行万"。这个"一"是无始无终地贯穿于世界的运动变化之中的，它包含着荀子对世界的统一与和谐的认识。就包含人在内的万物的产生存在，即就生命的出现和存在来说，这个"一"就是天地的变化。从国家的治理和"君子"的活动来说，这个"一"就是礼义。同时，礼义又是"与天地同理，与万世同久"的。① "审一以定和"的"审一"也包含以上两个互相联系、完全一致的方面。就治理国家来说，最重要的是礼义。实行礼义就能"和"，"和"就能使人群不争，不争就多力，多力就强，强就能"胜物"，治理天下。荀子说："义以分则和，和则一，一则多力，多力则强，强则胜物；故宫室可得而居也。故序四时，裁万物，兼利天下，无它故焉，得之分义也。"但"审一以定和"是就音乐来讲的，它不可能是单纯的政治概念，而须表现为音乐的和谐。所以，还须"比物以饰节"，"合奏以成文"。这里的"比物"的"物"，不少注者释为乐器，误。它实际是承上文"审一以定和"而来，指的是天地万物，因为礼义是"与天地同理"的。"饰节"意为赋予合于礼义的法度（包含各种礼节）以美的形式。"比物以饰节"，即是在乐舞中取类、比象天地万物而使合于礼义的法度获得美的形式。也就是荀子在下文所说各种乐舞"其清明象天，其广大象地，其俯仰周旋有似于四时"的意思。"合奏以成文"则指的是乐舞与符合于礼义的条理一致、相合而形成美的形式（"文"）。《荀子》全书经常将"文"与"理"连接而构成"文理"一词。如《性恶》中说："必将有师法之化，礼义之道，然后出于辞让，合于文理，而归于治。"一些注者认为"文理"即礼法，不妥。"理"指礼义的道理、条理，而"文"则是这道理、条理所取得的美的形式。② "合奏以成文"的"文"也就是合于礼义的道理、条理的"文"，即"文理"，具有美的意义。《礼论》中反复论述了"文"与礼（理）的关系，指出礼是"成乎文，终乎悦校"的。其中所说的"文"即包含各种能给人以审美愉悦的东西，当然也包含能"养

---

① 这个基本的看法，被《易传》予以充分发挥。
② 关于"文"与美的关系，详见本书第四章。

耳"的音乐在内。古代用于典礼、祭祀的乐舞，就是《荀子·乐论》所说"比物以饰节"，"合奏以成文"的具体表现，它除具有礼法上的重要意义之外，同时也具有美的价值。

由上所述可见，当"节奏"一词被荀子用以论音乐艺术时，它原先所具有的法度条理的含义，就不仅只是指政治、礼法所要求的法度条理，同时也指符合于音乐的美的要求的法度条理。如"比物以饰节"，"其清明象天，广大象地，其俯仰周旋有似于四时"，虽然是基于礼"与天地同理"的思想，不能与礼法相违，但同时也是大自然的美，包含它的运动变化的节奏的美在乐舞中的表现。我们已经指出，《周易》说"天地节而四时成"，包含与节奏相关的，对自然运动变化的周期性的认识。在乐舞中，"其俯仰周旋有似于四时"，实际就是从对自然的观察得来的，对自然运动变化的周期性呈现的节奏美的认识在艺术上的应用。杜甫描写公孙大娘弟子舞剑器说：

> 观者如山色沮丧，天地为之久低昂。
> 㸌如羿射九日落，矫如群帝骖龙翔；
> 来如雷霆收震怒，罢如江海凝清光。①

这可以看成是荀子所说"其清明象天，广大象地，其俯仰周旋有似于四时"的一个注脚。再如荀子在"乐论"中讲到乐舞的表演时说：

> 故听《雅》《颂》之声，而志意得广焉；执其干戚，习其俯仰屈伸，而容貌得庄焉；行其缀兆，要其节奏，而行列得正焉，进退得齐焉。

这里不仅讲到乐舞对人的作用，同时也涉及"节奏"的问题。但这里的"节奏"一词不只是指政治意义上的法度条理，更重要的是指乐舞的美所要求的法度条理。只有"要于节奏"，即合乎乐舞的法度

---

① 《观公孙大娘弟子舞剑器行》。

条理，才能使乐舞有进退变化的整齐协调之美。

在荀子之后，《乐记》也多次使用了"节奏"一词，并且引用、转述了我们在上面作了分析的《乐论》中论及"节奏"的三处地方的话。《乐记》对"节奏"的认识显然直接来自荀子的《乐论》，它对"节奏"一词的含义的了解也与荀子相同，即把"节奏"与合乎礼义的法度条理相联。如它说："广其节奏，省其文采，以绳德厚；律大小之称、比始终之序，以象事行；使亲疏、贵贱、长幼、男女之理皆形见于乐。"①这不仅将"节奏"与礼法相联，而且比荀子更为明白地要求音乐的"节奏"须处处体现人伦礼法。但是，在另一方面，《乐记》又发挥了荀子所说"比物以饰节""合奏以成文"的思想，把"节奏"的美学含义突显出来了。

《乐记》既提出"广其节奏，省其文采"，又说：

> 乐者，心之动也。声者，乐之象也。文采节奏，声之饰也。君子动其本，乐其象，然后治其饰。

这里，重要的是《乐记》将"节奏"与"文采"直接联系起来，并明确指出它是"声之饰"即音乐之美的表现，而且还要求"治其饰"，即不能忽视音乐的美。《礼记正义》释"广其节奏，省其文采"时说："文采，谓节奏合也。"以"文采"为"节奏"之和谐的表现。又说："省其文采者，省谓省审也，文采谓乐之宫商相应，若五色文采。"所释甚是。"文采"即美，"省其文采"之"省"通"审"，意为审视、观照之意，与我们现在所说的审美相通。《礼记正义》又释"文采节奏，声之饰也"说："声无曲折则太质素，故以文采节奏而饰之使美。"这也就是《乐记》认为须"治其饰"的原因。关于"节奏"，《礼记正义》在好几个地方作了明确的解释：

---

① 本书引《乐记》均依《礼记正义》本。此处"律大小之称"的"律"，《乐书》作"类"。

节奏，阕作进止所应之方道也。

节奏谓或作或止，作则奏之，止则节之。……或节或奏，随分而作(以上释《乐记》所言"使其曲直、繁瘠、廉肉、节奏足以感动人之善心"，语出《荀子·乐论》)。

奏作其乐，或节止其乐，使声音和合，成其五色之文也(释《乐记》所言"节奏合以成文"，语亦出《荀子·乐论》而稍异)。

节谓曲节，奏谓动作，言作乐或节或奏(释《乐记》所言"行其缀兆，要其节奏，行列得正焉，进退得齐焉"，语出《荀子·乐论》)。

《礼记正义》将"节奏"解释为"或止或作""或节或奏"，就音乐(包含舞)而论是很正确的，并且和荀子以"节奏"为法度条理也并不矛盾。因为乐舞的或作或止不论在荀子、《乐记》及《礼记正义》的作者看来，当然应是与合乎礼义的法度条理相一致的。而且当荀子把"节奏"概念应用于音乐时，也已经不只是指政治上的法度条理，同时还指音乐的法度条理，具有双重的意义了。此外，从文字训诂上看，"节"有节制、止息之意。《周易·杂卦》："节，止也。""奏"有行走、前进之意。《诗·大雅·绵》："予曰有奔奏。"朱熹注：奏"与走通"。所以《礼记正义》释"节奏"为"或止或作"是有根据的。乐舞节奏的形成正是表现在"或止或作"的不断反复变化上。"进退得齐"也因符合于"或止或作"的节奏。任何舞蹈的美都与"或止或作"的节奏分不开。如中国民间的秧歌舞即是因"或止或作"而表现出其节奏之美。

更进一步说，"节"为止，为静，"奏"为进，为动。这样，乐舞的节奏就是天地万物的节奏的表现。《乐记》说：

著不息者，天也；著不动者，地也。一动一静者，天地之间也。故圣人曰礼乐云。

这里对天地的看法直接来自《周易》。它以天地的"一动一静"来解释礼乐，虽未讲到节奏问题，但乐与节奏分不开，因此也就隐含着节奏与天地的动静相连的意思。实际上，《乐记》对《荀子·乐论》的发挥，除了以上所说强化了"节奏"与美的关系之外，在于它提出了"大乐与天地同和"之思想，由此更进一步充分发挥了荀子"比物以饰节"的思想，将乐的"节奏"之美同天地万物的变化联系起来了。

《乐记》一方面指出"广其节奏，省其文采，以绳德厚，律大小之称，比始终之序，以象事行"；另一方面又说：

> 天地之道，寒暑不时则疾，风雨不节则饥。教者，民之寒暑也，教不时则伤世。事者，民之风雨也，事不节则无功。然则先王之为乐也，以法治也，善则行象德矣。

由此可见，用乐之"节奏""文采""以象事行"是与"天地之道"分不开的。这里讲的"天地之道"也原本于《周易》。《乐记》认为"寒暑不时则疾，风雨不节则饥"，又按《周易》的逻辑由"风雨不节则饥"推论到"事不节则无功"。因此，"象事之行"，并且"与天地同和"的乐的节奏，当然必须是与显示了天地之和的大自然生命运动变化的节奏相一致的：

> 是故君子反情以和其志，比类以成其行。奸声乱色，不留聪明；淫乐慝礼，不接心术；惰慢邪辟之气，不设于身体；使耳目鼻口心知百体皆由顺正以行其义。然后发以声音而文以琴瑟，动以干戚，饰以羽旄，从以箫管，奋至德之光，动四气之和，以著万物之理。
>
> 是故，清明象天，广大象地，终始象四时，周还象风雨。五色成文而不乱，八风从律而不奸，百度得数而有常，大小相成，始终相生，倡和清浊，迭相为经。故乐行而伦清，耳目聪明，血气和平，移风易俗，天下皆宁。

《乐记》又说：

> 地气上齐，天气下降，阴阳相摩，天地相荡；鼓之以雷霆，

奋之以风雨，动之以四时，煖之以日月，而百化兴焉。如此，则乐者，天地之和也。

以上都是立足于《周易》的思想，对荀子所说"比物以饰节"作了很好的发挥。虽然没有直接提及"节奏"问题，但可以鲜明地看出，乐舞的节奏是来自天地阴阳运动变化的节奏的。这当然又不是说乐舞的节奏是对天地阴阳运动变化的节奏的一种直接的摹拟，而是说艺术家从天地阴阳运动变化中领悟到节奏的规律与美，以运用于乐舞的创造。如天地、雷霆、风雨、四时的变化，均有大自然生命节奏的美存于其间，艺术家观察、领悟了这种美，即可创造出如大自然那样具有生生不息的运动节奏的雄伟、壮丽的乐舞。《周易》说："雷出地奋，先王以作乐崇德。"这当然不是说音乐即是对"雷出地奋"的自然现象的模仿，而是说乐应具有如"雷出地奋"般强大的力与节奏。中国先民的古乐今已不可得闻，但就是在西方近代的音乐中，如贝多芬《命运交响曲》的首章，不也能够引起我们如"雷出地奋"般的感觉吗？

由于在中国美学史上，节奏这一重要概念最初由荀子明确提出，后又经《乐记》从《周易》的思想出发予以深入的发挥，对了解中国美学有不可忽视的意义，因此我不惜花费较多的篇幅来对它加以说明。从以上的说明，我认为可以得出以下几点结论：

第一，荀子最初从政治的角度提出"节奏"概念，指的是治国的法度条理。但由于艺术中的节奏是事物运动变化的规律性、周期性的表现，因此艺术中节奏的构成同样必须是有法度条理的。无法度条理即不可能构成艺术的节奏，这在音乐艺术中表现最鲜明，要求也最严格。所以，对节律的研究始终是音乐学的一个重要组成部分，而其他各门艺术的节奏在根本上是与音乐的节奏相通的。所以英国美学家佩特（Walter Pater，1834—1894）说一切艺术都倾向于音乐状态，有相当的道理。[1]

---

[1] 参见吉尔伯特、库恩《美学史》第 659 页。在我国，著名美学家宗白华、美术史论家滕固对佩特的这一理论非常重视，并结合中国美学作了发挥。

第二,《乐记》提出"大乐与天地同和"的命题,同时也就从根本上把乐的节奏与天地的节奏直接联系起来了。因为乐的"和"离不开节奏,乐既"与天地同和",其节奏也来自天地。以大自然生命的节奏来解释艺术的节奏,认为后者出于前者,这是中国美学一个极为重要的思想。它正确而深刻地抓住了节奏最根本的来源——大自然及人自身的生命的节奏,并使中国艺术富于一种向上的、生生不息的节奏感,充分地呈现出阳刚之美。

第三,从荀子到《乐记》所讲的节奏,既源于天地自然生命的节奏,同时又具有与人的社会存在相关的、重大的伦理道德意义。这较之于苏珊·朗格仅从自然生命解释节奏更为深刻、合理。因为美与艺术所具有的节奏,不是单纯的自然现象,它同时具有社会的意义。不过,儒家美学强调伦理道德意义,既有其深刻之处,也有狭隘以致牵强的地方。

第四,唐代孔颖达等著《礼记正义》,把"节奏"释为"或作或止",是对荀子、《乐记》"节奏"概念的重要的阐明。

在《乐记》之后,中国历代美学,除乐论之外,诗、文、书、画的理论均极少直接涉及"节奏"问题,但这丝毫不意味着忽视了节奏或不讲节奏。因为如前已指出,包含在《周易》中的节奏观念,不仅仅指事物运动变化的周期性,事物对立要素连续不断的相互转化本身就能形成节奏。这种转化当然与时间相关,但不一定有严格均等的重复性、周期性。我们已说过,这是中国的节奏观念比西方的了解更为深刻之处。因此,《乐记》之后中国艺术理论不断在讲刚柔、虚实(亦即《周易》所说的"盈虚")、断续、开合、曲直、方圆、简繁、疏密等对立因素的恰当处理,看来不是在讲节奏,其实正是为了形成生动的、有丰富变化的节奏。这在中国书画中表现得最为清楚。例如,中国书法中的篆书、隶书、楷书均有其节奏的美。这是由用笔的粗细、曲直、方圆、纵横、波磔、刚柔,结构的简繁、疏密、断续、开合(内敛与外张)等对立而又统一的因素的有机组合、相互呼应造成的。行书、草书更是直接以动的形态表现生命运动变化的节奏之美,同样是通过上述诸对立因素的恰当处理而造成的。古人常称成功的草书为

"一笔书"，这当然不是说一笔就能写成，而是说笔虽断而气不断，有一种贯穿全幅的气势与力量，并经由上述诸对立因素巧妙的掌握与运用，形成一种与音乐极相近的节奏之美。而这种美，在古人看来正是天地阴阳变化的表现。蔡邕说："夫书肇于自然，自然既立，阴阳生焉；阴阳既生，形势出矣。"(《九势》)又说："书乾坤之阴阳，赞三皇之洪勋。"(《笔赋》)前引《乐记》用以形容音乐之和的话，如"阴阳相摩，天地相荡"，"五色成文而不乱，八风从律而不奸，百度得数而有常，大小相成，终始相生，倡和清浊，迭相为经"等语，用以形容草书之美也是很适合的。草书的节奏，正是在阴阳"相摩""相荡"中显示出来的。这里所说的阴阳实即代表了普遍存在于一切艺术中的上述各种对立因素。它们的相互作用和连续不断的转化，就是节奏的生命之所在。仅从"始"与"终"来说，草书的笔断而气不断，正是"终始相生"的表现。如刘熙载所说，"须使前笔有结，后笔有起，明续暗断，斯非浪作"(《艺概·书概》)。在这种结起、断续的反复转化之中，草书就形成了一种如音乐的旋律起伏的节奏。

再从中国画来看，我们可以举出中国山水画的结构作为例子来说明节奏问题。清初著名山水画家王原祁《雨窗漫笔》说：

> 画中龙脉开合起伏，古法虽备，未经标出，石谷阐明，后学知所矜式。然愚意以为不参体用二字，学者终无入手处。龙脉为画中气势源头，有斜有正，有浑有碎，有断有续，有隐有现，谓之体也。开合从高至下，宾主历然，有时结聚，有时澹荡，峰回路转，云合水分，俱从此出。起伏由近及远，向背分明，有时高耸，有时平修，欹侧照应，山头、山腹、山足、铢两悉称者，谓之用也。若知有龙脉而不辨开合起伏，必至拘索失势；知有开合起伏而不本龙脉，是谓顾子失母。故强扭龙脉则生病，开合逼塞浅露则生病，起伏呆重漏缺则生病。且通幅有开合，分股中亦有开合；通幅有起伏，分股中亦有起伏，尤妙在过接映带间。制其有余，补其不足，使龙之斜正、浑碎、隐现、断续，活泼泼地于其中，方为真画。如能从此参透，则小块积成大块，焉有不臻妙

境者乎？

　　作画但须顾气势轮廓，不必求好景，亦不必拘旧稿。若于开
合起伏得法，轮廓气势已合，则脉络顿挫转折处，天然妙景自
出，暗合古法矣。

　　这是王原祁一生的经验心得之谈，中国画论讲山水画之结构变化很少有超过王原祁之说的。王原祁认为山水画构图须高度注意山形的龙脉转换，因为其中有开合、起伏、斜正、浑碎、隐现、断续诸对立因素的微妙变化。恰当地处理了这种变化，就能形成一种生动、自然、丰富的节奏感。这在山水画的长卷这种形式的构图中看得最清楚。如近人张大千所作《长江万里图》即很好地处理了山的龙脉转换而表现了长江气势开阔之美，使全幅从首至尾具有一种天然的节奏感。王原祁肯定了龙脉的重要性，而且还指出不仅"通幅"（即全幅的大的"龙脉"，整体结构）有开合、起伏，而且"分股"（即"龙脉"的每一局部，全幅的每一片段）中亦有开合、起伏。这就把对山水画结构变化节奏的认识推向了精微之处，并且很好地体现了《周易》的节奏观念。所谓"开合"是"从高至下"，其间"有时结聚，有时澹荡，峰回路转，云合水分"，从而构成一种纵向下降的节奏感。所谓"起伏"是"由近及远"，其间"有时高耸，有时平修，欹侧照应"，从而构成一种横向深推的节奏感。前者与中国画论所说"高远"相关，后者则与"平远""深远"相关。在这里，空间的变化同时表现为开合、起伏的节奏变化。从《周易》来看，也就是天地的阴阳动静的变化。"一阖（合）一辟（开）谓之变，往来不穷尽之通"（《系辞上》）。这是包含山水画在内中国各门艺术构成美的节奏的根本秘诀所在。中国关于诗文写作的理论也讨论了开合、起伏、照应、虚实、简繁、对偶、音韵等问题，同样与节奏有关，兹不详论。

　　在清初山水画家之中，王原祁是"四王"之一（其余三人为王时敏、王石谷、王鉴）。"四王"的画，特别是王原祁的画，近代以来遭到不少批评，如不师自然，一味仿古，千篇一律等。我个人在青年时代论及清代绘画，对王原祁也贬得甚低。但全面客观地来看，王原祁

在中国山水画的形式技巧上，是有其独特成就的。其中最重要的就是他很自觉地注意到山水画的形式节奏感的创造。试看王原祁的作品，虽然面目显得大同小异，但十分善于处理他所说的山水树石的"斜正、浑碎、隐现、断续"，"尤妙在过接映带间"，使全幅的整体及每一片段的结构都有一种微妙、丰富、自然而精密的节奏感。从这一角度去看王原祁的画，就不觉其千篇一律，而有足堪玩味的地方。他的某些作品，在高度注意形式结构的节奏感这一点上，我以为同西方现代画家，如后印象派画家塞尚的作品有相通、类似之处。

"神"的美学含义

《周易》讲"变化"是与"神"紧密相联的。这个"神"并非针对美与艺术而提出的，但却又具有十分重要的美学意义。

首先，我们来看一下《周易》有关"变化"与"神"的论述：

(1)《易》与天地准，故能弥纶天地之道。仰以观于天文，俯以察于地理，是故知幽明之故。原始反终，故知死生之说。精气为物，游魂为变，是故知鬼神之情状(《系辞上》)。

(2)范围天地之化而不过，曲成万物而不遗，通乎昼夜之道而智。故神无方而易无体(《系辞上》)。

(3)通变之谓事，阴阳不测之谓神(《系辞上》)。

(4)凡天地之数五十有五，此所以成变化而行鬼神也(《系辞上》)。

(5)知变化之道者，其知神之所为乎(《系辞上》)。

(6)《易》，无思也，无为也，寂然不动，感而遂通天下之故。非天下之至神，其孰能与于此(《系辞上》)。

(7)惟神也，故不疾而速，不行而至(《系辞上》)。

(8)神以知来，智以藏往，其孰能与于此哉(《系辞上》)。

(9)利用出入，民咸用之谓之神(《系辞上》)。

(10)化而裁之存乎变，推而行之存乎通，神而明之存乎其人(《系辞上》)。

(11) 通其变，使民不倦。神而化之，使民宜之（《系辞下》）。

(12) 精义入神，以致用也（《系辞下》）。

(13) 穷神知化，德之盛也（《系辞下》）。

(14) 知几，其神乎！……几者，动之微，吉之先见者也（《系辞下》）。

(15) 神也者，妙万物而为言者也（《说卦》）。

(16) 观天之神道而四时不忒。圣人以神道设教而天下服矣（《观卦》）。

以上共计十六条。综合加以分析，可以看出《周易》的"神"的概念有如下几个特征。

第一，由(1)、(4)、(5)诸条明显可见《周易》还明显保留着鬼神的观念，但它又认为鬼神之情状是由阴阳变化产生决定的，不能超于阴阳之上。由于《周易》明显承认鬼神的存在，所以不能说它是唯物主义的无神论。但由于它认为鬼神的存在源出于阴阳的变化，因此又不能说它是那种主张上帝（人格神）创造世界的有神论。从哲学上看，我认为《周易》主张阴阳变化产生天地万物，这是唯物主义的观念。但由于它又为鬼神保留了低于阴阳的位置，所以是一种不彻底的唯物主义。在这一点上，它不及荀子。

第二，《周易》用"神"这一概念来说明阴阳、天地变化的微妙性、难以预测性。这时"神"这一概念有双重含义，即既与鬼神的观念相联，又与阴阳、天地变化本身的微妙性（包含它的合规律性、合目的性、和谐性等）相联。在某些情况下，与鬼神观念的联系很明显，在另一些情况下则并不明显。如(2)、(3)、(9)、(10)、(11)、(12)、(13)、(14)、(15)诸条即属于后一种情况。

第三，《周易》的"神"的概念，在不少情况下是用以赞美《易》的神妙功能、作用的。如(6)、(7)、(8)诸条均是。这种神妙的功能、作用，在于它能预测天地、阴阳、人事吉凶深微难测的变化。

第四，《周易》认为变化有"神"的性质，表现在"神无方而易无体"。这是《周易》对变化之"神"的性质的最为简明的概括。"神无方"指变化不能用某种既定的、固定的模式去事先加以约束、规定，也就是《系辞下》所说的：

> 《易》之为书也不可远，为道也屡迁。变动不居，周流六虚。上下无常，刚柔相易。不可为典要（韩康伯注："不可立定准也"），惟变所适。

"易无体"本于《系辞上》所说"一阴一阳之谓道"及"形而上者谓之道，形而下者谓之器"。阴阳刚柔的变化属于形而上的"道"，所以没有直接可见的形体，但又体现于天地万物的变化之中，无处不在。正因为这样，《周易》说"乾坤成列而易立乎其中矣。乾坤毁，则无以见易"。这实际是说，阴阳刚柔的区分与变化是一个普遍性的原则（即"形而上"的原理），既体现于各种具体事物之中，又不为任何一个具体事物所限定并与之相等。"易无体"表现了《周易》有相当高的哲学思辨水平，超过在它之前的儒家。但同时也可明显地看出，"神无方而易无体"这一重要命题的提出，是吸取了道家思想的产物。道家认为"道"是无形可见而又体现于天地万物之中的，其变化不可方物。所不同的是，道家之"道"包含阴阳但不等于是阴阳，也不直接具有伦理道德意义，而《周易》则认为"道"即阴阳的变化，并且直接具有儒家所说的伦理道德意义。

由《周易》对"变化"与"神"的观点可以看出中国哲学对事物变化的规律性的认识很不同于西方哲学。一方面，它肯定阴阳、天地、万物的变化均有其合规律性（见本书前几章的有关论述）；另一方面，它又不像西方自古希腊到近代哲学（如笛卡儿、休谟、康德等人的哲学）那样，竭力要以一种多少是机械的因果关系去说明事物变化的规律，并且强调规律的必然性而将它与偶然性对立起来，或以是否承认因果性为是否承认规律性的根本。《周易》的"阴阳不测之谓神""神无方而易无体"的观念则不然。它不把变化归结为机械的因果系列，而且不但不排除，反而很重视变化过程中的机遇与偶然性。这使中国哲学自古以来能够摆脱西方哲学中曾很盛行的机械论的影响，具有宏大的辩证观念，并养成了我们民族极强的应变精神。但由于不重视对因果关系的深入分析，又使得中国古代对事物变化的规律的认识常常停留在整体的直感与预测上，缺乏西方那种严密、精确的分析。

为什么《周易》要反复强调"变化"具有"神"的性质，而不对事物变化的规律作一种机械论的理解呢？我认为这是由两个原因决定的。首先，《周易》所要探求的是天地变化的规律，生命现象是它所关注的中心。而生命的变化规律恰好最不能归结为某种机械的规律，与西方自古希腊以来不断在研究的力学的规律不同。① 其次，《周易》探求天地变化规律的目的不只在掌握自然界的规律，更重要的是由此去领悟、认识人事吉凶祸福、兴衰成败的规律。这种规律，较之自然生命规律，当然更是不可以归结为某种机械的规律，经常充满着"阴阳不测"的偶然性。从我们今天来看，这是社会生活而非自然现象的规律，而且《周易》还将它同个体的遭遇、命运问题直接联系在一起，因此更不是简单的机械论观念所能解决的。

《周易》对事物变化规律的这种认识不是针对美与艺术而提出的，但恰好又能直接地通向审美与艺术创造。因为在审美与艺术创造活动中，一个带普遍性的重大特点，就在于这种活动既是合规律的，但又不是依据某种固定的、一成不变的、机械的模式而进行的，即不是一种机械的操作活动，每一个人只要掌握了它就能达到预定的结果。更扩大开来说，人类的一切活动，凡属不能按机械操作程序取得预定结果，而需主体按不断变化、难以预测的情况去创造性地加以处理方能取得成功的活动，都带有艺术创造的性质。因此，情况瞬息万变的军事活动及政治斗争，常被看作是一种"艺术"。就连各种技术性的活动，如果不是仅靠机械规程的掌握就能取得高度的成功，也同样带有艺术创造的性质。用《周易》的话来说，这一类活动都是"不可为典

———————

① 这和中国自古以来是一农业大国，对生命现象的规律比对力学、物理学规律更为重视有关。而古希腊则由于航海、造船的发达而大大推动了对力学、物理学的研究。

要，惟变所适"的，是"神而明之，存乎其人"的。从哲学、美学的高度看，也就是康德在论述审美与艺术创造活动时反复强调了的一种"自由中的合规律性"。① 中国古代美学虽然尚未能作出如此明确的概括与说明，但它无疑很早就深刻地意识到艺术创造活动或类似于艺术创造的活动所具有的这个根本性的特征。

我在《中国美学史》第一卷庄子章中已经指出，《庄子》一书中关于"道"与"技"的一系列寓言，特别是"庖丁解牛"这一寓言，已从古代出神入化的技艺中意识到艺术创造活动的这一根本特征，并对后世美学产生了重要影响。但《庄子》还是以寓言的形式表达它的思想，未正面地予以分析说明。到了《周易》，则通过对"变化"的"神"的特性的说明，把对这种特征的认识变得更为明确了。所谓"不可为典要，惟变所适"，就"变"须有"所适"来说，这"变"不是任意的，而是合规律的。但这"变"又是"不可为典要"的，即不可用机械的规程加以规定，全靠"神而明之，存乎其人"，因此是主体的一种不受机械规程束缚的、创造性的、自由的活动。正因为这样，《周易》赞美"穷神知化，德之盛也"，"神而化之，使民宜之"。这是就治国的"艺术"而言，如从美学的角度看，能够"神而明之，存乎其人"的"人"，就是艺术创造活动中被人推许的"天才"。他们的艺术创造活动正好具有"穷神知化""神而化之"的特征，"不可为典要，惟变所适"。因此，我们看到，在《周易》之后，中国历代美学常常用《周易》的"神"的观念去盛赞杰出的艺术家的创造，在论述艺术创造规律时又常常以"神而明之，存乎其人"的话去加以说明，艺术上最成功的作品也被推为"神品"。如此等等，兹不详说。

《周易》的"神"的观念深深地渗透在后世历代美学中，完全转变为一个美学范畴。至唐，杜甫以"神"论诗，其根本思想正是出自《周易》，虽然较之《周易》，杜甫更为重视法度、规矩。中唐而后，随着禅宗的兴起，对"有法"与"无法"的问题进行了许多讨论，并影响及

---

① ［德］I. 康德：《判断力批判》（上卷），宗白华译，北京：商务印书馆1964 年版，第 112 页。

于文艺。从美学的角度看，这个"有法"与"无法"的关系问题，实即艺术创造中规律与自由的问题。以慧能为代表的禅宗主张不立一法、无法之法：

> ……吾所说法，不离自性。离体说法，名为相说，自性常迷。须知一切万法，皆从自性起用，是真戒定慧等法。常见自性自心，即是自性等佛。吾心地无非自性戒，心地无痴自性慧，心地无乱自性定。……若悟自性，亦不立菩提涅槃，是真见性。……见性之人，立亦得，不立亦得，来去自由，无滞无碍，应用随作，应语随答，普见化身，不离自性，即得自在神通，游戏三昧之力。此名见性。志诚再启和尚：如何是不立义？师曰：自性无非、无痴、无乱，念念般若常照，常离法相，自由自在，纵横尽得，有何可立。自性自悟，顿悟顿修，所以不立一切法（《坛经》，惠昕本）。

著名的慧海禅师也说：

> ……解道者，行住坐卧，无非是道；悟法者，纵横自在，无非是法（《大珠禅师语录》卷下）。

类似的说法尚有不少，兹不一一列举。所有这一类说法，都是建立在禅宗所讲"自性"和"见性成佛"的基础之上的，与《周易》充分承认自然界客观的合规律性有根本的不同。但禅宗认为只要能"见性"就可以达到"来去自由，无滞无碍"，"自由自在，纵横尽得"的境界，这是与艺术创造的境界相通的，并与《周易》所说"不可为典要，惟变所适"有类似之处。实际上，禅宗有时也借取《周易》的观念。如惠昕本《坛经》中说：

> 但行直心，于一切法，勿有执著。迷人著法相，执一行三昧，直言坐不动，妄不起心，即是一行三昧。作此解者，即同无

情，却是障道因缘。善知识！道须通流，何以却滞？心不住法，道即通流；心若住法，名为自缚。

这里所说的"道须通流"，正是《周易》的基本观念，但已被纳入禅宗的思想系统。至清代，大画家石涛在《画语录》中结合《周易》与禅宗思想，直接从艺术上阐明了"有法"与"无法"的关系问题：

> 规矩者，方圆之极则也；天地者，规矩之运行也。世知有规矩，而不知夫乾旋坤转之义，此天地之缚人于法，人之役法于蒙，虽攘先天后天之法，终不得其理之所存。所以有是法不能了者，反为法障之也。……夫画者，形天地万物者也，舍笔墨其何以形之哉！墨受于天，浓淡枯润随之；笔操于人，勾皴烘染随之。古人未尝不以法为也。是一画者，非无限而限之也，非有法而限之也。法无障，障无法。法自画生，障自画退。法障不参，而乾旋坤转之义得矣，画道彰矣，一画了矣(《画语录·了法章第二》)。
> 又曰："至人无法。"非无法也，无法而法，乃为至法。凡事有经必有权，有法必有化。一知其经，即变其权；一知其法，即功于化。夫画，天下变通之大法也，山川形势之精英也，古今造物之陶冶也，阴阳气度之流行也，借笔墨以写天地万物而陶泳乎我也(《画语录·变化章第三》)。

石涛所谓"法无障，障无法"，"无法而法"之"至法"，用现代语言来加以表述，实即规律与自由的高度统一，既不受规律束缚("无法")，又完全合乎规律("有法")。它普遍存在于一切成功的艺术创造之中，并经常被人用"神"这个词来加以形容、赞美。而此种"神"的观念，正是从《周易》而来的。

三　中国美学的交感论

交感论是中国美学对审美与艺术创造中主体与客体(对象)关系

的解决，很不同于古希腊美学的模仿论。从哲学上看，中国美学的交感论的理论基础，最初是由《周易》奠定的。

<h2 style="text-align:center">"感"的含义</h2>

《周易》不仅有一个和"感"直接相关的"咸"卦，而且在全书许多地方讲到"感"的问题。兹按先后次序罗列如下：

(1) 同声相应，同气相求。水流湿，火就燥。云从龙，风从虎。圣人作而万物睹。本乎天者亲上，本乎地者亲下，则各从其类也(《乾》)。

(2) 天地交而万物通，上下交而其志同也(《泰》)。

(3) 咸，感也。柔上而刚下，二气感应以相与，止而说(《咸》)。

(4) 天地感而万物化生，圣人感人心而天下和平。观其所感而天地万物之情可见矣(《咸》)。

(5) 天地睽而其事同也，男女睽而其志通也，万物睽而其事类也(《睽》)。

(6) 天地不交而万物不兴(《归妹》)。

(7) 刚柔相摩，八卦相荡(《系辞上》)。

(8) 刚柔相推而生变化(《系辞上》)。

(9)《易》，无思也，无为也。寂然不动，感而遂通天下之故，非天下之至神，孰能与于此(系辞上)。

(10) 寒往则暑来，暑往则寒来，寒暑相推而岁成焉。往者屈也，来者信也，屈信相感而利生焉(《系辞上》)。

(11) 天地絪缊，万物化醇。男女构精，万物化生(《系辞下》)。

(12) 爱恶相攻而吉凶生，远近相取而悔吝生。情伪相感而利害生(《系辞下》)。

对以上引文加以分析，可以看出《周易》所说的"感"包含以下几个方面的意思。第一，它指的是两个事物之间的交互作用，如(2)、(3)、(4)、(6)、(7)、(8)、(9)、(10)、(11)所说。没有这种交互作用，即没有"感"的发生。因此，"感"虽为"感应"，同时又非单方面的被动接受，而是双方交互作用的结果。它表现为相"交""相摩""相推""相攻""相取"等。第二，交感是普遍现象，不论相异、相反的事物，如天地、刚柔、男女、屈信(伸)、爱恶、远近、情伪之间，或其他各种相似、相同的事物之间，都可发生交感。《周易》实际上把宇宙万物理解为一个处于普遍的交互作用之中的动态结构。这虽然还只是一种简单素朴的观念，但在哲学上是很深刻的。① 第三，《周易》所说的交感不只是物质性的，还包含精神上的交感。如(4)所说"圣人感人心而天下和平"，(9)所说"感而遂通天下之故"。而且《周易》把这种精神性的交感放在很高的位置，认为是"圣人"的作用或一种神奇的功能。第四，在相反、相异的事物的交感中，《周易》所强调的是双方的交融、和谐，而非分裂、对抗。这显然与《周易》的"大和"思想相关，并明显表现在(11)所说"天地绷缊，万物化醇"一语中。

《周易》之后，汉代董仲舒发挥了《周易》的交感思想，提出了天人感应说。其中既有荒诞不经、神秘的东西，也有比《周易》的交感论深入了一步的思想。至东晋，佛学家慧远又提出"《易》以感为体"的看法(见《世说新语·文学》)，对"感"的问题作了重要的探讨，但目的是为了论证佛教的因果报应说。董仲舒和慧远的理论也都对中国美学产生了影响(参见拙作《中国美学史》第一卷第二编第三章及第二卷第十章)。

交感论在中国美学中的表现

在《中国美学史》第二卷第十章中，我曾经讲到过慧远的情物交感论所具有的美学意义，并指出"《易传》所说的'感'不是针对美学而

---

① 恩格斯曾论及交互作用。参见[德]恩格斯：《自然辩证法》，北京：人民出版社 1984 年版，第 95~96 页。

言的，但同美学有重要关系。因为不论审美或艺术创造都同人对外物的感受和美与艺术作品对人的感染相关。'感'可以看作是中国古代美学所应用的一个重要概念"①。

更为详尽地追溯起来，"感"的概念被明确地应用于美学，实始于荀子的《乐论》。承《乐论》而来的《乐记》又作了进一步的发挥。

《荀子》一书的《大略》中，曾直接讲到《周易》的"咸"卦，并以"感"释"咸"：

> 《易》之《咸》，见夫妇。夫妇之道，不可不正也，君臣父子之本也。咸，感也，以高下下，以男下女，柔上而刚下。

由于《周易》之传文当成于《荀子》之后，因此传文以"感"释"咸"（见前引文第(3)条），应是本于荀子之说。再从荀子的整个思想体系来看，"感"占有十分重要的位置。荀子主张性恶论，认为"若夫目好色，耳好声，口好味，心好利，骨体肤理好愉佚，是皆生于人之情性者也；感而自然，不待事而后生者也"（《荀子·性恶》）。荀子反复强调人对外物有一种"感而自然"的本性，但这本性又恰好是违背礼义的，即是一种自然的生命欲望与冲动，所以又须有"礼法之化"，即用"礼法"去感化人的自然本性，使之从恶变善。荀子所讲的"感"实际有两重意义，一指人的自然本性之"感"，一指"礼法"的感化之"感"。而在"礼法"的感化中，荀子认为"乐"起着极为重要的作用，他把"感"的概念很明确地引入了美学理论之中。

在荀子看来，"夫乐者，乐也，人情之所必不免也，故人不能无乐"（《乐论》）。荀子把追求欢乐、愉快，包含由音乐、审美带来的欢乐、愉快，看作是任何人都必然具有的"感而自然"的本性，充分肯定了"人不能无乐"。但这种对"乐"的追求如不加以规范、引导，就会陷入邪恶。所以"先王"制"乐"就是要使之"足以感动人之善心"，

---

① 李泽厚、刘纲纪：《中国美学史》（第二卷），北京：中国社会科学出版社 1987 年版，第 358 页。

把人追求"乐"的自然欲望引向正道。这就是"乐者，所以道乐也"（《乐论》）。我在《中国美学史》第一卷中已经指出，荀子这种思想的深刻之处，在于一方面肯定了由审美与艺术活动引起的欢乐、愉快的追求出自人人皆有的自然本性，从而肯定了它的合理性与普遍性，并且把审美与艺术活动和生命的感性欲求联系起来了；另一方面，荀子又竭力主张这种自然生命的、感性欲求的满足必须符合社会伦理道德的要求。这在相当程度上意识到审美与艺术活动是感性与理性的统一。正是基于这样的看法，荀子反复强调"乐"对人的感化、感染作用：

> 夫声乐之入人也深，其化人也速，故先王谨为之文（《乐论》）。
>
> 乐者，圣人之所乐也，而可以善民心，其感人深，其移风易俗，故先王导之以礼乐而民和睦（《乐论》）。
>
> 凡奸声感人而逆气应之，逆气成象而乱生焉。正声感人而顺气应之，顺气成象而治生焉。唱和有应，善恶相象，故君子慎其去就也（《乐论》）
>
> ……乐行而志清，礼修而行成。耳目聪明，血气和平，移风易俗，天下皆宁，美善相乐（《乐论》）。

《周易》"咸"卦中说"圣人感人心而天下和平"，虽然没有提到"乐"，但"乐"正是"圣人"用以"感人心"的十分重要的东西。《周易》中的这句话看来是概括荀子《乐论》的思想而提出的。再联系到"贲"卦所说"观乎人文以化成天下"，这里用以"化成天下"的"人文"，当然也离不了"乐"。

荀子《乐论》所说的"感"，主要还是从"乐"对人的感动、感化的作用来说，但也已涉及欣赏主体与对象（"乐"）之间的交互作用了。所谓"凡奸声感人而逆气应之"，"正声感人而顺气应之"，"唱和有应"，亦即《周易》所说"同声相应，同气相求"，属于同类相感。就艺术欣赏来看，相当于我们现在所说的"共鸣"。它不是仅仅决定于作品，还要取决于欣赏主体的思想感情，在本质上是主客交感的结果。在《乐论》之后，《乐记》对主客交感作了更为深入的、重要的发挥。

《乐记》的全部理论是建立在心物交感的基础之上的。《乐记》反复地、一再地指出了这一点：

(1)凡音之起，由人心生也。人心之动，物使之然也。感于物而动，故形于声。声相应，故生变。变成方，谓之音。比音而乐之，及干戚羽旄，谓之乐。

(2)乐者，音之所由生也，其本在人心之感于物也。是故其哀心感者，其声噍以杀；其乐心感者，其声啴以缓；其喜心感者，其声发以散；其怒心感者，其声粗以厉；其敬心感者，其声直以廉；其爱心感者，其声和以柔。六者非性也，感于物而后动。

(3)凡音者，生人心者也。情动于中，故形于声；声成文，谓之音。是故治世之音安，以乐其政和；乱世之音怨，以怒其政乖；亡国之音哀，以思其民困。

(4)人生而静，天之性也。感于物而动，性之欲也。物至知知，然后好恶形焉。好恶无节于内，知诱于外，不能反躬，天理灭矣。夫物之感人无穷，而人之好恶无节，则是物至而人化物也。人化物也者，灭天理而穷人欲也。于是有悖逆诈伪之心，有淫泆作乱之事。是故强者胁弱，众者暴寡，知者诈愚，勇者苦怯，疾病不养，老幼孤独，不得其所，此大乱之道也。是故先王之制礼乐，人为之节。

(5)夫民有血气心知之性，而无喜怒哀乐之常，应感起物而动，然后心术形焉。是故志微噍杀之音作，而民思忧；啴谐慢易、繁文简节之音作，而民康乐；粗厉猛起、奋末广贲之音作，而民刚毅；廉直劲正庄诚之音作，而民肃敬；宽裕肉好、顺成和动之音作，而民慈爱；流辟邪散、狄成涤滥之音作，而民淫乱。

在《乐记》看来，"人心之感于物"是"乐"产生的根本。一方面是

"人心"，它包含有好恶、喜怒、哀乐等情感欲求；另一方面是外物，包含天地万物和种种社会事物。人心本是静的，因感于外物而使人心中种种情感欲求被唤起，对外物表现出好恶、喜怒、哀乐等不同的情感态度。这就是"感于物而动"，"应感起物而动"。《说文解字》："感，动人心也。"由外物所感而生的情感表现于声音，如果情感符合于社会伦理道德要求，声音又具有美的形式（"文"），那就是"乐"。所以，"乐"是"情动于中"而表现于外的结果，而"情动于中"又是"人心之感于物"的结果。这种"感"是双向的。一方面，物感心，所以治世之音不同于乱世之音与亡国之音；另一方面，心感物，所以以"怒心感者，其声粗以厉"，以"爱心感者，其声和以柔"，各各不同。主（"人心"）客（"物"）交感而后有情感的向外表现，而后有"乐"，这就是《乐记》对"乐"的产生的根本看法。这是就"乐"而言的，但古代的"乐"包含诗、歌、舞在内，因此可通于各门艺术。东汉的《毛诗序》讲用以"言志"的诗，也是"情动于中而发于言"的产物。虽然《毛诗序》未提到"人心之感于物"，但它在论及"变风、变雅"的产生时，很明显地指出"变风、变雅"所表现的"情"是诗人伤时感世的结果（"伤人伦之废，哀刑政之苛"），也就是"人心之感于物"的结果。我在《中国美学史》第一卷中已经指出，《毛诗序》对诗的本质、作用的看法源于《乐记》，是将《乐记》论"乐"的思想应用于诗。

　　自荀子《乐论》及其后的《乐记》到东汉的《毛诗序》，中国美学始终是以心物交感而产生的情感表现来说明艺术的产生与本质的。《淮南鸿烈》、董仲舒、扬雄、班固、王充莫不如此，只不过有的说得较直接、明白，有的说得简略。东汉崔瑗《草书势》提出"观其法象"的思想以论草书，并生动地描述了草书与人的情感表现的关系，同样是从"人心之感于物"产生的情感表现来看书法艺术。至魏晋，阮籍、嵇康的乐论，特别是嵇康的乐论，大受玄学影响，与《乐记》的思想已有重要的不同，但也仍然保持着"感"的观念。如嵇康的《声无哀乐论》说："声音以和平为体，而感物无常；心志以所俟为主，应感而发"。较之《乐记》，嵇康更为强调主体的"感"在音乐创造欣赏中的能动作用。陆机《文赋》讲文学创造，一开头就说"伫中区以玄览，颐情志于典坟。遵四时以叹逝，瞻万物以思纷；悲落叶于劲秋，喜柔条于芳春"，同样是以"人心之感于物"为创作的开始。至齐梁，刘勰的《文心雕龙》对"感"的问题给予了很大的重视，并在不少地方作了深切、简明的论述。这是由于《文心雕龙》是以《周易》的哲学和美学作为根本的理论基础的，而且刘勰对之有十分深刻的理解，可以说是充分地融会贯通，极好地把握住了《周易》思想的精神。① 此外，如前已指出，东晋佛学家慧远以"感"为《易》之体，对"感"的问题作了重要的探讨，并在佛学界产生了广泛的影响。刘勰既高度重视《周易》，他本人也是一个佛学家，因此慧远对"感"的问题的论述也明显影响到刘勰。

《文心雕龙·明诗》中说：

> 人禀七情，应物斯感，感物吟志，莫非自然。

这看来好像是很平常、很一般的话，实际是对《乐记》及其后《毛诗序》的根本思想所作的一个很为简明、准确、深刻的概括，并有所丰富和发展。"人禀七情"，本于《礼记·礼运》："何为人情？喜、怒、哀、惧、爱、恶、欲，七者弗学而能。"《礼记》的这种思想又明显是从荀子而来的。《荀子·天论》说："天职既立，天功既成，形具而神生，好恶、喜怒、哀乐臧焉，夫是之谓天情。"人生而禀赋有种情感欲望，与外物交感而向外表现，于是产生"吟志"的诗及其他艺术。刘勰认为这是一种十分"自然"的现象，这既是本于荀子认为人对外物的情感欲望是天生具有的，"感而自然，不待事而后生"（《荀子·性恶》），同时也与佛学家慧远强调"感"是一种自然而然的现象有关。慧远说："罪福之应，惟其所感。感之而然，故谓之自然。"（《明报应论》）《文心雕龙·诠赋》又说：

---

① 参见拙作《中国美学史》第二卷第 17 章及拙作《刘勰》（台北东大图书公司出版）。

原夫登高之旨，盖睹物兴情。情以物兴，故义必明雅；物以情观，故词必巧丽。丽词雅义，符采相胜，如组织之品朱紫，画绘之著玄黄，文虽新而有质，色虽糅而有本，此立赋之大体也。

这里虽是谈赋的写作，但却很明确地指出了心物交感的两个方面，即"情以物兴"和"物以情观"，比《乐记》和《毛诗序》的思想更为深入。在《物色》中，刘勰又说：

春秋代序，阴阳惨舒，物色之动，心亦摇焉。盖阳气萌而玄驹步，阴律凝而丹鸟羞，微虫犹或入感，四时之动物深矣。若夫珪璋挺其惠心，英华秀其清气，物色相召，人谁获安？是以献岁发春，悦豫之情畅；滔滔孟夏，郁陶之心凝；天高气清，阴沈之志远；霰雪无垠，矜肃之虑深。岁有其物，物有其容；情以物迁，辞以情发。一叶且或迎意，虫声有足引心。况清风与明月同夜，白日与春林共朝哉！

是以诗人感物，联类不穷。流连万象之际，沈吟视听之区；写气图貌，既随物以宛转；属采附声，亦与心而徘徊。

这里详细而生动地描述了诗人对天地四时变化的感受，是对《乐记》所说"人心之感于物"，"感于物而动"的具体说明，同时也是对《周易》所说"大人者，……与四时合其序"的思想作一种美学上的发挥。其中又讲到"诗人感物，联类不穷"，直接涉及在心物交感中诗人、艺术家的创造性想象问题。对此，刘勰在《神思》中作了更为详细的论述。《周易》认为《易》"感而遂通天下之故，非天下之至神，孰能与于此"。刘勰把艺术创造中心物交感的创造性想象称为"神思"，当也同《周易》对"感"的神妙性的看法相关。此外，刘勰不仅在《物色》中讲了诗人、艺术家对自然界的变化的感受，而且还在《时序》中讲了诗人、艺术家对社会政治状态的变化的感受：

时运交移，质文代变，古今情理，如可言乎！昔在陶唐，德盛化钧，野老吐何力之谈，郊童含不识之歌。有虞继作，政阜民暇，薰风诗(咏)于元后，烂云歌于列臣。尽其美者，何乃心乐而声泰也！至大禹敷土，九序咏功；成汤圣敬，猗欤作颂。逮姬文之德盛，周南勤而不怨；大王之化淳，邠风乐而不淫；幽厉昏而《板》、《荡》怒，平王微而《黍离》哀。故知歌谣文理，与世推移，风动于上，而波震于下者也。

这显然是对《乐记》所说"声音之道，与政通矣"，治世之音不同于乱世之音的具体说明、论证，充分指出了诗人"感于物而动"的"物"，既指自然事物，也包含社会事物。这种将诗人内心情感的表现与社会政治状态以至普通人民的生活状态密切联系起来的思想，是中国美学的优秀传统之一。

在刘勰的《文心雕龙》之后，钟嵘《诗品》论诗也将"感"放在十分重要的位置：

气之动物，物之感人，故摇荡性情，形诸舞咏。照烛三才，晖丽万有，灵祇待之以致飨，幽微借之以昭告；动天地，感鬼神，莫近于诗。

这种思想，很明显同样是来自《周易》——《乐记》——《毛诗序》。齐梁而后，以心物交感而产生的情感表现来说明艺术的发生与本质，已成为中国美学普遍公认的思想。

交感论与模仿论

中国美学的交感论是与西方美学体系很不相同的一种独特的美学体系。不论与古希腊的模仿论或西方现代的表现论相比，中国美学的交感论虽有其不应讳言的弱点，但同时也有不能否认的巨大的优越性。

首先，我们来把中国美学的交感论与古希腊的模仿论作一个大致的比较。这种比较不应是一种现象上的、表面的、琐屑枝节的比较，它实际上牵涉到下述三个根本性的问题。

第一，审美、艺术与认识和情感的关系。

在本书第二章中，我们已指出过，以亚里士多德为主要代表的古希腊美学的模仿论，是用人所具有的"模仿的本能"，以及通过模仿而求得"知识"来说明艺术的发生的。它所强调的艺术给予人的"愉快"，是一种与模仿相连的认识性的愉快。虽然亚里士多德在《诗学》中多次论述了模仿并非简单、如实的复写，但不论艺术的模仿有多么大的创造性、能动性，归根到底艺术仍是对现实的模仿，其主要的功能、作用在于给人以对外部世界的认识。艺术家在外部世界的面前，是作为一个模仿者而出现的。亚里士多德说："诗人应该尽可能少以他自己的身份说话，因为这并不能使他成为一个模仿者。"①虽然模仿论也并不否认艺术对人的道德情感能够发生重要影响，但它并不因此而把艺术看作是主体的道德情感的表现。在模仿论的思想中，人的道德情感同样被看作是模仿、认识的对象。整个而言，古希腊美学的模仿论尚未清楚地看出艺术与科学、审美与认识的区别，而经常将两者模糊不清地混在一起。塔塔科维兹很为正确地指出："亚里士多德把艺术同科学混同起来。……这种艺术概念把艺术和科学的区别混淆到这样一种程度，在古代和中世纪，几何学和天文学都被划归在艺术类里。"②古希腊之后，特别是文艺复兴时期，艺术经常被比作是反映外部世界的一面"镜子"。这同后来英国哲学家洛克的认识论把人心比为一张"白纸"有深刻的联系。直到近现代，西方美学对艺术与科学的区别的认识当然比古希腊美学大为前进了，但把艺术与认识相联，看作是认识的一种方式这种思想仍然相当牢固地存在着。如黑格尔就把艺术看作是与哲学不同的一种认识"绝对理念"的方式。很重视情感的苏珊·朗格的美学，也常常是从认识论、逻辑的观点来看情

---

① ［波］沃拉德斯拉维·塔塔科维兹：《古代美学》，杨力等译，北京：中国社会科学出版社1990年版，第207、183～184页。

② ［波］沃拉德斯拉维·塔塔科维兹：《古代美学》，杨力等译，北京：中国社会科学出版社1990年版，第183～184页。

感的。

古希腊美学的模仿论将艺术与认识紧密相联，有其深刻的社会历史根源。古希腊在进入奴隶社会之后，相当彻底地清除了原始氏族社会的氏族血缘关系，建立了奴隶主民主制的国家，把原来由氏族血缘关系联系在一起的人，变成了由政治法律联系在一起的人，即变成了由政治法律所规定的、具有不同权利义务的公民(奴隶除外)，也就是亚里士多德所说的"政治的动物"。人所面对的社会，他自己的行为，都是由国家的政治法律所规定了的。个人的道德行为虽也有重要意义，但它是从属于法律的，而且如黑格尔所指出过的，经常就包含在法律里。"公正"成了社会政治生活以至道德行为的最重要的，也是最高的准则。一方面，社会对个人来说成为不以个人的意愿、情感欲求以及人与人之间的情感关系为转移的，由政治法律所规定的社会，要求每一个体必须超越个人的好恶去客观地认识它；另一方面，作为社会的最高准则的"公正"，需要诉之于政治法律，而政治与法律又是同理性与科学不能分离的。再加上古希腊的航海业，由奴隶从事的手工制造业，比中国古代更为发展的商品交换，也都要求科学的发展，因此科学就被推上了非常重要的位置，获取各种知识成为每一个有教养的公民的最重要的事情。于是，本来与科学不同的艺术也被看作是经由模仿而给人以知识的一种活动。

反观中国美学，它不是用人的模仿本能及与之直接相关的获取知识来说明艺术的发生，而是用人心与外物交感所产生的情感的表现来说明，肯定艺术的发生"其本在人心之感于物也"。因此，艺术家在世界的面前并不是亚里士多德所说的"一个模仿者"，而是一个内禀"七情"，应物而感，感物抒情的人。艺术的最重要的作用也不在通过模仿而获取关于外部世界的知识，而在感化、陶冶、塑造人的感情，使之从一个原来只具有自然本能的生命欲求的人，变为一个具有社会伦理道德情感的人。虽然中国美学也绝不根本排斥认识、知识，但这是一种与社会政治伦理道德相关的历史知识或某些自然知识，而且最终目的仍是为了人的情感的陶冶与塑造，而不仅仅是为了知识。① 在这里，伦理高于知识，并涵盖了知识。而在西方，则可以说是知识高于伦理，并涵盖了伦理。

中国古代这种美学思想的产生，同样有其深刻的社会历史根源。与古希腊不同，中国在进入奴隶社会之后，仍然大量保持了原始氏族社会的氏族血缘关系。虽然已经产生了阶级、等级的区分和统治与服从的关系，但这种区分和关系仍然被看作是以宗族血缘情感为根基的，各个等级之间及君主与臣民之间都应相亲相爱。这种基于宗族血缘的伦理道德情感的地位与作用高于法律，被看作是联系社会，使社会获得和谐发展的最根本、最重要的东西。如果说亚里士多德把人看作是"政治的动物"，那么中国古代儒家则把人看作是伦理的动物。具有伦理道德，是人与动物的最根本的区别。因此，与古希腊社会不同，在中国古代居于最重要的地位的不是科学，而是伦理。于是，艺术虽也与认识相关（如儒家所说从艺术"观风俗之盛衰"），但并不是认识外部世界以取得知识的活动，而是表现主体与外物相感而产生的伦理道德感情，并以之去感化、陶冶、塑造人的情感的活动。

将古希腊美学的模仿论与中国古代美学的交感论两相比较，我们可以说模仿论是与科学密切相联的认识性的美学系统，而交感论则是与道德密切相联的情感性的美学系统。这当然不是说前者不讲情感，后者不讲认识，而是说两者各有其主导的、核心的思想。双方各有其优长与局限（详下），但就艺术与科学、审美与认识的区别而论，中国古代美学更为深刻地把握了两者的区别。因为包含在艺术中的认识是完全渗透着主体的情感体验的认识，并且不是任何一种认识（如对几何学、力学规律的认识），而是对作为个体的、社会的人的存在的意义、价值、自由、理想的认识，从而是与社会伦理道德情感紧密相

---

① 在这里，我想附带说明一下"当代新儒家"常在争论的中国古代儒家是否有科学思想的问题。我的回答是肯定的。中国古代科学技术取得了极高的成就，包含儒家在内，中国人不可能没有自己的科学思想。问题在于这是一种不同于西方的科学思想，哲学的知、伦理的知与科学的知三者是融为一体的，没有充分分化。它既有不利于科学发展的一面，同时又使中国的科学思想具有一种伟大的哲学精神和伦理精神，而避免了西方的唯科学主义或科学至上主义。

联的。只要扬弃了中国古代社会伦理道德中那种维护上下尊卑等级统治的狭隘的、有害的思想，我们就可看出中国美学将社会伦理道德感情的表现与艺术的本质相联，是有其多方面的、深刻的美学意义的。①

第二，叙事与抒情的关系。

叙事与抒情是艺术对现实的反映的两大系列。虽然它们常常互相联系而非互不相关，但同时又有不可抹煞的区别。从众多的艺术作品中，我们都可以划分出这两大系列。在模仿论美学系统的强大影响之下，西方自古希腊及其后很长时期中的艺术，都以叙事性，即对外部世界作认识性的再现见长，能够把广大的现实人生的形形色色极为真实地呈现在我们眼前。它确实具有重要的认识意义，所以恩格斯说巴尔扎克的《人间喜剧》"汇集了法国社会的全部历史，我从这里，甚至在经济细节方面(如革命以后动产和不动产的重新分配)所学到的东西，也要比从当时所有职业的历史学家、经济学家和统计学家那里学到的全部东西还要多"②。马克思对英国狄更斯等人的小说也有类似的评论："现代英国的一批杰出的小说家，他们在自己卓越的、描写生动的书籍中向世界所揭示的政治和社会真理，比一切职业政客、政论家和道德家加在一起所揭示的还要多。他们对资产阶级的各个阶层，从'最高尚的'食利者和认为从事任何工作都是庸俗不堪的资本家到小商贩和律师事务所的小职员，都进行了解剖。"③这正是自古希腊以来，以模仿论为指针的西方艺术的重大优越性所在。反观中国古代，在交感论美学系统的强大影响下，中国艺术一向以抒情性见长，能够极细腻、生动、精练地写出自然和社会在人心中引起的各种微妙、深刻的情感，并且努力要唤起读者对人生的体验，把人生引入一

---

① 参见拙作《艺术哲学》第三章第二节及第五章。

② 陆梅林：《马克思恩格斯论文学与艺术》(一)，北京：人民文学出版社1982年版，第190页。

③ 陆梅林：《马克思恩格斯论文学与艺术》(一)，北京：人民文学出版社1982年版，第154页。

种"仁爱"、和谐，与自然(天地)合为一体，既是道德的，又是超道德的审美境界。在注重对人的存在的意义与价值的深入体验和求索，要求把日常的、现实的人的存在提到一种最高的、终极的、永恒的境界这个方面，中国艺术的成就是伟大的。和西方艺术相比，西方艺术是以一种和科学相通的态度去看现实人生，极为重视对现实人生的观察与分析。它要告诉你现实的人生究竟是怎样的，即使这现实人生是极为悲惨、黑暗、丑恶的，也毫不掩饰地把它写出来。至于人生终极的意义与价值是什么这样的问题，西方的艺术家较少去加以思索和追问(在西方 19 世纪末、20 世纪初之前特别是这样)，更少作出什么答案。因为在西方，这样的问题被认为是只能由宗教去加以解决的。所以，艺术家如企图对此提出某种看法，也常常是求之于宗教。中国则不同，自古以来艺术就被看作是《周易》所说"圣人"用以"感人心"，塑造人性的重要方式。因此，中国古代艺术始终把人生终极的意义与价值的问题放在最高位置。而且中国哲人和艺术家历来认为这一问题是哲学与伦理(这两者在中国古代思想中经常融为一体)完全能够解决的，只需求之于"圣人"的思想和日常的道德实践，勿需求之于宗教。儒家、道家及后来的禅宗哲学①，对此作出了不同的解决，但在根本上都肯定着世界应当是一个人人互相亲爱，个体与社会、人与自然和谐统一的世界。这也就是人的存在的终极的意义与价值之所在。由于中国古代艺术以追求、肯定这种意义与价值为其根本的目标，因此中国古代艺术虽也不排斥对现实人生的观察与描绘，但它的基本态度不是科学式的考察与分析，而是哲学—伦理的体验与思索。又由于中国哲人充分肯定着世界的本性是和谐的，个体与社会、人与自然不但应当统一，而且完全能够统一，因此中国古代艺术经常尽可能避免描写现实人生中悲惨、黑暗、丑恶的景象。即使有所描绘，在绝大多数情况下也是作一种淡化的处理。中国古代艺术堪称是一种理想性极

---

　　①　禅宗是中国式的佛教，同时又是一种哲学。中国历代士大夫主要是把它作为一种人生哲学来看待，不是只作为一种宗教来信仰。儒学与宗教有某种类似之处，但不能看作是宗教。

强的、美的艺术。就是较之于黑格尔认为是最完满地符合"理想"的古希腊的"古典型"艺术，后者也仍然显得是过于世俗化而缺乏理想的。

但也正因为这样，中国古代艺术在叙事性、再现性方面不及西方。我们高度叹赏《诗经》《楚辞》在抒情上的伟大成就，它也能帮助我们认识中国古代的世界，但终究又不能像荷马的史诗那样使我们对希腊古代世界有一种极明晰、完整、具体的认识。先秦之后，中国的叙事文学有了很大的发展。从汉乐府《孔雀东南飞》一类作品，司马迁《史记》中的许多篇章，到唐代大诗人杜甫、白居易的若干长篇歌行，唐代传奇、宋人话本、元杂剧、明清小说，都显示了中国文学在叙事上的重大成就。但包括像《红楼梦》这样伟大的作品在内，较之于叙事性，抒情性仍占有更重要的地位，对人生终极价值和理想的追求与思索仍是它最为关注的东西。有人曾把《红楼梦》称之为"封建末世的百科全书"，这有一定的道理，但较之于巴尔扎克对法国社会那种详尽客观的描写仍有不及之处。整个而论，《红楼梦》仍是一曲抒情的人生哀歌。直至"五四"时的新文学，包括鲁迅的作品在内，抒情性及对人生终极价值和理想的追求与思索也占着主导的地位，只不过已建立在与古代不同的新的思想基础之上。如果说在"五四"新文学中也出现了重视对广大的社会生活作详尽客观描写的作家，我认为就是茅盾。① 继之者尚有老舍等为数不多的作家。我想，中国当代文艺应学习西方文艺的叙事性、再现性的重大优点，充分地面向现实，但又不放弃几千年来中国古代文艺对抒情性、理想性的执著与不倦的追求。

第三，主体与客体的关系。

在古希腊美学的模仿论中，主体相对于客体是处在亚里士多德所说的"一个模仿者"的地位，尽管他的模仿可以而且应当是能动的、创造性的。这种关系与科学认识中主体与客体的关系相同，它所重视

---

① 但茅盾有相当一部分作品，如《蚀》《虹》等仍是抒情性占优势的。老舍的作品也有类似的情况。巴金的作品则可以说都是抒情性占优势的。

强调的是主体对客体的认识、再现。中国古代美学的交感论则不同，主体既不脱离客体(外物，包含自然界与社会)，但又处在与客体并立的地位。两者的关系不是模仿与被模仿的关系，而是一种相互作用、相互交感的关系。由于主体不能脱离客体，主体是"感于物而后动"的，因此主体并不排斥对外物的再现。但主体所重视的又不是对外物的再现，更不是仅仅以再现为目的，而是以主客交感中产生的情感表现为目的。在这里，再现没有被否定，但它是从属于表现的，或者说为表现所涵摄的。

　　中国古代美学交感论对主体与客体关系的这种解决，是同中国古代哲学对人与天地(自然)的关系的解决分不开的。在中国古代哲学，特别是《周易》的哲学看来，人为天地所生，并为天地所养，因此人不能离开天地而存在。但人又不是消极地为天地所决定的东西，而是作为独立的主体与天地相并列，并且能够通过效法天地而像天地一样的永恒、伟大，与天地并立而三。这也就是儒家所说的"参天地之化育"。中国古代哲学对人与天地的关系问题的解决，既不同于西方唯心主义、宗教将人与自然分裂和对立起来，也不同于西方机械唯物主义(特别是 18 世纪法国唯物主义)将人看作是由自然所决定的东西。中国古代哲学认为人既不能脱离自然，但又区别和独立于自然，并且能够通过效法自然而与自然同其永恒和无限，因此在天地所生的万物中人处于最高地位(这一点董仲舒作了很清楚的说明)。中国古代哲学既不因为人不能脱离自然而把人看作是完全由自然所决定的东西，也不因为人区别和独立于自然，优于其他自然物而认为人可以脱离自然或凌驾于自然之上。我认为较之于西方哲学，中国哲学是更正确、更深入地认识到人与自然的联系、区别与统一的，在某些方面可以通向马克思主义哲学。但中国哲学所说的区别和独立于自然的主体，主要是一个伦理道德主体，而且自然本身也被伦理化了，并用以证明伦理道德的天然合理性(这在《周易》中表现得最为清楚)。因此，中国哲学所说的人与自然的统一虽然也包含着利用(效法)自然规律以生产人类所需的生存资料，但主要是一种伦理道德情感上的统一。由于主体主要被看作是一个伦理道德主体，自然本身也被伦理化了，因此在伦理道德范围内，伦理道德原则与自然之间的冲突也往往被消解、淡化了(西方的哲学、伦理学最为强调的恰好是这种冲突)。与此同时，在科学认识范围内，自然作为不同于伦理对象的科学研究对象的意义也被减弱了。

　　表现在美学上，中国古代美学的交感论无疑比模仿论更加地强调了人作为艺术创造主体的能动性。不论是陆机所说"笼天地于形内，挫万物于笔端"(《文赋》)，还是石涛所说"我有是一画，能贯山川之形神"(《画语录》)，都极大地强调了人的能动性。但它不同于亚里士多德所说的那种能动性，即模仿者应当如何去进行模仿的能动性，而是既区别、独立于自然，又能与自然符合、一致的主体的能动性，实际也就是《周易》所说"大人者与天地合其德，与日月合其明，与四时合其序"的精神在艺术创造中的体现。但它的目的不是要详尽地去认识自然，而是要表现在主客交感中产生的，同时被认为是与自然完全一致的、最高的伦理道德感情。因此，在交感论中，主体情感的表现被提到十分重要的位置，艺术绝非对自然的模仿，但情感的表现又仍然必须与自然符合、一致，而不是用主体情感的表现去取消、吞并自然。这就是交感论的深刻与合理之处。但由于主体的情感表现被束缚在儒家伦理的原则上，在强调情感与自然的符合、一致时又忽视了两者复杂的矛盾冲突，忽视了对外部自然的认识与支配，因而使得中国艺术往往缺乏西方艺术那种丰富的、多方面的、复杂的社会内容和面向外界现实追求、创造的力量。它在不少情况下，确有如鲁迅深刻指出过的缺点，常常使人"沉静下去，与实人生离开"①。特别是在汉唐之后，包含在荀子、《周易》思想中那种面向外部世界的积极进取精神遭到很大的削弱，吸收禅宗思想而建立起来的宋明儒学心性论，把内向的、经常排斥人生欲望满足的道德人格的自我完善提高到至高无上的地位，这就更为强化了上述的缺点。

　　今天，我认为应充分认识与继承交感论的深刻与合理之处，但不

---

　　① 鲁迅：《华盖集·青年必读书》，见《鲁迅全集》(第3卷)，北京：人民文学出版1981年社，第12页。

能认为交感论比马克思主义哲学的反映论更优越，可以用它来代替马克思主义哲学的反映论。① 相反，倒是应当从以人类社会实践为基础的马克思主义哲学的反映论来观察交感论，把主体内在具有的情感的产生以及主体与客体的交感看作是社会实践的产物，是以物质生产实践为基础的自然的人化及人类从必然王国向自由王国飞跃的漫长历史行程在人类意识活动中的曲折呈现。一方面，不回避现实生活中的矛盾冲突，不忽视对广大的社会生活的深入认识，但又不把艺术仅仅看作是对现实的一种认识性的模仿；另一方面，充分重视主体情感的表现，但又赋予它以和社会历史的实践创造紧密相连的丰富而深广的内容，扬弃中国古代所讲的伦理道德感情的狭隘性、虚幻性和抽象性。这也就是说，把交感论放在马克思主义哲学实践观的基础之上，同时把马克思主义美学所说艺术对现实的反映理解为在实践基础上主客相互交感的复杂过程。

交感论与表现论

西方至 19 世纪末、20 世纪初，古希腊以来的模仿论不断遭到嘲笑与鄙弃，表现论日益得势，最后取模仿论而代之。这种表现论力斥艺术是现实的模仿，主张艺术是直觉、情感、幻觉、下意识的冲动等的表现。由于对艺术表现什么这个问题有不同看法，所以表现论又俨然分出了不同的派别。但在主张艺术是精神、意识的表现，认为模仿论极其荒谬可笑这一点上，各派是完全一致，或至少是基本一致的。这种表现论在哲学、美学上的真正奠基人，就是意大利的哲学家和美学家克罗齐。从模仿论到表现论，无疑是西方美学发展中的一个重大转变。

表现论与中国古代美学的交感论看起来有极为类似的地方。但只要仔细地作一些分析，就会看到两者的差别是巨大而深刻的。以下仍就前述三个方面逐一加以分析。

① 关于马克思主义哲学的反映论，历来有不少误解与曲解。我在拙作《艺术哲学》第一章中曾作了说明，这里不再重复。

第一，艺术与科学、审美与认识的关系问题。

模仿论把艺术与科学、审美与认识看作是一致、相同的，表现论则刚好相反，认为两者是根本无关的，并经常竭力把两者互不相容地对立起来。如克罗齐反复声言艺术就只是"直觉""表现"，与科学的认识、逻辑的概念绝对无关。大同小异的论调充斥于西方现代美学的许多著作中。它们都把主张艺术有认识作用的理论当作非加以消灭不可的死敌来加以攻击。自古希腊以来，西方艺术在模仿论思想主导下曾经有过的帮助人类认识世界的光荣传统被否定了。这本是西方艺术可以引以自豪的传统，也可以说是它所作出的最大贡献，但大大小小的表现论美学家却以为他们对这一传统的否定是立下了惊天动地的伟业。艺术当然不同于科学，审美也不就是认识。在强调两者的差别上，表现论美学说出了不少合理的东西。但它因此而把艺术与科学、审美与认识看作绝对不能相容的东西，是完全错误的。中国古代美学的交感论高度重视情感的表现，这确实同西方现代美学的表现论有类似之处。但中国古代美学从未因为强调情感的表现而否定艺术的认识意义。此外，中国古代美学要求艺术表现的情感，是以儒家的"仁爱"为主体的情感，它充分地肯定着个体与社会必须统一和能够统一，同时也就充分地肯定着艺术所表现的情感必须是与动物性的欲望冲动不同的社会性情感。西方现代的表现论则不同，它所推崇的是与社会相对立的个体主义或个人主义的情感，并且热衷于鼓吹非理性或反理性主义。虽然中国古代美学思想确有束缚个性发展的一面，西方现代的表现论有冲决束缚个性发展的东西的一面，但人类个性的真正发展绝不可能是非社会、非理性的。因此，在去除了束缚个性发展的一面之后，中国古代美学的交感论是比西方现代美学的表现论更合理、更正确、更优越的。

第二，叙事与抒情的关系。

模仿论不否认抒情，但高度重视叙事。表现论则恰好相反，它竭力推崇抒情而否定叙事。贝尔在《艺术》一书中论到绘画时，反复抨击文学的叙事性，认为它与绘画不能相容，绘画的真正的价值仅仅在于以"有意味的形式"显示某种审美情感。西方现代文学中竭力主张淡化人物、情节的种种流派，也是反对叙事，而把文学的价值归之于某种纯形式。表现论美学在探讨情感以至下意识在艺术中的表现这一问题上，在发掘人的内在深层心理上，无疑有不能否认的贡献。但它把人变成了脱离外部现实世界，仅仅由主观意识、体验决定的人，否认叙事与抒情是艺术的两个不可或缺的方面，把叙事与抒情互不相容地对立起来，这是毫无根据的。中国古代交感论的美学充分重视抒情，但绝不否认叙事。中国古代绘画一向强调绘画与文学的关系，高度重视绘画的文学性。这种文学性主要是与抒情诗相联的，但绝不排斥叙事。中国绘画也有相当一部分描绘历史故事、传说或现实生活的成功的叙事性作品，同时又极富于抒情性。如晋顾恺之的《洛神赋图卷》、传为五代顾闳中作的《韩熙载夜宴图卷》，等等。

第三，主体与客体的关系。

以亚里士多德为代表的模仿论绝不否认艺术家所要模仿的对象是在艺术家意识之外存在着的客体、现实世界。西方现代的表现论则相反，它竭力要否认、嘲笑在主体之外还有不以主体的意识、意志为转移的现实世界存在。在它看来，外部的现实世界是不存在的，或其存在与否不可知，唯一可以肯定是确实存在着的只有主体内心的直觉、情感、某种神秘的体验或本能的冲动，等等。表现论美学是一种摒弃现实世界，用主体的意识去取代、吞并现实世界的美学。因此，对它来说，主体就是一切，主体与客体的统一这样的问题是根本不存在的。如果说它有时也设定客体的存在，但这客体绝非感性的物质世界，而是某种观念的实体或上帝。中国古代美学的交感论高度重视情感的表现，但这种表现是以"感于物而后动"为前提的，而且要求所表现的情感应当是和必须是与天地（自然）符合、一致的情感。因此，它与西方现代美学的表现论有根本性的区别，绝不能混为一谈。如前已多次指出的，中国美学所讲的表现论，是以充分承认在"人心"之外有"物"的存在为前提的，是建立在充分肯定人与自然、个体与社会的统一的基础之上的。

西方美学从古希腊的模仿论到现代的表现论的转变，本质上是自19世纪中期以来，18世纪启蒙主义所宣扬的"理性王国"的破产，资本主义下人的异化不断加剧在哲学、美学上的反映。从叔本华开始到尼采，再到现代的存在主义等思潮，贯彻始终的一个根本问题就是如何克服人的异化。由于资产阶级的哲学家、美学家根本不可能认识异化产生的现实根源，当然也找不到消除异化的现实的道路，因此主体与客体，人的内在的情感、欲望、冲动与外部现实世界就被看作彼此分裂而根本无从统一的东西，人也就只有存在于他的主观的意志、欲望、冲动、情感与外部现实世界的分裂对抗之中，存在于他内心各种各样的神秘体验之中了。马克思在 1844 年批判黑格尔哲学时就已经指出：

> **哲学家**——他本身是异化的人的抽象形象——把自己变为异化的世界的**尺度**。①
>
> 自身异化的人，也是同自己的**本质**即同自己的自然的和人的本质相异化的思维者。因此，他的思想是居于自然界和人之外的**僵化的精灵**。②

正因为这样，人在自然和社会中找不到自己的"家"，只有到"居于自然和人之外的僵化的精灵"那儿去找，到人的内心的神秘体验中去找，于是自然和社会也就被宣布为"虚无"或"荒诞"的存在，没有任何一点真实性，当然也没有需要艺术去加以表现的美。如果说西方现代始于叔本华的许多哲学不外是对异化的人的理论思辨，那么以表现论为美学基础的西方现代艺术则不外是对同一异化了的人的心灵的感性表现，是无家可归的人的种种神秘的幻想或狂想的集合。在揭露资本主义下人的异化带来的痛苦与绝望这一点上，它是有价值的。但它以异化主体与客体、人与自然、个体与社会、感性与理性的分裂为

---

① 《马克思恩格斯全集》(第 42 卷)，北京：人民出版社 1979 年版，第 161页。

② 《马克思恩格斯全集》(第 42 卷)，北京：人民出版社 1979 年版，第 178页。

不可克服的宿命，或因此而向上帝呼吁，则是不足取的。反观中国古代美学，它一向就肯定着人与自然、个体与社会的统一，从而也就肯定着人有自己的"仁爱"的"家"，异化是反常的、不应有的现象。整个中国古代的哲学、美学是与异化相对立和反异化的。如果和尚未有阶级、等级出现的中国远古的氏族社会相比，也可以说儒家伦理造成了人的异化，并由庄子极敏锐地指出和加以批判。但儒家同样继承了中国远古氏族社会的优秀思想充分肯定和大力主张人与自然、个体与社会的统一，并且比庄子的思想具有更大的现实性。儒家伦理导致了异化，是由儒家思想无法克服的历史局限性所造成的，绝不是由于儒家思想鼓吹人的异化。中国古代美学的交感论充分肯定主体内禀的情与外部的物(包含自然与社会)的一致性、和谐性，以表现《周易》所说的"大和"为艺术的最高境界，这正好说明中国古代美学以艺术、美为人的异化的对立物，并力求要通过艺术、美对人的感化作用以消除异化。

从人类的美学史上看，在马克思主义美学产生之前，对艺术与现实的关系这一根本问题的解决，不外是中国古代的"交感论"、古希腊的"模仿论"、西方近现代的"表现论"三大理论系统。"模仿论"早已成为历史的陈迹，不可能再复生。"交感论"则因其本身具有的合理性、深刻性与优越性，将会在人类当代艺术的发展中保持和发展其固有的生命力，并与西方近现代被异化了的人的美学——"表现论"的美学作强有力的抗争。

第四章　"文"与美

"文"是《周易》中一个十分重要的概念,并与美的问题密切相关。因此,对"文"的问题的考察是探讨《周易》美学的一个重要方面。

一　"文"的含义

《周易》中涉及"文"的论述,除下文将另行讨论的"天文""人文"问题之外,计有如下一些:

(1)见龙在田,天下文明(《乾》)。
(2)黄裳元吉,文在中也(《坤》)。
(3)文明以健,中正而应,君子正也(《同人》)。
(4)其德刚健而文明,应乎天而时行,是以元亨(《大有》)。
(5)内文明而外柔顺,以蒙大难,文王以之(《明夷》)。
(6)文明以说,大亨以正。革而当,其悔乃亡(《革》)。
(7)大人虎变,其文炳也。……君子豹变,其文蔚也(《革》)。
(8)道有变动,故曰爻。爻有等,故曰物。物相杂,故曰文。文不当,故吉凶生焉(《系辞下》)。

由上引文可以看出,《周易》所说之"文"有两重相互联系的含义。

"文"指卦象

上引第(8)条是《周易》对"文"所作的说明、定义,下面逐句加以诠释。

"道有变动,故曰爻"。《周易》认为"一阴一阳之谓道"(《系辞上》),阴阳相推而生变化,所以说"道有变动"。"爻"既指构成卦象的阴爻、阳爻,同时"爻"字本身又有相交、变易之意。由于构成卦象的基本符号—和——是显示"道"亦即阴阳的变化的,故称之为"爻"。

"爻有等,故曰物。"孔颖达《周易正义》疏:"物,类也。言爻有阴阳贵贱等级,以象万物之类,故谓之物也。"此解甚确。韩康伯注释"等"为"类",高亨《周易大传今注》从之,实则此处之"等"兼有类别与等级二义,不仅指万物分为阴阳两类,而且指其有等级尊卑贵贱之分(阳尊阴卑)。《周易》对卦象的解释处处注意到每一爻所在的"位","位"不同即尊卑贵贱的含义不同,这也是"爻有等"的具体表现。孔颖达释"物"为"类"也很确切,因为《周易》认为"物"是"各从其类"的(《乾》)。爻有阴阳等级尊卑贵贱之分,以指称天地万类事物,所以说"爻有等,故曰物"。

"物相杂,故曰文"。《周易》认为天地万物是"相杂"而存在的。"夫玄黄者,天地之杂也。天玄而地黄"(《坤》)。而"文"的概念自古以来即与事物的花纹、纹理相关,表现为交错的线条,所以《说文解字》释"文"为"错画也,象交文"。卦象既是由指称有阴阳尊卑贵贱之分的万类事物的阴爻(——)与阳爻(—)"相杂"而成,以显示"刚柔杂居"(《系辞下》),亦即阴阳杂居之象,并且是由两种不同笔画交错组合而成,所以说"物相杂,故曰文"。当然,在《周易》的卦象中,也有纯由阳爻或纯由阴爻组成的,并不全都是阴爻与阳爻"相杂"的结果。但在这样的卦象中,每一爻都具有因其"位"不同而不同的含义,因此也可以说是每一爻所指称的不同的"物""相杂"的结果。此外,如将《周易》的全部卦象作为一个整体来看,自然更可以说是由阴爻与阳爻"相杂"而成的。只有纯阳和纯阴的乾坤两卦,无"相杂"即不可能产生其他各卦。

"文不当,故吉凶生焉"。高亨注认为:"'文不当'只为凶不为吉,何得云吉凶生哉。'文不当'疑本作'文当不',转写误倒。不否古通用,当不即当否也。物相杂而为文,物相杂而当,即文之当也。文当则生吉。物相杂而不当,即文之不当也。文不当则生凶。故曰:

'文当否，故吉凶生焉'。"①此说待商。因为在中国古文中，"文当否"之"当否"乃疑问语气，非肯定性的陈述、判断。如将"文不当"改为"文当否"，即有疑问语气，与下文难以联属。我认为《周易》此语的原意大约是这样的：在《周易》看来，"阴阳合德而刚柔有体"（《系辞下》），宇宙的阴阳变化在本性上是和谐的，因此也不会生出吉凶问题。但由于人事的处置不当和自然的发生灾变，于是使阴阳不能当位、协调而产生了如何趋吉避凶的问题。所以说"文不当，故吉凶生焉"。这也就是孔颖达《周易正易》疏所言"若相与聚居，间杂成文，不相妨害，则吉凶不生也。由文之不当，相与聚居不当于理，故吉凶生也。"

通过以上分析可以看出，《周易》所说的"文"首先是指由阴爻、阳爻相杂、交错构成的，能显示人事吉凶的卦象。之所以称之为"文"，又是取古来交错为文之义，而这恰好是可以同审美相关的。再加上《周易》认为"相杂"的天地万物本身就具有美，这就更使"文"同美密切联系起来了。

"文"的美学含义

在中国古代，"文"的概念的产生和发展有一个漫长的演变过程。其含义是多层次的，但与审美相关的含义是最基本的，即不论何种层次的含义均由审美的含义演变而来，都包含有审美上的意义。

高亨《周易古经今注》据《庄子·逍遥篇》"越人断发文身"的记载及金文和甲骨文中"文"字的写法，指出"文""殆即文身之文，象人自有文之形"②，这是值得注意的。远古的文身当然首先是与图腾巫术相关，并非纯粹为了审美，但也已隐含了某种装饰美化的欲求。"文"与美的联系与古代的文身有关，但远古人在文身之前又必然已经对在他们生活中具有重要意义的自然事物的花纹色彩有所感知，并产生了一定程度的美感，方能设计创造出文身的图形。《周易》说古代包牺氏"仰则观象于天，俯则观法与地，观鸟兽之文与地之宜，近

---

① 《周易大传今注》第593页。
② 见《周易大传今注》第224页。

取诸身，远取诸物，于是始作八卦"(《系辞下》)。这里所讲的"观鸟兽之文"，显然指鸟兽羽毛的花纹色彩，当然也可指鸟兽行走在地上留下的足迹。这都是可以给人美感的。前引第(7)条"革"卦中的话，"大人虎变，其文炳也。……君子豹变，其文蔚也"，讲的就是虎豹皮毛的花纹颜色之美，最能直接说明《周易》所讲的"文"与美相关。实际上，包牺氏所观的各种东西，不仅鸟兽有"文"、有美，"天"之"象"(日月星辰)，"地"之"法"(地理的变化法则)，"地之宜"(因地而生长的各种植物)，"身"(人体)与"物"(器物)，均有"文"、有美。包牺氏据之以作八卦，并非为了美的欣赏，而是为了定天下吉凶。但如前所说，八卦也是"文"，是由代表阴阳的两种不同符号、线条交错组合而成的形象，并且也有它的抽象形式的美(详后)。

"文"最初就是指花纹色彩之美，用于人身和器物的美化装饰，所以古汉语中"文"与"饰"是密切相联的概念。在中国古代进入奴隶社会之后，社会划分为阶级，各阶级中又有与宗族血缘相联的上下尊卑各个不同的等级。因此，与"文"相关的美的装饰必须与等级名分相适应，并显示不能僭越的等级名分的划分。于是，"文"之美就与"礼"联系起来了。子产说：

> 天地之经，而民实则之。则天之明，因地之性，生其六气，用其五行。气为五味，发为五色，章为五声。淫则昏乱，民失其性。是故为礼以奉之。为六畜、五牲、三牺，以奉五味；为九文、六采、五章，以奉五色；为九歌、八风、七音、六律，以奉五声(《左传·昭公二十五年》)。

我们已指出过，中国古代的美的意识是同五味、五色、五声所引起的愉悦分不开的。子产在这里说"为九文、六采、五章，以奉五色"，既说明"文""采"与"五色"分不开，即与美分不开，同时又说明这种美已是合于"礼"的，为"礼"所规范了的美。由于"文"与"礼"相联，所以"文"可用以指礼乐制度。又由于"礼"的实现与伦理道德分不开，所以"文"又进而与"德"相联。《国语·周语下》载单襄公之语，把敬、忠、信、仁、义、智、勇、教、孝、惠、让均看作是"文"的不同表现。韦昭注说："文者，德之总名也。"但"文"虽与"礼""德"相联，并未失去其本有的美的含义，只不过在美的含义之外又获得了善的含义。所以郑玄注《乐记》说："文，犹美也，善也。"

"文"的概念还与文章、典籍相联。中国文字本是从象形发展而来的。许慎《说文解字序》说："仓颉之初作书，盖依类象形，故谓之文。其后形声相益，即谓之字。"由于文章、典籍均用文字写成，故均可称之为"文"。推而广之，书面写的法令也称之为"文"。在这里，"文"仍充分保持其美的含义，但由原先指花纹色彩之美推及于文辞语言之美了。中国古代所称的"文章"与现在有别，不仅今天我们所说的文学性的文章需要有文辞的美，就是论说性、应用性的文章，如一封书信，一个便条，帝王所下的诏、令，臣子所上的书、表，都必须有文辞的美。我们试看清代许梿所编《六朝文絜》收入的这一类应用性的文章，都是写得很美的。典籍由文章所组成，并且具有重要意义，当然更需有文辞的美。我认为这是我们今天仍然应当努力加以继承的一个好传统，不要让它失传。

以上我们大略考察了"文"这一概念如何由最初指花纹色彩之美演变为与"礼""德""文章"（典籍）相联的概念。这四层意义的概念在《周易》中同样可以清楚地看到。第一层意义，即"文"的原初意义在《周易》中的表现，上面已经说过。"文"与"礼"的联系则表现在"乾"卦所说"嘉会以合礼"（"嘉会"有美义）一语中。"文"与"德"的联系表现在"小畜"卦所说"风行水上，小畜。君子以懿文德"一语中。至于"文"与"文章"（典籍）的联系，表现在《周易》多次论及"辞""修辞"的问题时，对文辞语言的美很重视。

下面，我们再来看看中国古代美学、《周易》认为"文"由何产生，以及"文"何以会有美。

对于第一个问题，中国古代美学的回答是很清楚的，即肯定"文"由天地（自然）所生。因为如前所说，"文"与"五色"之美相关，而"五色"之美又被认为由天的"六气"所生（医和、子产皆持此说），因此"文"也是由天地所生。《国语·周语下》载单襄公语还提出：

　　　　天六地五，数之常也。经之以天，纬之以地。经纬不爽，文
　　之象也。

　　这种说法更为明白地指出"文"是"以天之六气为经，以地之五行
为纬而成之也"（韦昭注），它当然是天地所生、为天地所本有的东
西。《周易》不讲"五行"，也不直接讲"六气"，但它把原先包含在
"六气"中的阴、阳提到宇宙本体功能的位置①，用阴阳相互作用来说
明宇宙万物的产生，从而说明"文"的产生。"乾"卦中说"乾始能以美
利利天下"，很明白地肯定阴阳变化是万物之美的根源。虽没有提到
"文"，但如我们已指出过的，《周易》所说的"文"与美不可分。上面
讲到《周易》中曾述及的"观鸟兽之文"和虎豹花纹毛色的美相关，鸟
兽当然也是包含在由阴阳变化产生的万物之中的。《周易》的这种看
法较之于用"六气""五行"去说明"文"的产生更为深刻。因为《周易》
的阴阳观念有以下几大优点：（1）这种阴阳观念是与生命问题直接相
联的，而生命问题正好与美密切相关。（2）这种阴阳观念比"六气"
"五行"说更好地论证了与美有重要关系的合规律性与合目的性以及
和谐的问题。（3）这种阴阳观念把宇宙万物区分为阴阳两大类别，深
刻地涉及优美（阴柔之美）与壮美（阳刚之美，与西方美学的崇高近
似）的区分问题。（4）这种阴阳观念极大地强调了同样与美有重要关
系的运动、时空问题。从六气五行说到《周易》的阴阳说是中国哲学，
也是中国美学的一个重大演进。但前引单襄公的话很可能给《周易》
的传的作者以重要影响，即在讲"天"（乾）之外，也高度重视"地"
（坤）在产生万物中的作用。此外，需要指出《周易》在根本上认为
"文"亦即美为天地所有，由阴阳变化所生，但它又说"天垂象见吉
凶，圣人象之。河出图，洛出书，圣人则之"（《系辞上》）。这里所说
的"象""图""书"也是"文"，但又带有了某种超自然的神秘的意义，

---

　　① "六气"指阴、阳、风、雨、晦、明，见韦昭注及《左传》杜预注。在《周
易》中，"太极"高于阴阳，太极是本体，但其功能是由阴阳表现出来的。

显示了《周易》以天地(自然)说明"文"产生的思想的不彻底性。

在"文"何以会有美的问题上,史伯提出了"声一无听,物一无文,味一无果"的思想,其根据又是"先王以土与金木水火杂,以成百物"(《国语•郑语》)。这也就是认为"文"的美不是由单一的东西,而是由杂多的东西构成的。这是一个重要的思想,它来自古代素朴的审美经验。如音乐的美不是由单一的、无变化的声音构成的。"文"所指的花纹色彩的美也不是单一的,而是由杂多的要素构成的。所以古代讲味、色、声的美都冠之以"五",以明其非单一的,而是杂多的。史伯则更为明确地指出,只有杂多要素的结合才会有"文"的美,这是对美与多样性的关系的素朴认识。前引在时代上早于史伯的单襄公的"经纬不爽,文之象也"的说法,则可以说看到了"文"亦即美的合规律性、统一性。"爽",韦昭注"差也","不爽"即"不差"。但"文之象"既由经与纬构成,经又指天之"六气",纬指地之"五行",这样"经纬不爽"所表现的合规律性、统一性也是由杂多而显示出来的。虽然单襄公未明确指出这一点,但明显包含在他的说法之中。《周易》继承和发展了前人的看法,提出"物相杂,故曰文",显然是对史伯"物一无文"的说法的正面的、更为明确的表达。但更加重要的是,《周易》提出了"天下之至赜而不可恶也""天下之至动而不可乱也":

> 圣人有以见天下之至赜,而拟诸其形容,象其物宜,是故谓之象。圣人有以见天下之动,而观其会通,以行其典礼,系辞焉以断其吉凶,是故谓之爻。言天下之至赜而不可恶也,言天下之至动而不可乱也(《系辞上》)。

这里所说"天下之至赜"的"赜",是杂、复杂之意。朱熹《周易本义》注:"赜,杂乱也。"高亨《周易大传今注》同此,而更加以考证。[1]"言天下之至赜而不可恶也,言天下之至动而不可乱也"两语,孔颖达《周易正义》释为"圣人于天下至赜之理,必重慎明之,不可鄙贱轻

---

[1] 见《周易大传今注》第549页。

恶也"；"谓天下至赜变动之理，论说之时，明不可错乱也"。此解谓两语之意均在说明圣人认为应如何言说"天下之至赜"与"天下之至动"。后从此解者不少，高注亦然。我认为此解不确。就上下文义及《周易》整个思想体系观之，"言天下之至赜而不可恶也"，是说圣人以卦象表明天下之万物虽至为杂乱但并不可恶；"言天下之至动而不可乱也"，是说圣人以卦爻表明天下万物虽运动不止但并不紊乱。上文释何谓"象""爻"，此处则言"爻""象"各自之作用。再就《周易》的思想体系来看，它认为"乾道变化，各正性命，保合大和"（《乾》），"天地以顺动，故日月不过而四时不忒"（《豫》），这也就是"天下至赜而不可恶"，"天下至动而不可乱"的意思。"恶"非指言辞"鄙贱轻恶"，而指不使人厌恶，也就是不丑之意。《说文解字》："丑，可恶也。"《周易》认为"物相杂，故曰文"，前已指出此"文"指卦象，但也包含美之意。正因为物"相杂"而成"文"，所以说"天下之至赜而不可恶也"，即虽至为杂乱，仍可成"文"而有美，不使人感到厌恶。再看焦循《易通释九卷》释"恶"：

> 恶之在形者，与美对（原注：昭公二十八年《左传》贾大夫恶娶妻而美孟子，虽有恶人，与西子对举。《庄子·德充符》："卫有恶人焉"，郭氏注云："恶，丑也"）；恶之在心者，与善对。于是因其形之恶而恶之，因其心之恶而恶之，谓之恶，与好对。

此解甚确。观《周易》所说"言天下之至赜而不可恶也"，承上文"圣人有以见天下之赜，而拟诸其形容，象其物宜，是故谓之象"而来，"恶"所指者正是"恶之在形者，与美对"。由此可见，"天下之至赜而不可恶也"一语，其意为天下万物虽至为杂乱但并不丑恶，亦即有"相杂"而成"文"之美。"天下之至动而不可乱也"一语虽未直接涉及美的问题，但"至动而不可乱"即具有高度的合规律性，同样与美相关。《乐记》说：

> 是故，清明象天，广大象地，始终象四时，周还象风雨。五

色成文而不乱，八风从律而不奸，百度得数而有常，大小相成，始终相生，倡和清浊，迭相为经。故乐行而伦清，耳目聪明，血气和平，移风易俗，天下皆宁。

《乐记》的这段话在说明音乐的美本之于天地，其基本思想显然来自《荀子·乐论》及《周易》，对《周易》所说"天下之至赜而不可恶也"，"天下之至动而不可乱也"两语所包含的美学意义作了很好的说明。

较之前人，《周易》对"文"的美的认识的重要进展，在于提出了"乾道变化，各正性命，保合大和"的思想，指出"文"的美既与事物及其变化的极为复杂的多样性相关，又与从这种复杂的多样性中所表现出来的统一性、合规律性、和谐性相关。在《周易》看来，世界是一个极为复杂的、生生不息地运动着的世界，同时又是一个合规律的、和谐的、美的世界。"文"就是这种美的总称。但同时它也就是善，因为在《周易》的思想中，美与善是完全一致的。焦循所说"恶之在形者，与美对"和"恶之在心者，与善对"是不能分离的。

除以上所说之外，《周易》对"文"之美的认识的又一重要方面，是将"文"与"明"相联。这可以说是《周易》特有的看法。本节开首所列《周易》有关"文"的论述，其中（1）、（3）、（4）、（5）、（6）诸条均涉及"文明"，"文"与"明"连为一词出现。所谓"文明"究竟是什么意思呢？

"文明"一词，首先见于"乾"卦："见龙在田，天下文明"。李鼎祚《周易集解》注："阳气上达于地，故曰见龙在田。百草萌，牙孚甲，故曰文明。"孔颖达《周易正义》疏："天下文明者，言阳气在田，始生万物，故天下有文章而光明也。"两说均从阴气产生万物来说明"文明"，后说又释"文明"为"有文章而光明"，甚是。我们已说过，"文"之原初意义指事物的花纹色彩之美，这种美是同花纹色彩在视觉上给人的光艳、光辉之感分不开的。《国语·周语上》："夫粲，美之物也。"《左传·桓公元年》："宋华父督见孔父之妻于路，目逆而送之，曰：美而艳。"这里的"粲""艳"均有光明、光耀之意。《周易》所言"大人虎变，其文炳也"，"君子豹变，其文蔚也"，"炳""蔚"也均有光明、鲜明之意。《说文解字》:"炳,明也。""蔚"亦有文章清朗分明之意。此外,在《周易》看来,万物为阴阳变化所生,其"文"及"文"所具有之光彩亦为阴阳变化所生,所以说"见龙在田,天下文明"。但《周易》所言各种自然现象均同时有其道德上的含义,因此"文明"不只指阴阳变化所生万物文采灿然美丽,而且还指"养贤以及万民"的"圣人""大人""君子"治国有道,德化及于万方。"乾"卦中说,"大人者","与日月合其明"。李鼎祚注:"恩威远被,若日月之照临也。"这就是"文明"之"明"的另一层含义。孔子赞美能"则天"的尧的治绩"焕乎!其有文章"(《论语·泰伯》),"焕"亦为光明之意,既指尧代文物典章之美,同时也指尧的治绩之美,也就是《周易》所说"与日月合其明"。不论就上述两层含义的哪一层来看,《周易》的"文明"这一概念肯定了光明、光辉是美所具有的一个根本特性。所以,除"乾"卦外,其他有"文明"一词出现的各卦,在卦象的组成中均有八卦中代表火的"离"卦。所谓"文明",在卦象的解释上,即指"离"卦的卦文而言。

以上分析了《周易》的"文"的概念所具有的美学含义,从现代的观念看来显得原始而简单,但它的基本思想的合理性与深刻性又不容否认。美是从天地万物的杂多性与变化中所表现出来的统一与和谐,无统一与和谐的杂多与变化不能有美,无杂多与变化的统一与和谐是空洞无物的统一与和谐,同样不能有真正的美。现代西方美学与艺术的一个主要倾向是反统一、反和谐,高度推崇杂多与变化的无规律性,以尽情嘲笑统一与和谐为快事。这实际是资本主义下人的异化,现实生活中统一与和谐的丧失在审美心理上的表现。虽然其中也包含现代社会中对人的个性的进一步发展的要求,但它对统一与和谐的敌视与否定是错误的,没有根据。无论怎样驰骋反理性主义的幻想,自然和社会终究有不以这种幻想为转移的规律性。人类合理的、美的生活只能是支配了自然和社会的必然规律,从而与之相协调的生活。冲突、矛盾、抗争,只有作为达到这种协调和上升到更高协调的一个有其历史必然性的环节才是有意义、有价值的。即使是现代西方艺术中那些非常蔑视规律、和谐的作品,至少就形式说,它也要"相杂"

而成"文"，方能具有某种美的价值。康定斯基等人的抽象绘画就是明证。完全取消任何规律与和谐，这就意味着美与艺术的灭亡。这一类作品或许可以作为人类曾绝望到何种程度，曾对美与艺术采取何种轻蔑态度的历史见证，此外是没有什么价值可言的。对于这一类艺术及与之相联的理论来说，《周易》把美与光明联系到一起，当然更是不能接受，而必须痛加嘲笑的。然而，只要肯定人类历史是进步的，不断言人类必将灭亡，世界只不过是一个黑暗的深渊，把美与光明相联，不正是一种伟大的思想么？关于《周易》所说"美"与"光""光辉"的关系，我们后面还要再谈。

二 "文"的构成的形式规律

《周易》说：

> 参伍以变，错综其数。通其变，遂成天地之文；极其数，遂定天下之象。非天下之至变，其孰能与于此（《系辞上》）。

这段话是讲能"范围天地之化"的卦象是怎样构成的。但如前已指出，卦象也就是"文"，并且这里又明说包含"天地之文"，而"文"又直接与美相关，因此卦象的构成规律也就同"文"亦即美的构成的形式规律相关。八卦以及在八卦基础上产生的六十四卦，虽不是为审美的目的而创造，但仔细研究起来，又是符合美的形式规律的。这个规律，用一句话来表达，就是"参伍以变，错综其数"，以表现天地万物"至赜而不可恶""至动而不可乱"的"文"之美。如把它翻译为美学的语言，那就是变化与对称。在变化中求对称，在对称中求变化，与现代图案所讲的基本理论十分切合。实际上，中国古代器物的装饰图案正是"参伍以变，错综其数"原则的鲜明体现。推而广之，中国的音乐、舞蹈、建筑、书法、绘画、文学(语言结构及篇章布局)无不遵循这一原则。

对 称 原 理

平衡对称是人类最早意识到的美的形式规律之一。格罗塞《艺术的起源》一书指出："对称的原则自有直接而广大的基础，因为没有一个民族间会没有对称的艺术的；澳洲盾牌的雕花者无疑和雅典、巴特农(Parthenon)的建筑师是一样地认识对称的价值。"①这对称的意识从何来呢？格罗塞从两个原因加以解释：一是"对自然界的摹拟"，因为"自然界中的实物都是两端的形状对称的，所以摹拟自然的艺术上的图形也成了是对称的"。②二是"用具和武器一定要在形式上对称才合用；用具既有对称的形式，进一步自有对称的装饰"③。这种解释有很值得注意的道理，但仍停留在现象上。对称之所以成为美的一条重要的形式规律，是因为美是在人类生活的实践创造中所取得的自由的感性具体表现。这种自由不能脱离对和人的生存与活动相关的数学、物理规律的创造性的掌握与应用，而对称正是自然界十分普遍地存在的数学、物理规律。因此，当它为人创造性地加以掌握应用，并显示出人通过对自然规律的支配而取得了自由时，对称的形式就成为美的形式了。因此，对对称规律的观察、认识与应用虽与格罗塞所说的对自然的摹拟有关，但最根本的仍是来自他所说的用具、器物的制造。当人类从这种制造中意识到对称与美的联系，并应用于生活的各个方面(特别是建筑)，于是对称就摆脱与某一用具、器物的制造的联系，而成为一个和美相关的普遍规律或法则了。但如格罗塞在他的书中提到的，对称并不在任何情况下都必然与美相联。格罗塞对此存而不论，实际上这是因为对称并不是在任何情况下都必然与人的自由相联，或都必然表现为人对规律的创造性的掌握应用。对称作为美的一个法则具有很大的普遍性，但并非无所不在。

《周易》对对称的认识也受到中国原始艺术的影响，但已远远超出表现于原始艺术中的意识。虽然《周易》未明确提出对称的概念，

① 《艺术的起源》，蔡慕晖译，商务印书馆1984年版，第115页。

② [德]格罗塞：《艺术的起源》，蔡慕晖译，北京：商务印书馆1984年版，第114页。

③ [德]格罗塞：《艺术的起源》，蔡慕晖译，北京：商务印书馆1984年版，第115页。

但它所说的"一阴一阳之谓道"，正好从哲学上深刻地指出了天地万物都包含阴与阳这样两个互相对待的方面，如寒暑、昼夜、开合，等等，都是阴阳相对的表现。这种互相对待的两个方面也正好是互相对称的。有阴必有阳与之相对，反之亦然。这是一种在哲学意义上了解的对称，比一般在数学、物理学意义上了解的对称更为普遍而深刻。同时，这种对称观念也已同中国古代的数理哲学联系起来了。阴属于偶数序列，阳属于奇数序列，奇偶互相对应。由于这种对称观念与卦象亦即"文"的构成相关，从而也与美相关。汉司马相如论赋之美已涉及这一点：

> 合綦组以成文，列锦绣而为质，一经一纬，一宫一商，此作赋之迹也(《全汉文》卷二十二)。

"一经一纬，一宫一商"正是对称的表现，交错而构成赋之美。至刘勰的《文心雕龙》，更为直接而明确地指出了包含在《周易》中的对称观念与文学的美的关系。刘勰在《丽辞》中说：

> 造化赋形，支体必双，神理为用，事不孤立。夫心生文辞，运裁百虑，高下相须，自然成对。

这里说"造化赋形，支体必双"，类似于格罗塞所说"自然界中的实物都是两端的形状对称的"。但刘勰接着就说"神理为用，事不孤立"，立刻把对称现象的解释提到哲学的高度。而这个"神理"，正是由《周易》予以最充分的阐明的。在《丽辞》中，刘勰还讲到运用奇偶对应以造成文辞的美：

> 若夫事或孤立，莫与相偶，是夔之一足，趻踔而行也。若气无奇类，文乏异采，碌碌丽辞，则昏睡耳目。必使理圆事密，联璧其章；迭用奇偶，节以杂佩，乃为贵耳。类此而思，理自见也。

与此同时，刘勰又举了《周易》的文章为例，以说明语言的对偶之美：

> 《易》之文系，圣人之妙思也。序乾四德，则句句相衔；龙虎类感，则字字相俪；乾坤易简，则宛转相承；日月往来，则隔行悬合。虽句字或殊，而偶意一也。

刘勰是正面地深刻阐明了包含在《周易》中的对称观念的美学意义的第一人，对后世产生了广泛的影响。

卦象构成的对称规律

《周易》卦象的构成处处体现了对称规律。这个规律就是上面已指出的"参伍以变，错综其数"。

"参伍以变"，"参伍"即三五，"变"指阳变阴，阴变阳，逐渐地变，三三五五地变，即是"参伍以变"。《周易》认为六十四卦均由乾、坤两卦演变而来。乾卦之六爻，由下至上，三五以变为阴爻，每一变即得出另一卦。坤卦亦然，只不过是由阴爻变为阳爻。例如，乾卦六爻初爻变为阴即得到姤卦☰，三爻变为阴即履卦☰，五爻变为阴即大有卦☰，如此等等。从卦象的构成来说，这也就是"刚柔相推而生转化"（《系辞上》）。其所以描述为"参伍以变"，又是因为变化不是机械、划一的，而是随机、多样的。"刚柔相易，不可为典要，惟变所适"（《系辞下》）。

"错综其数"，朱熹《周易本义》注："错者，交而互之，一左一右之谓也。综者，总而挈之，一低一昂之谓也。"明来知德《周易集注》序释为"错者，交错对待之名，阳左而阴右，阴左而阳右也。综者，高低织综之名，阳上而阴下，阴上而阳下也"。其意与朱注同。"错综其数"之"数"指奇数阳，偶数阴。故"错综其数"，实即错综阴爻与阳爻而形成卦象。之所以能"错综其数"，又是作为祖卦的乾、坤两卦"参伍以变"的结果。由于"参伍以变"，在全为阳爻构成的乾卦中出现了阴爻，全为阴爻构成的坤卦中出现了阳爻，于是形成各各不同的卦象。

"错"是左右交错，"阳左而阴右，阴左而阳右"，这就构成了横向的对称。这种对称存在于不同的卦之间。最显著者为作为祖卦的乾、坤两卦：

此两卦并列，横向看，每一阳爻与每一阴爻两两对称。如两卦均"参伍以变"，乾卦的任一爻变为阴爻又与坤卦处于同一位置的阴爻变为阳爻相对应，这样又可再形成两卦之间的横向对称。最显著者如既济、未济两卦。

此两卦，乾卦初爻变为阴爻，坤卦初爻即变为阳爻，每一变化均两两相应，构成很规律的左右对称。

"综"是上下织综，"阳上而阴下，阴上而阳下"，这就构成纵向的上下对称。这种对称见于单独的每一卦的结构中，也见于不同卦并列的结构中。最显著者，如上说既济与未济两卦，前者为"阴上而阳下"的结构，后者为"阳上而阴下"的结构。就不同的卦之间来说，最显著者如泰、否两卦：

此两卦，否卦实为泰卦的颠倒，因此两卦构成纵向的方向刚好相反的对称。另外，这两卦从横向看也是对称的。凡并列的两卦有对称关系者，又均可构成图案上的四方连续（详后）。

"错综"是《周易》用以构成卦象的重要方法，同时又与美的形式结构密切相关。"天地之至赜而不可恶也"，就因为至为杂多的事物能"错综"而成"文"。"物相杂，故曰文。""相杂"的方法就是"错综"。

"错综"观念的产生无疑同人对自然的观察有关。因为很多自然物的结构都是"错综"的。最常见的、随时可以观察到的是"错"，即左右对称。如人及许多动物的形体结构均为左右对称。所以，普列汉诺夫曾指出原始人的装饰图案"重视横的对称甚于直的对称"①。但中

---

① ［苏］普列汉诺夫：《没有地址的信·艺术与社会生活》，曹葆华译，北京：人民文学出版社1962年版，第43页。

国人的天地观念，"仰则观象于天，俯则观法于地"(《系辞下》)，使中国人在横的对称之外，也很重视直的对称。如中国的山水画，立轴总是多于横幅。中国大型建筑很重视横向展开，但在设计观念上一向以整个天地为背景，在大多数情况下，其中总有一个较高的主体建筑，使人于其中能"仰则观象于天，俯则观法于地"。

"错综"观念的产生同对自然的观察有关，但作为一种形成美的结构的法则，人类对它的认识，更重要的是来自编织手工艺。格罗塞在《艺术的起源》一书中详述了编织在原始装饰图案创造中的重要作用。在中国新石器时代彩陶图案中也经常可以看到摹拟编织物而造成的图案。来知德解释"综"也是从织布来讲的。但不仅"综"与编织相关，"错"也来自编织。因为在编织中，"错"与"综"不能分离。纬线与经线交叉，一上一下形成许多平行的横线，这就是"综"。这些横线，每一横线下的另一横线又被经线压住，以经线为中轴，一左一右构成横向对称，这就是"错"。我以为构成卦象的基元阳爻(—)与阴爻(--)的创造，很可能与从编织物获得的启示有关。特别是以较粗的藤条或较宽的布条编成的编织物，最能看出这一点。所有压在经线之上的纬线，以两边的经线为界，看上去就如许多平行排列的阳爻；被压在经线之后的纬线则被经线分割为以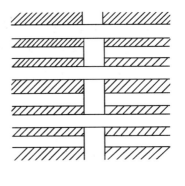经线为中轴的左右相等的两条短线，看上去就如许多平行排列的阴爻。更简单一些说，在编织中，两条平行的纬线，第一条压在经线之上，是完整的一条横线；第二条压在经线之后，被经线分割为中间断开的两条横线。前者即如阳爻，后者即如阴爻，而且也符合在上者为阳，在下者为阴的观念。试以图示之如右。

编织是人类在古代的一大发明，作为人类创造智慧的表现，它不仅是实用的，也是美的。特别是当它与服饰结合在一起之后，更具有了美的意义。我国古代的交错为"文"的观念，当与编织有关。前引司马相如论赋之美的话，有"合纂组以成文"的说法，即是以彩色丝带编织成美丽的文采来比喻赋的美。在《周易》中，"错综"是构成"文"的方法，并与美相关。

《周易》所讲的"错综其数"不能离开"参伍以变"，这一点也有值得注意的意义。由于"错综其数"是"参伍以变"的结果，"参伍以变"又是指一种非机械的、随机的、"惟变所适"的变化，因此《周易》所说的由"错综其数"构成对称，是一种在丰富多样的变化中的对称。这与古希腊毕达哥拉斯派把对称归结为某种不变的数的关系或建立某种固定的普遍模式很不相同。《周易》以阴爻与阳爻这两个抽象符号的重叠变换组合，形成八卦，进而又形成六十四卦，显示了种种可能的对称结构。下面我们可以看到，计有196种之多。中国自古以来的艺术都很重视对称，但又是一种在活泼多样的变化中表现出来的对称，极少有机械呆板的对称。

反 对 与 正 对

《周易》各卦象的对称是通过阴爻与阳爻而构成的。在阴爻与阳爻之间，有两种应加以区别的对称关系。用刘勰在《文心雕龙·丽辞》中提出的说法来讲，可称之为反对与正对。刘勰说：

> 反对者，理殊趣合者也。正对者，事异义同者也。……仲宣登楼云："钟仪幽而楚奏，庄舄显而越吟"。此反对之类也。孟阳七哀云："汉祖想枌榆，光武思白水"。此正对之类也。

在卦象中，阳爻与阴爻对，阴爻与阳爻对，这是相反的两元素之间对，可称为反对，也就是《周易》常讲的"刚柔相应"。但阳爻与阳爻、阴爻与阴爻之间也可相对，这是由于位置刚好相反而对，如一在上一在下，一在左一在右。这种对可称之为正对，也就是《周易》中也常讲到的刚柔相敌或刚柔敌应（刚与刚对，柔与柔对）。反对和正对一样，也与位置相反分不开，但反对不仅两元素在位置上相反，而且构成对称的两元素本身也是相反的。就造型艺术看，反对表现为构成对称的两元素不仅位置正相反，而且方向也相反（如一朝左一朝右）。中国古代图案很重视这一类型的对称。如应用很多的饕餮纹，在中轴线两边的图形，一向左，一向右，构成对称。这种对称常给人以一种张力，有强烈的动感。如下图：

商周铜器图案(取自《中国古代图案》一书)

正对仅是同类的元素因处在相反位置上而构成对称，元素本身无方向相反的问题。这是一种较简单的对称。但也有通过构成对称的两元素的结构的适当处理，使人有朝不同方向运动的感觉。如下图：

新石器时代彩陶图案(取自《中国古代图案》一书)

在《周易》各卦象中，或阴爻与阳爻反对，或阴爻与阴爻、阳爻与阳爻正对，或正对与反对间杂使用。由此而形成的各卦象，可以说是以抽象的符号指出了各种可能的对称结构。每一结构均有其美的价值，并可应用于各门艺术。这一点，将在下面再加以讨论。

每一卦的纵向对称结构

六十四卦每一卦自身均可看作是一个由下而上的纵向对称结构。这种结构又可区分为三种情况。

第一，下卦与上卦对称。

《周易》把每一卦象的结构划分为下卦(下三爻)与上卦(上三爻)或内卦与外卦。上卦与下卦之间可构成对称，或为反对，或为正对。属

217

于反对的有由八卦(经卦)的乾与坤、巽与震、艮与兑、坎与离重叠而成的八个卦。如由震下巽上构成的益卦和由离下坎上构成的既济卦：

这一类卦，下卦的每一爻均与上卦位置相同的另一爻构成反对，一般看上去很合规律而美。属于正对的，有由八卦中每一卦自相重叠而构成的八个卦。这一类由八卦中每一卦自相重叠而构成的卦，上下卦完全对称，有高度的合规律性，很美。如离卦与震卦：

第二，下、中、上三位爻互相对称。

《周易》卦象，下二爻属下位，中二爻属中位，上二爻属上位。三位之间可构成对称。这一类卦不多。属于正对者有乾、坤两卦，属于反对者有中孚、小过两卦：

中孚　　　　　　　　　　小过

这两卦结构很整齐，从下至上，三位间形成反对，下位爻与上位爻恰好又是正对，中位爻犹如一中轴。这样的对称形式在图案中甚多。

第三，从下至上，两卦各爻之间以正对、反对相杂而构成对称。

此类卦是由八卦的两个系列乾、巽、艮、坎与坤、震、兑、离构成，每一系列中的每一卦各与该系列中的另一卦重叠。两系列间，除与相对的一卦重叠之外，每一系列的各卦又分别与另一系列中的各卦重叠而成卦。三种重叠总计得出四十六卦。这一类卦，有一些看起来不够整齐、不很合规律，但富于多样的变化。有的很奇特，个别的也有明显的对称感与合规律性。如：

复　　　　　　　　夬　　　　　　　颐

以上三种情况，总计构成六十六种对称结构，但就卦的数目而论仍是六十四卦。这是因为乾、坤两卦的对称结构，从不同观点看，多计算了两次。

各卦之间的横向对称结构

这种对称结构，也可分为三种情况。第一种是两卦之间，横向看去，下卦与下卦、上卦与上卦之间均相互构成反对。

这种对称，在传为伏羲六十四方图中可以看得很清楚。将此方图从右向左数的四行倒转，各各与从左向右数的四行依次并列，即可看出两卦之间均为阴爻与阳爻两两相对。这很好地体现了《周易》的阴阳和谐、"大和"的思想。现据伏羲方图另作六十四卦阴阳相对图如下：

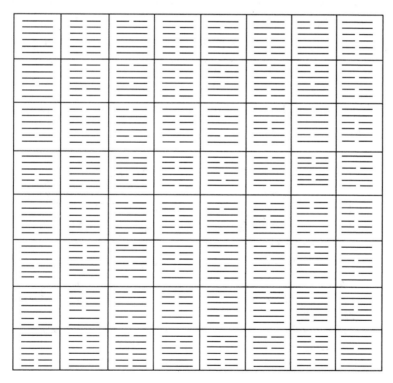

六十四卦阴阳相对图

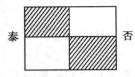

此图从左至右，分为四个系列：1 行与 2 行、3 行与 4 行、5 行与 6 行、7 行与 8 行，均各相互对称。这是一种无一例外的、严格的横向对称。它的最重要的特征是表现了一种对比与变化之美。构成对称的各卦，其阳爻与阴爻"参伍以变"，三三伍伍地不断构成对称，从而构成对比，显示了宇宙万物由对比而构成的美的多样性与丰富性。由于对称是由刚好相反的元素所构成，因此这种对称也就包含对比，是对比的最鲜明的形态。阴阳对称亦即阴阳对比。这种对比又不仅仅是像乾坤两卦那样，左六爻全为阳，右六爻全为阴，而有爻位上阴阳的变化，因此使构成对比的两卦之间的阴阳变化有数的多少和位置上下移动的变化。如果我们以白色表阳爻，黑色表阴爻，将相互对称的诸卦的对比显示出来，即可看出其间阴阳黑白的变化有微妙的地方，并包含着阴阳黑白在空间分割上的各种可能的结构。有一类卦阴阳黑白的变化看上去很合规律，如泰卦与否卦，下卦与下卦、上卦与上卦左右阴阳相对，刚好形成为阴阳黑白的一个四方连续（图见上）。另外，有的转化是渐进的，如下图（3）。有的则跳跃很大，如下图（1）、（2）。

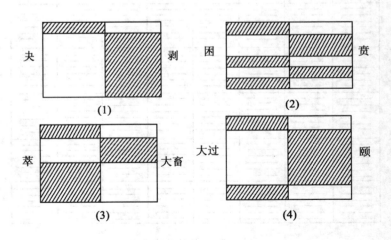

（1）　　　　　　　　　　（2）

（3）　　　　　　　　　　（4）

在中国，借助于阴阳的对比变化去求得艺术的美，普遍存在于各门艺术中。在水墨山水画中，这一点尤为清楚。不同的山水画家在阴阳明暗的处理上有不同的手法、风格。有一类画家，如清代的龚贤，现代的黄宾虹、李可染，用墨极浓重，层层皴染，只在适当处所留出白地、高光。这可以说是重视阴面的处理的，如剥卦，五阴承一阳，大面积是阴，但阳在阴中闪闪发亮。也有以阳为主的，如清代的弘仁。这类似于夬卦，五阳承一阴。还有阴阳大致相当的，如明代的董其昌。这类似于泰卦。从西方现代来看，抽象派画家蒙德里安（P. Mondriann，1872—1944）所作的几何构图与我们上面图示的卦象的阴阳黑白的空间分割与结构十分类似，只不过是以色彩表现出来的。如果我们把六十四卦阴阳黑白的空间分割与结构统统图示出来，其变化之丰富多样，是蒙德安无法想象的。除他之外，西方现代一些用几何抽象构成的作品也与中国卦象的构成有明显类似的地方。这说明中国卦象的构成确实体现了美的普遍的形式规律。

上述六十四卦的横向对称都是反对，即阳对阴，阴对阳。还有两种情况，也属横向对称，一种是下卦之间为正对，上卦之间为互倒相对，另一种是上卦之间为正对，下卦之间为互倒相对。前者如大畜（☰）与大壮（☱），后者如渐（☶）与益（☳）。两者均各有 24 对，列之如下：

下卦正对、上卦互倒相对

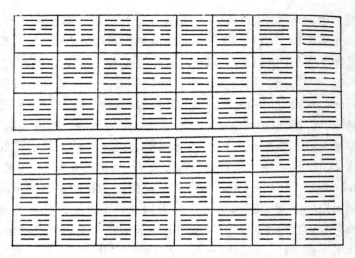

上卦正对、下卦互倒相对

这一类对称，其特点在既有正对，又有倒转互对。倒转互对，虽非阴阳相对，但在方向上是相反的，也略似于阴阳相对。每两对均可组成一双层平行的条状连续，是常见的一种颇有变化的图案形式。如以某种图形代替爻这一抽象符号，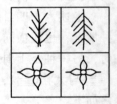此种图案的结构如右图所示，这一结构可向左右两方不断连续而成带形饰纹。

各卦之间的纵向对称结构

各卦之间的纵向对称结构的产生是由于卦象的构成往往将一卦颠倒而得出另一卦。这些相互颠倒的卦，即在纵向上形成方向相反的对称。最显著者，如否卦是泰卦的颠倒，此两卦不仅横向是对称的，纵向也是对称的。从横向看是阴阳相对，从纵向看也是阴阳相对。其余许多卦不如此两卦这样合规律，但任何一对由互倒而构成的卦，从纵向看，上下总是由两个相异的要素构成对称。例如，大畜与遁、需与讼：

此类对称，如将图形代换爻的符号，又可得出如下的图案组合式：

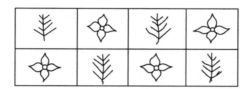

属此类对称的卦共有 28 对，如下图：

两卦互倒构成的对称

223

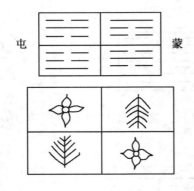

还有一类对称也属上下对称，但构成对称的上左（右）下右（左）两个元素，其方向是互倒相对的。如左图（上）屯与蒙。仍如上将图形取代爻的符号，又可得出一平行带状连续图案，如左图（下）所示。

这一类卦系由八卦中的震与艮、巽与兑相对待，并分别各与他卦重叠而成总计共有24对，如下图：

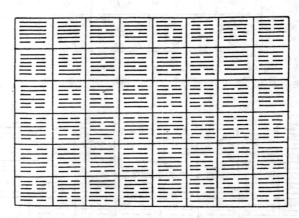

两卦上下对称，其中上下卦间有互倒对称

卦象结构对中国艺术的影响

《周易》的卦象结构对于中国艺术产生了有形无形的广泛影响。现就几门艺术略加考察。

（1）建筑。《周易》的大壮一卦，据《系辞下》，是与建筑相联的。初步来看，中国建筑，特别是大型的建筑排列配置的结构受到卦象的影响。如北京故宫的建筑，从平面图上看，有些建筑群的排列配置类似于卦象的阳爻、阴爻的排列。我认为当代建筑家也可从卦象获得启示，作出既有现代感又有民族性的新创造。

（2）书法。书法与卦象一向被看作是密切相关的。文字与卦象何者在先有不同的看法。我持卦象后于文字的看法。中国文字起源于象形，由象形而产生文字，比卦象的创造要容易。因为卦象的创造要求有相当高的抽象能力，不是仅由象形可得的。很早的时候，会有用于记数的符号，其形如阳爻、阴爻的样子。它可以说是后来创造卦象之所本，但还很难说就是卦象。因为卦象的创造伴随着一套已经相当复杂的观念。必在已有阴阳观念之后，才能有真正的卦象的创造。卦象创造时既已有文字，当然也会受到文字的影响。同时，卦象创造出来之后，由于它包含着美的形式结构的规律，又可对文字、书法产生影响。我认为隶书的创造，将篆书的曲线化为直线，并且充分发挥水平方向上线的平行对称之美，很可能受到卦象的启发。

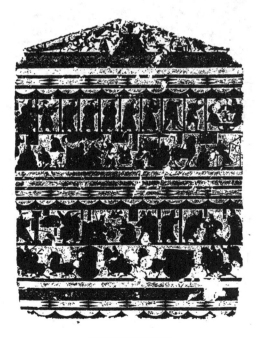

武梁祠西壁画像

225

武梁祠左石室第四石画像

（3）绘画。卦象对绘画的影响，很明显地表现在周代铜器上的花纹图案设计，秦汉瓦当的图案设计，战国水陆攻战纹图像和汉代画像石、画像砖上的绘画的创造。如武梁祠画像石，每一石的画面由互相平行的横向展开的条状画面构成，看上去产生如爻的平行排列之感，而每一条状画面中所画人物车马的结构又都很类似于卦象显示的对称结构形式。汉画像石直接影响到魏晋绘画，产生出横向排列展开的，后来被称为长卷的形式，如顾恺之的《洛神赋图卷》等。虽然已不同于汉画像石那种图案式的表现方法，但人物的安排配置仍体现着与卦象相通的对称规律。中国山水画长卷的结构与人物画长卷的结构，基

226

本规律是一致的。山水画中的立轴、中堂，则与卦象的纵向对称规律有关，由下而上分为几层（一般是三层或三段），层层在变化中互相照应，以取得结构在纵向上的稳定、对称。此外，我们前面还讲到卦象的阴阳黑白的空间分布与结构对中国水墨山水画处理阴阳黑白关系的影响，以及西方现代抽象派画家蒙德里安的作品与中国卦结构的类似之处。图一、图二是取自武梁石汉画像石的两幅作品，可见卦象对绘画产生的影响。

（4）文学。文学中骈文与后来的律诗的对仗平仄，其对称规律与卦象极为类似，完全可以用阴爻、阳爻代表而予以图示。如取自江淹《恨赋》中的以下两句，有正对，有反对。反对为阴对阳，阳对阴，正对可为阴对阴或阳对阳。如以阳对阳表正对，这两句赋可以图示如下：

```
——日        — —月
— —下        ——上
——壁        ——轩
——而        ——而
— —沉        ——飞
——彩        ——光
```

这两句赋的对仗，从卦象看，也就是离卦(☲)与兑卦(☱)相对。

（5）舞蹈。一些舞蹈研究者已指出，在与道教相关的舞蹈中，有所谓八卦步，其行列、行进、步法与卦象有明显联系。

由于卦象包含着形式结构的美的规律，因此它对中国艺术产生影响是很自然的事。但当然不应随处机械地去了解这种影响，而应从美的形式规律的应用上去加以了解。艺术家不可能处处按卦象的结构去进行创作，有的艺术家甚或不知卦象结构，但当他的作品符合形式结构美的规律，分析起来即可看出它与卦象结构的某种联系。由于《周易》的卦象结构丰富而深刻地体现了形式结构美的规律，比毕达哥拉斯学派和柏拉图单从几何学的观点讲形式美要深刻得多，因此我认为当代的艺术家如果能留意和了解一下卦象的结构，当会从中获得种种创造的启示与灵感，产生出既有现代感，又有浓郁中国风味的优秀之作，特别在建筑和工艺设计上更是如此。

三 "天文"与"人文"

《周易》在贲卦中提出了"天文"与"人文"的区分问题，这是对古来儒家关于"文"的理论的一个有重要意义的发展，在美学上也有其不可忽视的意义。

《周易·贲》说：

> 《彖》曰："贲"，亨。柔来而文刚，故亨。分刚上而文柔，故小利有攸往。刚柔交错，天文也。文明以止，人文也。观乎天文，以察时变；观乎人文，以化成天下。

通行本无"刚柔交错"四字，此据高亨说增补。① 除高说所持之理由外，观行文之上下结构，亦应有此四字，否则上下文难以联属。

《周易》对"天文"与"人文"的区分，首先是从卦象的结构来说的，进而再论及"天文"与"人文"的不同作用。以下分别加以诠释。

"天文"的含义

就卦象而言，"天文"与"柔来而文刚""刚上而文柔"相联。贲之下卦为离，为阴卦，为柔；上卦为艮，为阳卦，为刚。阴阳刚柔交错，故为"天文"之象。《周易·坤》说："夫玄黄者，天地之杂也。"《系辞下》又说："物相杂，故曰文。"因此，阴阳刚柔交错亦即天地相杂为文。《周易集解》引郑玄注："离为日，天文也。艮为石，地文也。天文在下，地文在上，天地二文相饰成贲者也。"虽然"文"有天、地之分，但二者交错而成之"文"，相对于"人文"而言，也就是"天

① 见《周易大传今注》第227页。

文"。《周易正义》孔颖达疏："天之为体，二象刚柔。刚柔交错成文，是天文也。"朱熹《周易本义》注又指出："刚柔之交，自然之象，故曰天文。"从现代的观点看来，"天文"也就是由日月星辰、山河大地相互联系而构成的整个自然界的美。当然，如前已指出，《周易》的"天文"之"文"的观念，还与人世的吉凶、善恶相关，不只含有美的意思。但专从美学上看，"天文"又正是指自然界的美。郑玄注称"天地二文相饰成贲者也"，正好专指美学意义上的"文"，即自然界的美。

"天文"的作用在于"观乎天文，以察时变"。《周易集解》引虞翻注："历象在天成变，故以察时变。"《周易正义》孔颖达疏："言圣人当观视天文，刚柔交错，相饰成文，以察四时变化。"这既和自古以来与农业相关的对天文历象的观察分不开，同时又无疑与《周易》所说"天垂象见吉凶"（《系辞上》）密切相联，即由观"天文"而明人世吉凶。因此，"天文"虽可指自然界的美，但"观乎天文"却并非为了审美，或主要不是为了审美。不过，当"观乎天文"而看到吉利的景象，这也就是美的景象，如泰、豫、离、恒、大壮诸卦所言，均包含有美的自然景象。乾、坤二卦所描绘的自然景象，当然更包含我们已讲过的阳刚之美和阴柔之美。但由于《周易》所言"观乎天文"是从观测与农事耕作、国家兴衰、人世吉凶有关的自然现象来讲的，而且在《周易》产生的时代，自然美的欣赏尚未如后世那样具有独立的意义，因此"观乎天文"还不是纯粹的审美。

"人文"的 含 义

"文明以止，人文也。"《周易》的"人文"观念，从卦象上看，是与贲卦由下离上艮组成相关的。离为火，为日，其"文"（卦象）象征"明"，故称"文明"。艮为山，象征"止"。《说卦》："艮，止也。"离、艮相叠而成贲卦，故释为"文明以止"。这种解释是相当牵强的，但由此引申出了儒家对"人文"的看法。儒家认为一切文饰、美饰都必须符合由礼所规定的名分、地位，不得僭越。"文明以止"即是一切文饰、美饰均须止于礼义，符合礼义的要求，也就是《荀子·礼论》所说"其义止，谁得行之！其义行，谁得止之"！《周易》艮卦中又说：

"艮，止也。时止则止，时行则行，动静不失其时，其道光明。"这是从"时"来说的，但"时止"或"时行"，自然又不可与礼义相违。艮卦中还说："艮，君子以思不出其位。"这也就是要止于礼所规定的名分地位之意。由于人类社会生活中一切文饰、美饰均须符合礼义，因此这种"文"是《荀子·礼论》所言"礼义之文"，为人类所特有，故称为"人文"，以别于前述的"天文"。这个"礼义之文"即"人文"，如《周易正义》孔颖达疏所指出，是"诗书礼乐之谓"。它包含的范围很广，可泛指一切文物典章制度，但又都与人类生活的文饰、美饰相关。因此，正如"天文"不等于就是自然美，但包含自然美在内一样，"人文"也不等于就是社会美，但包含社会美。《周易》对"天文"与"人文"的区分，在中国美学史上，最早包含对自然美与社会美的区分，同时还包含对两者的相互关系的深刻理解。

"人文"的作用在于"观乎人文以化成天下"，这就是孔颖达疏所说"圣人观察人文，则诗书礼乐之谓，当法此教而化成天下也"。"化"为感化之意，咸卦中说："圣人感人心而天下和平。"以诗书礼乐感化人心，使天下和平，万国咸宁，这就是"化成天下"。这个"化成天下"，其中也包含发挥审美的教育作用。

"天文"与"人文"的关系

《周易》认为"大人者，与天地合其德，与日月合其明，与四时合其序"（《乾》），因此在《周易》的思想体系中，"人文"虽不同于"天文"，但"人文"又是从"天文"而来，并与"天文"一致的。观卦中说："观天之神道四时不忒，圣人以神道设教而天下服矣。"这里所说的"天之神道"正是表现在"天文"中，"以神道设教"即是依"天文"而设定能"化成天下"的"人文"。由于《周易》认为人类的伦理道德及与之相关的美的观念是同自然界完全一致，并以自然界为根据的，因此它也就在根本上肯定了"人文"与"天文"的不可分离的一致性。仅从美学角度看，也就是肯定了自然界的美与人类社会生活中的美的不可分离的一致性。这是一个重要的思想。

我们已经说过，中国自古以来是一个农业大国。古代农业是密切地依赖于自然的，中国古代从氏族血缘关系发展而来的宗族聚居的自然经济结构的长期存在与发展又形成了人与乡土、自然的一种极亲密的、不可分离的关系，自然成了人生存的根。因此，在中国古代哲学与美学中，从不把自然看成是与人无关的，或互相敌对的东西。虽然《周易》把人与自然的统一建立在人类伦理道德与自然的相通、一致上，并企图用自然来论证等级制的道德的天然合理性、永恒性，这是牵强的、缺乏根据的；但它终究又看到了，并且十分强调人类的伦理道德情感和与之相关的审美情感同自然的密切关系，不把两者分离开来，不认为自然界的美是同人类社会生活无关的、仅仅由自然物决定的东西。这较之于某些把人类社会生活与自然界分离开来，从而把自然美与社会美分离开来，主张自然美仅仅决定于自然物质属性的粗陋的唯物主义观点，是更为合理、深刻的。在实际上，自然美虽然不能脱离自然物本身具有的属性，但自然之所以对人成为美的，是由于人类在漫长的物质生产实践和社会生活中与自然发生了不可分离的密切关系，自然界成了人类实现其生活的目的、理想、自由的对象。因此，每一自然物的美，仔细分析起来，都包含有某种与人类社会生活相关的意义内容，只不过有的较为直接、明显，有的则较为间接、曲折罢了。不论怎样，如果抽去这种与人类社会生活相关的意义、内容，自然物对于人就不会有美。自古以来，中国艺术就很重视人与自然的交感，把自然看作是与人类情感相关的对象，十分强调"景"与"情"的交融统一。这正是中国艺术在对自然美描绘上的成功和卓越之处。中国山水画、山水诗有很大发展，在世界艺术史上有重要地位，都与此密切相关。而它的哲学和美学的基础，正在于对人与自然的统一的充分肯定，特别是在于《周易》对"人文"与"天文"的相通、一致的充分肯定。这种思想，一点也不忽视自然物的属性，但它从根本上排斥了一切仅从自然物质属性去说明自然美的思想。事实上，在很长的历史时期中，中国的美学、艺术理论从来没有认为自然美是仅仅由自然物质属性决定的东西。刘勰《文心雕龙·原道》运用《周易》"天文"的思想来说明自然界的美，十分强调自然界的美是自然而然地形成的、非人工的，但刘勰也绝没有认为自然美是一种与人类社会生活无关的东西，他仍然主张"天文"与"人文"的一致、相通，要"观天文以极变，察人文以成化"。在他用来说明"天文"即自然界的美是非人工产生的实例中，就有"龙凤以藻绘呈瑞"这样的话。这显然认为自然物的美虽是自然产生的，但却可以显示人事的吉祥。刘勰肯定自然界的美为自然所产生，绝没有排斥它同时又具有与人事相关的社会意义，否则也就无从"观天文以极变"，更不可能说"天文斯观，民胥以效"。此外，《文心雕龙·物色》显然更是从主体的情感与自然的交感来说明自然美，绝不认为四季变化的自然美，如清风明月、白日春林等的美是仅仅由自然物质属性决定的。

第五章　象 数 与 美

《周易》的象数理论具有多方面的美学意义，其重要性不在上章所述有关"文"的理论之下，甚或更有过之。在象数理论中包含着制象与模仿、取象与比兴、意象说、数与美、观象制器等一系列重要问题。以下先由象的含义说起。

一　"象"的含义

《周易》一书论及"象"的含义的话，有如下一些：

（1）在天成象，在地成形，变化见矣（《系辞上》）。

（2）圣人设卦，观象系辞焉而明吉凶（《系辞上》）。

（3）是故君子居则观其象而玩其辞（《系辞上》）。

（4）成象之谓乾，效法之谓坤（《系辞上》）。

（5）圣人有以见天下之赜，而拟诸其形容，象其物宜，是故谓之象（《系辞上》）。

（6）见乃谓之象，形乃谓之器（《系辞上》）。

（7）天垂象见吉凶，圣人象之（《系辞上》）。

（8）八卦成列，象在其中矣（《系辞下》）。

（9）夫乾，确然示人易矣。夫坤，隤然示人简矣。爻也者，效此者也。象也者，像此者也（《系辞下》）。

（10）是故《易》者，象也。象也者，像也（《系辞下》）。

（11）八卦以象告（《系辞下》）。

通观以上所列,《周易》所说的"象"有下述两重含义。

"象"指卦象

上引(2)、(3)、(5)、(7)、(8)、(9)、(10)、(11)诸条所说的"象"均指卦象而言。"八卦以象告",无象则无以明吉凶。所以,卦必有其象,"八卦成列,象在其中矣"。此"象"既指八卦之形象,又指由八卦之形象所代表的天(乾卦)、地(坤卦)、山(艮卦)、泽(兑卦)、雷(震卦)、风(巽卦)、水(坎卦)、火(离卦)八种事物之象(次序按《说卦》第三章所言排列)。八卦重叠而为六十四卦,于是又生出六十四种卦象,每一卦象均有指示吉凶的意义。

"象"指事物之形象

上引(1)、(4)、(6)三条所说之"象"均指天地万物之形象。"在天成象,在地成形","象"与"形"对举,"象"亦是"形"。乾卦中所说"云行雨施,品物流形"之"形",也是指由"乾"所生万物之形象。形象又是可以感官(视觉)感知的、可见的,属于"形而下"的"器";不同于不能感知的,不可见的,属于"形而上"的"道"。所以说"见乃谓之象,形乃谓之器"。有形即有象,有象即可见。

两种含义的关系

"象"既指卦象,又指天地万物可见的形象,两者的关系是怎样的呢?《周易》认为卦象是圣人观察模拟天地万物以及人自身的形象而创造出来的。所以说"象也者,像也","象"可以解为作动词用的"像"。这就牵涉到卦象的创造与模仿的关系这一重要问题。

二 卦象——哲学性与艺术性的符号

《系辞下》中说:"古者包牺氏之王天下也,仰则观象于天,俯则观法于地,观鸟兽之文与地之宜,近取诸身,远取诸物。于是始作八卦,以通神明之德,以类万物之情。"前引《系辞上》中也有相类的说法："圣人有以见天下之赜，而拟诸其形容，象其物宜，是故谓之象。"由此可见，卦象的创造是圣人观察至为杂多的天地万物以及人自身的形象，"拟诸其形容，象其物宜"而创造出来的，源出于对天地万物及人自身的形象的模拟。但这与古希腊的模仿说又有很大的不同。

《周易》的符号模拟法

自道家到《周易》，中国古代早已有效法自然的思想，并且占有重要地位。但这种效法自然绝非如古希腊模仿说所讲的那样，对自然作一种感性形象的描摹、再现，而是要求人类的行动须符合于自然的变化规律。如《周易》说"天地变化，圣人效之"（《系辞上》），很明显不是说要圣人去描摹、再现自然的变化，而是说圣人能按照自然变化的规律来决定人类的行动。这种效法自然表现在两个方面：一是按照自然变化的规律去进行生产，如春种、夏长、秋收、冬藏，"使民以时"或"敬授民时"，就是效法自然的变化；一是认为自然本身的变化规律与人类的伦理道德是完全一致的，伦理道德的根据就在自然之中，因此按照伦理道德行事也就是效法自然。这后一种思想起源甚古，其较早的明确表述见于子产论礼。子产说："夫礼，天之经也，地之义也，民之行也。天地之经，而民实则之。"（《左传·昭公二十五年》）子产认为礼的根据在于天，民实行礼即是法天、则天。《周易》极大地扩展了这种思想，它所讲的效法自然主要是指按自然所显示的伦理道德去行事，并在伦理道德的意义上达到与自然的合一。但很重视功利的《周易》也不忽视在物质生产意义上的效法自然，这一点我们在讲到观象制器的问题时再加以说明。

不论在上述哪一种意义上，中国古代所说的效法自然都不同于古希腊所说的模仿自然。其所以如此，又是由于我们已经指出过的，十分有闲的古希腊奴隶主高度推崇无所为而为的"观照"，很重视经由模仿而获得一种观念上的、认识性的愉快。忙于治国、富民、强兵的中国古代奴隶主所重视的则不是这种单纯认识性的愉快，而是实际的行动及其效果。长期的实践，特别是农业生产实践又使他们认识到人类的活动不能不遵循自然变化的规律，于是有效法自然的思想产生。它所强调的不是"观照"、模仿自然，而是人类行动与自然规律的一致性。如果说模仿，那么这是在行动中模仿自然变化的规律性，而不是在单纯认识性的观念中描摹、再现自然。

这样一种与古希腊模仿说不同的模仿观就是《周易》所讲卦象创造的根据。虽然卦象是"观象于天"，"观法于地"，"近取诸身，远取诸物"而创造出来的，但又决非对天地万物的感性形象的模仿、再现。因为卦象的创造，目的是为了"以通神明之德，以类万物之情"。"神明之德"，指的是天地阴阳变化的神妙的功能与性质。《系辞上》说过："穷神知化，德之盛也。"又说："知变化之道者，其知神之所为乎。"阴阳变化的功能与性质表现在天地万物之中，无法一一加以形象的描绘，所以这里说的是"通神明之德"。"通"为通晓、通达之意，也有陈说、论述之意，不是形象性的模仿。"类万物之情"的"类"是分别、区别的意思，也有类似、类比之意，但也非形象的直接模仿。"万物之情"则指的是万物不同的情况，因为《周易》认为万物是"各从其类"的，类不同则情况不同(见乾卦)。从《周易》全书的思想体系来看，"通神明之德"是从"形而上"的"道"来讲的，"类万物之情"是从"形而下"的"器"来讲的，两者不能分离。"通神明之德，类万物之情"，又是为了什么呢? 为了明人事的吉凶祸福，以确定人应当如何行动。因为在《周易》看来，天地及"各从其类"的万物神妙变化的功能与性质，其中就显示了人事吉凶祸福的原因。如"方以类聚，物以群分，吉凶生矣"(《系辞上》)，卦象能"类万物之情"，因此也就可以明吉凶。不论从创造卦象的目的或卦象的作用来看，卦象的创造虽与天地万物相关，但都不是为了形象地描摹、再现自然以求得一种认识性的愉快。也正因为这样，卦象的创造相对于天地万物而言，是"拟诸其形容，象其物宜"。这里的"拟"是比拟之意，虽然"形容"一词指的是天地万物所具有的形象，但只是对之加以比拟，不是加以形象的描摹、再现。"象其物宜"的"象"与"拟其形容"的"拟"对举，也非形象的描绘、再现之意，而是象征、显示之意。"物宜"则指"各从其类"的物所应有的、适宜的状态。由上所述可以见出，如果说卦象也是对天地万物所具有的形象的一种模仿，那么这是对与人事吉凶祸福相关的，天地阴阳神妙变化的功能、性质的一种比拟性、象征性的模仿，不是古希腊模仿说所讲的对事物形象的描摹、再现。因此，用以模仿的手段也非具体地描绘，而是一些代表不同事物的抽象符号即八卦和八卦的各种不同组合。

《周易》的这种模仿是很为特别的。卦象所要模仿的对象是"在天成形，在地成象"的各种可见的形象，而且卦象被认为是来自对这些形象的观察，不是凭空产生的。但这种模仿所重视的又绝不只是形象自身，而是形象变化的功能、性质所体现出来的、天地阴阳变化的规律。何以要重视这些规律呢？又不只是为了认识自然的规律，而是为了通过它来判定人事的吉凶祸福，决定人所应采取的行动。这些规律本来是要由语言概念来加以揭示的，《周易》也并不排斥语言概念。因为它认为卦象的含义需要用卦辞、爻辞、象辞等加以说明。但同时它又认为这些规律可以由卦象来加以表示，而且首先是以卦象加以表示。因为先要有卦象，然后才有说明卦象的各种辞。如无卦象，《周易》也不存在了。所以说"《易》者，象也。"由此可见，《周易》的模仿说实际就是以八卦的抽象符号来显示事物的变化规律，认为这些抽象符号与事物的变化规律之间有相似性、类似性。所以说"象也者，像也。"朱熹《周易本义》对这一句话加注说："易卦之形，理之似也。"此说甚是。南朝的颜延之也曾指出："图理，卦象是也。"（见《历代名画记》）《周易》就是认为卦象可以和"理"相似，可以显示出"理"，也就是《系辞上》中所说的"显道神德行"。因此，《周易》的模仿说是一种符号模仿说，并且是以符号显现事物变化的规律，而不仅是指称单个的事物。它与现代的符号学有相通之处，但两者又绝不可以等同。因为《周易》的符号学不是一般的符号学，而是一种仅为中国古代特有的哲学符号学。《周易》之所以认为天地万物及其变化规律都可以用它所制定的符号来加以显现，是由于它认定天地万物不外"阴物"与"阳物"两大类别，因此天地万物变化的规律也不外是"阴阳相推而生变化"的规律。正因为这样，用阴爻与阳爻及由此产生的阴卦与阳卦两类抽象符号的组合、变化即可以显示天地万物及其发生的一切变化。"一阴一阳之谓道"，有了代表阴的阴爻与阴卦，代表阳的阳爻与阳卦，就可以通过它们的组合、变化来显示那基于阴阳变化的宇宙普遍规律即"道"了。由此还可以看出，《周易》何以不采取如古希腊模仿说所讲的那种具体描绘各个事物的方法去显示事物的规律。亚里士多德在《诗学》中指出，诗对现实的模仿，"比历史更富有哲理、更深刻。因为诗力图表现普遍，历史则力图表现特殊"①。不论亚里士多德在这里对诗与历史的比较是否正确，他是把诗归之于"表现普遍"的。但诗所表现的普遍终究不可能达到哲学所要求的普遍，所以黑格尔把哲学摆在比艺术更高的地位。因为诗所表现的普遍不能同它感性具体地描绘的个别事物相分离，而只能从这种描绘中显示出来。哲学的普遍则是从一切感性具体的个别事物中抽象出来的普遍，它不局限在某一个别，而适用于一切个别。《周易》所说的"一阴一阳之谓道"正是一种哲学的普遍，是从天地万物及其变化中抽象出来的，因此也就不可能用亚里士多德所说的那种具体描绘各个事物的模仿去加以表现，而只能用代表阴阳的抽象符号及其组合、变化去加以显示。这也就是《周易》的卦象之所以是一套哲学符号学的根本原因。如果说卦象也是模仿，那么它是用哲学符号对宇宙变化的普遍性规律进行模仿。正因为这样，这种模仿实际是一种符号性的模拟，但又是哲学性的，即以哲学性质的符号去模拟由哲学所抽象出来的宇宙的普遍规律。

在现代，有符号逻辑，是否也可以像《周易》那样用符号来显示哲学的原理呢？我认为顶多只能在局部上有这种可能，就整体而论是不可能的。因为现代哲学已不可能像《周易》那样简易地将宇宙变化的普遍规律归结为阴阳变化。而且，《周易》使用的阴阳概念虽然已是具有哲学普遍性的概念，但又仍然是黑格尔曾指出过的"图画式的概念"，没有完全摆脱感性形象的意念。因此，《周易》可以设想创造出两个抽象的符号来代表它，并用它来模拟宇宙的变化。现代哲学的

---

① ［波］沃拉德斯拉维·塔塔科维兹：《古代美学》，杨力等译，北京：中国社会科学出版社 1990 年版，第 208~209 页。

概念即使语词上还留有感性形象的某些痕迹(如"反映"这一概念),但概念本身的内容是高度抽象的,只能以语言来加以表达。当然,语言也可看作是符号,但它是惟一能表达高度抽象与复杂的概念的符号。这是其他符号不能与之相比的。这里,会碰到一个问题:符号逻辑涉及的概念不也是高度抽象的吗?何以也能用符号加以表示呢?我认为这是由于符号逻辑与数学的演算相关,而数学的演算是只能以抽象的符号来进行的。更进一步说,符号逻辑所涉及的主要是已确定的诸概念之间的抽象形式的关系,它虽然也很抽象,但仍不同于哲学以整个世界为对象的、具有最高的普遍性的抽象。这样一种抽象不可能以数学演算式的符号体系去加以表达和说明。至今,一切将哲学的命题、原理加以数理逻辑化的做法都未能成功。《周易》看来在它所要达到的目的范围之内,成功地运用符号去表达了它的哲学原理,但仍然不能不辅之以语言的说明(卦辞、爻辞等)。而且,它之所以看来取得了成功,正是因为《周易》这种在远古产生的哲学尚未达到现代哲学的高度抽象,仍然伴随着种种感性形象的意念。它所使用的符号,以及用以解释这些符号的语言,既是哲学性质的,又是艺术性质的。在很大程度上,它是以艺术的方式来表达哲学,处于艺术与哲学的中间地带。也正因为如此,它总是可以通向美学与艺术,含有丰富的美学意义。

《周易》的符号模拟法与中国美学

《周易》的符号模拟法对中国美学的重要影响集中表现在下述两个方面。

第一,符号与艺术的关系。

《周易》使用的符号既是哲学性质的,但又具有艺术的性质。《周易》把这种符号称之为"象"(卦象),同时又称之为由阴爻与阳爻、阴卦与阳卦代表的不同的事物"相杂"而成的"文"。这"文"不全等于美,但包含美,我们在上一章已作了较详细的说明。现在需要从卦象的创造以及卦象作为符号与艺术的关系来进一步加以说明。

显示阴阳变化的卦象符号之所以会具有美的、艺术的性质,首先是由于本书第三章已经指出的，《周易》认为美存在于阴阳的变化之中，其次是由于卦象符号的创造源于对天地万物的观察，其中也包含对天地万物的美的观察，例如"观鸟兽之文"。我在上章中曾讲到阴爻与阳爻这两个构成全部卦象的基本符号的创造可能同编织工艺有关，这里还要补充说，可能也与"观鸟兽之文"有关。革卦中讲到"大人虎变，其文炳也"，"君子豹变，其文蔚也"。这即是说虎的皮毛之纹可以象征"大人"，豹的皮毛之纹可以象征"君子"。而在《周易》中，"大人"即是指君主，"君子"则是指臣下，不同于"大人"。《周易》又认为君为阳，臣为阴，阴从属于阳。因此，阴爻与阳爻这两个可以代表"大人"（阳）与"君子"（阴）的符号的创造可能与从虎豹皮毛的不同花纹上得到的启示有关。因为虎的皮毛的花纹是一系列平行的长条形花纹，豹的皮毛的花纹则是点状花纹的聚合。前者类似于许多阳爻的排列，后者则类似于许多阴爻的排列。当然，阴爻不是点，而是从中断开的两条短线。但当这些短线连续平行排列时，每一短线看去也类似于一个点。关于阴爻与阳爻的创造，它所象征的是什么东西，历来有不同的说法。以郭沫若为代表，主张是男女生殖器的象征这种说法颇占优势。我不绝对排斥这种说法，但我认为在《周易》中阴阳是一广泛概念，可指《周易》看来是有阴阳之分的一切事物，不限于男女两性。因此，阴爻与阳爻这两个符号的创造，其来源也当是多方面的，并且还与奇数与偶数的观念的发生，甚或与历史上的婚姻配偶形式有关。这是一个可以作专题探讨的问题，兹不详论。

卦象符号具有审美、艺术的性质，而且是"以通神明之德，以类万物之情"的。在中国古代的思想中，由于真善是合一的，美善也是合一的，所以艺术也同样可以被看作是"以通神明之德，以类万物之情"的，其作用与卦象符号相同。《乐记》论述音乐时已反复讲到这一点，但尚未将卦象与艺术相提并论。这是因为音乐究竟仍是诉之于听觉的（但可伴有舞），不同于诉之视觉的卦象。最早明确将卦象与艺术联系起来，是我们在绪论中已提到的，南朝颜延之在写给画家王微的信中所说的"以图画非止艺行，成当与《易》象同体"。这当然又同我们在前面已引述的，颜延之认为"图理，卦象是也"的看法相关。

卦象是用以"图理"的，也就是"以通神明之类，以类万物之情"。艺术，特别是颜延之认为用以"图形"的绘画①，如果不止于"图形"而达到"图理"，那就具有了与卦象同样重要的功能，因而可称"与《易》象同体"了。这实际包含这样的意思，即作为符号的卦象与作为艺术的绘画在本质可以相通、一致。虽然颜延之还不可能有现代的符号观念，但他的看法却包含符号与艺术的一致性的思想。因为卦象在古人眼里是一种有极深奥重要意义的东西，并不像今天我们这样把它看作一种符号，但卦象在本质上仍是一种符号，不同于语言概念或具体描绘事物的绘画。如果说绘画也可"与《易》象同体"，实即说绘画也具有与符号相同的功能。但这里所说的符号不是其他任何符号，而是《周易》的卦象符号。这种符号，一方面具有符合于美的形式规律的结构（如前章所言），另一方面，它所"图"之"理"又不是某种与人类无关的概念、原理（如力学的原理之类），而是能够进入艺术的"理"。这种"理"既与天地阴阳变化的规律相关，又不是单纯的自然之理，而是与人事的吉凶祸福不能分离的理，直接关系到社会、国家、个体的生存，并且与生存的遭遇、偶然性密切相联，因此正是可与艺术相通的理。上述两方面，决定了卦象符号虽不是艺术作品，却可与艺术相比拟。

　　西方现代美学以卡西尔的"符号哲学"为依据，提出艺术是一种符号的看法，其重要代表人物就是苏珊·朗格。她在论述艺术与生命、艺术与情感的形式这些问题上很有创见，但在秉承卡西尔而来，以艺术为符号这个方面的论述却恰好是薄弱的。以艺术为符号会碰到一系列问题，首先，什么是符号？按照对符号的看法可否把艺术视为一种符号？其次，如果肯定了艺术是符号，那么它与非艺术的符号有何区别？所有这些问题，我认为苏珊·朗格并未予以真正有说服力的解决。她以艺术为符号是基于以艺术为"表现性形式"，但"表现性形式"却并不一定就可称为符号。从艺术有表现性，其表现又与一定的

①　"颜光禄云：图载之意有三：一曰图理，卦象是也；二曰图识，字学是也；三曰图形，绘画是也。"见《历代名画记·叙画之源流》。

形式不可分离这个方面说，我们可以说艺术是"表现性形式"。仅就这一点说，艺术与符号确有类似之处。因为一个符号也是一种抽象的形式，而且也指称着、意味着或表现着什么。在艺术创造中，有时应用某些符号或类似于符号，或本来不是符号而后来成了通用符号的形式，这也是事实。但这些都难以证明从古至今多种多样的作品都是符号。当苏珊·朗格说艺术是符号时，她的意思其实不过是说艺术是"表现性形式"而已。"表现性形式"可从某个侧面（仅仅是某个侧面）概括从古至今的各种艺术作品，而符号这一概念却无法作出这种概括。我们不能说我们在欣赏一件艺术作品时是在欣赏一个符号。在艺术家创造他的作品时，也不能认为所有艺术家都把他的创作活动看作是在创造一个符号。由于感到用符号这概念来解释艺术所碰到的困难，因此苏珊·朗格要求扩大符号的概念，以适应于对艺术的解释。但她所说的扩大了的符号概念，其实不外就是"表现性形式"。我认为把艺术，甚而把人类的一切精神文化都视为符号（如卡西尔所说），是 20 世纪西方哲学片面夸大形式结构的意义而得出的一种见解。艺术的形式结构与符号的类似性、相通性很值得研究，但艺术并不就是一种符号。① 就《周易》而言，《周易》的卦象符号与艺术有很大的类似性、相通性。从研究艺术与符号的关系来说，很值得注意。

第二，表现与再现的关系。

我们已经说过，相对于以古希腊模仿说为依据的西方艺术来说，以交感说为依据的中国艺术很重视主体情感的表现，但中国艺术也并不排斥再现。这里需要作进一步说明的是：再现可以有两种情况，一种是对事物的感性形象的再现，另一种是对事物的结构、关系、功能的再现。两者当然是相互联系的，但又不能混同。这两重意义上的再现，中国艺术都并不排斥，但它更看重的却是后一重意义上的再现。这种情形直接与上述《周易》的符号模拟法密切相关。如我们已经指出的，这种模拟不是形象的描绘、再现，而是对天地阴阳变化的规律，也就是对由阴阳变化所决定的事物的结构、关系、功能的再现。

① 以上参见苏珊·朗格《艺术问题》。

"阴阳相推而生变化",因此在《周易》的观念中,一切变化均与阴阳的结构、关系、功能分不开。这一点,十分明显地表现在《周易》对各个卦象的解释之中。或吉或凶,或成或败,都取决于卦象所显示的阴阳的结构、关系、功能。所谓"象也者,像也",并非仅与事物外在的状貌相像,而是与决定事物状态的阴阳的结构、关系、功能相像。这种观念深刻地影响到中国的美学与艺术。

就各门艺术而论,诉之视觉的绘画要算是最能符合模仿概念的了。但中国画历来最重视的,也被认为是最有艺术价值的,却不是对事物状貌的逼真再现。是什么呢?历代画论有三种主要的说法,一是"传神",二是"气韵",三是"写意"。三者自然又是相互联系的,但无论哪一种说法,都只是针对具体的绘画创作,或人物画,或山水画,或花鸟画而言的。在绘画创作的范围内,它们当然也都有其不局限于某一画种的普遍的美学意义。但所有这些说法,如要予以更高的哲学、美学的解释的话,即如果要问中国画何以要提出这些要求,以及如何实现这些要求,那就不能不追溯到《周易》了。《周易》认为"象"是用以"通神明之德""类万物之情"的。而"象"之所以能做到这一点,又是因为它模拟、呈现了阴阳变化的结构、关系、功能。就前一方面,即"象"能"通神明之类""类万物之情"来说,后世画论所说的"传神""气韵""写意"均可纳入其中。因为在中国人的观念中,所有这一切归结到一点,都是为了"通神明之德""类万物之情"。就后一方面说,即就"象"的这种目的如何实现来说,后世画论之所以提出"不求形似"或"不似之似",就因为"通神明之德""类万物之情"不是仅仅借助于逼真地模仿外物就能做到的,而必须把握表现在事物变化中的阴阳的结构、关系、功能。因此,就感觉上的逼真来说,它是"不似"的;就把握了表现在事物变化中的阴阳的结构、关系、功能,并由此达到"通神明之德""类万物之情"的目的来说,它又是"似"的。所以,我认为颜之推所说的"图画非止艺行,成当与《易》象同体"这句话,深刻地把握住了中国绘画美学的根本,同时也可推及于其他各门艺术。

更具体地来说,我们看到中国画对一切对象的观察处理,其着眼点都在与阴阳原理相关的结构、关系、功能上，形象的描绘始终与对这种结构、关系、功能的把握和处理分不开。通过这种处理、一方面形成一种美的形式结构（也就是《周易》所说的"文"），同时又显示出由天地阴阳和谐而呈现出来的某种哲理—伦理的境界。试把中国的山水画同西方的风景画（现代派除外）作一比较，西方的风景画给我们一种高度的感觉上的真实，事物的形式结构都隐没在光影、空气之中。画面的构图虽已经过创造性的处理，但仍力求保持如真景般的真实感。它给予我们的感受也十分切近于日常现实生活的感受，较少有一种超越日常生活的形而上的哲理玄思。即使有，也仍然是在感觉上的高度真实中呈现出来的。直至印象派的风景画，也还在强调感觉印象的真实。中国山水画则不然，我们看到的不是与日常感觉印象非常相合的风景，而显得是由画家加工组织而造成的。一切都经过不拘于自然原物的处理，种种描绘的手段显得是符号化的（如点、皴、钩叶等均有特定程式），整个画面的形式节奏感非常鲜明强烈，即使一棵树、一块石，也是作为一个特定的形式结构来加以处理的，并且都合于《周易》所言阴阳刚柔相应、相错、相综等变化的规律。由此而把自然山水作为一个"至赜而不可恶""至动而不可乱"的、美的形式结构呈现在我们眼前，并把我们带入一种与宇宙人生相关的哲理—伦理境界。这境界是与形而上的"道"相联的，山水的形象及其形式结构就是这"道"的显现。所以，说中国艺术不重视感觉印象的、模仿性的再现是对的，但它却很重视对宇宙万物的结构、关系、功能的再现，并据此而形成艺术作品的形式结构。但这种再现是审美的、艺术的再现，是基于《周易》认为宇宙的本性是和谐的、美的这样一种观念的再现，因而也可以说是把自然的结构、关系、功能转化成为既不违背自然，又非复写自然的美的形式结构。这样的形式结构当然充分地具有苏珊·朗格等人非常强调的"表现性"，但又没有脱离再现，即对事物的结构、关系、功能的审美再现，因而也不是只与主体意念的表现有关的一个符号。西方绘画从被称为"现代绘画之父"的塞尚（P. Cezanne，1839—1906）开始，朝着打破印象派所推崇的感觉真实的方向不断前进，也日益强烈地注意到对超出感觉真实的形式结构美的追求了。这确乎与中国画有类似之处。但西方现代绘画的这种倾向又是朝着拒斥外部世界，转向内心世界，并以内心世界为唯一真实这样一个方向发展的。主体内心世界因拒斥外部世界而日益变得空虚、神秘、抽象，于是对所谓纯形式的追求也日益强烈，直至把艺术看作只是表现主体内心不可思议的某种神秘体验的符号。中国艺术则不然，它所要追求的形式结构，既是主体情感的表现，同时这形式结构又仍然被看作是天地万物形式结构之美的对应物。"物相杂，故曰文"，没有"物"是不会有"文"、有美的。艺术作品的形式结构之美非它，乃是"物相杂"而生的"文"之美的形式结构艺术呈现。就这种意义而言，又可以说中国艺术是很重再现的。

三　取象与比兴

卦象是"以通神明之德，以类万物之情"的。但要做到这一点，只有卦象不行。除卦象之外，还要借助于说明卦象的卦辞、彖传、象辞、爻辞，方能以卦象明吉凶。这就是不仅要"观其象"，还要"玩其辞"（这里的"观""玩"均含审美意味）。卦辞系于卦象之下，简陈卦的吉凶。卦辞也即彖辞，"彖"是判断之意。彖传是对卦辞的进一步阐明，凡首称"彖曰"者均是。象辞是对构成每一卦的上下卦所代表的事物，它们的重叠组合所显示的意义及其与人事吉凶的关系作出说明。爻辞用以说明每一爻的意义、吉凶，爻的解释也可系以象辞。相对于解释全卦整体的象辞，一为大象，一为小象。

辞对卦象的种种解释，其根本都是建立在对下卦及上卦所代表的事物及两者关系的解释之上的。离开卦象所代表的事物即无从解释卦象。这种从卦象代表的事物及其关系出发去解释卦象的做法就叫做取象。

取象的美学意义

取象的观念在《周易》之前早已有了。这就是选择某些自然物或由自然物而来的人造符号以指示、象征社会生活中的政治伦理道德及善恶美丑，使人知所遵循。如《左传·宣公三年》记载：

> 定王使王孙满劳楚子，楚子问鼎之大小轻重焉。对曰："在德不在鼎。昔夏之方有德也，远方图物，贡金九牧，铸鼎象物，百物而为之备，使民知神奸。故民入川泽山林，不逢不若。螭魅魍魉，莫能逢之，用能协于上下，以承天休"。

这里讲的是夏代的事，虽不一定确如所言，但可说是关于取象的较早记载。"铸鼎象物"指的是在鼎上铸刻"百物"的形象，而其功能又在"使民知神奸"，亦即知善恶，以使民能避恶趋善，不受恶物的侵害。这里，铸于鼎上的物的形象，是具有指示、象征善恶，并驱除邪恶的意义的。这种观念和做法当与古代图腾巫术有密切关系。《左传·桓公二年》所记以"文物""昭"帝王之"德"，是这种观念和做法的发展。在哲学上，《老子》已提出"象"的观念，其后《荀子》论礼，又明确提出"取象"的说法：

> 上取象于天，下取象于地，中取则于人，人所以群居和一之理尽矣（《礼论》）。

荀子讲到与礼密切相联的乐时又说：

> 故其清明象天，其广大象地，其俯仰周旋有似于四时。故乐行而志清，礼修而行成，耳目聪明，血气和平，移风易俗，天下皆宁，美善相乐（《乐论》）。

荀子所言"取象"，就礼言是取天地之象以象征礼，就乐言是用乐（包含舞）以象征天地。《周易》卦象的创造，如前所说，是"近取诸身，远取诸物"的结果，即是以卦象象征天地万物。这是就卦象的创造而言的"取象"。但这种"取象"的最终目的是为了用卦象明人事吉凶，所以还须以辞说明卦象之"取象"所含有的与人事吉凶相关的意义。

这样一种说明，如仅停留在卦象所象征的事物上是不行的，必须通过对这些事物及其关系的某种解释，从中引出与人事吉凶相关的意义。很明显，这种认为天地万物本身就含有与人事吉凶相关的重要意义的观念，和前述"铸鼎象物"一样，仍与古代图腾巫术相联。而对这种意义的解释，是在卦象的"取象"的基础之上，从卦象所代表的事物引出它与人事吉凶相关的意义，因而可以说是表现于言辞的又一次"取象"，不同情况有不同解释。这样一种"取象"的完成，所采取的解释方式，不能说就是艺术，但又的确同艺术十分近似。因为要把卦象所代表的事物及其关系与人事的吉凶联系起来，离开了联想、想象的活动是不可能的。而且，这种解释既然不是仅仅为了说明事物的属性、规律以认识事物，而是要把它同人事的吉凶，从而又与人事的善恶美丑联系起来，这就使这种解释更具有了艺术的意味。

孔颖达《周易正义》疏曾颇为详细地讲到了《周易》对卦象的解释的取象：

> ……万物之体自然，各有形象。圣人设卦以写万物之象。今夫子释此卦（指乾卦——引者）之所象，故言"象曰"。天有纯刚，故有健用，今画纯阳之卦以比拟之，故谓之象。……万物壮健，皆有衰怠，唯天运动，日过一度，盖运转混没，未曾休息，故云"天行健"。健是乾之训也。……凡六十四卦，说象不同。或总举象之所由，不论象之实体，又总包六爻，不显上体下体，则乾坤二卦是也。或直举上下二体者，若云雷，屯也；天地交，泰也；天地不交，否也；雷电，噬嗑也；雷风，恒也；雷雨作，解也；风雷，益也；雷电皆至，丰也；洊雷，震也；随风，巽也；习坎，坎也；明两作，离也；兼山，艮也；丽泽，兑也。凡此一十四卦，皆总两体而结义也。取两体俱成，或有直举上下两体相对者：天与水违行，讼也；上天下泽，履也；天与火，同人也；上火下泽，睽也。凡此四卦，或取两体相违，或取两体相合，或取两体上下相承而为卦也，故两体相对而俱言也。虽上下二体，共成一卦，或直指上体而为文者，若云上于天，需也；风行天

247

上，小畜也；火在天上，大有也；雷出地奋，豫也；风行地上，观也；山附于地，剥也；泽灭木，大过也；雷在天上，大壮也；明出地上，晋也；风自火出，家人也；泽上于天，夬也；泽上于地，萃也；风行水上，涣也；水在火上，既济也；火在水上，未济也。凡此十五卦，皆先举上象而连于下，亦意取上象以立卦名也。亦有虽意在上象，而先举下象以出上象者：地上有水，比也；泽上有地，临也；山上有泽，咸也；山上有火，旅也；木上有水，井也；木上有火，鼎也；山上有水，渐也；泽上有雷，归妹也；山上有水，蹇也；泽上有水，节也；山下有风，蛊也；山下有火，贲也；天下雷行，无妄也；山下有雷，颐也；天下有山，遁也；山下有泽，损也；地中生木，升也；泽中有火，革也。凡此十三卦，皆先举上体，后明下体也。其上体是天，天与山则称下也。若上体是地，地与泽则称中也。或有虽先举下象，称在上象之下者，若雷在地中，复也；天在山中，大畜也；明入地中，明夷也；泽无水，困也。是先举下象而称在上象之下，亦义取下象以立卦也。……先儒所云此等象辞，或有实象，或有假象。实象者，若地上有水，比也；地中生木，升也，皆非虚，故言实也。假象者，若天在山中，风自火出，如此之类，实无此象，假而为义，故谓之假也。虽有实象假象，皆以义示人，总谓之象也。

这段话很长，之所以摘引它，是因为它能使我们对《周易》取象以释卦义的方法获得一个较为具体的了解。

孔颖达对这种方法作了细密的分析，但就共通的方面言，归结起来，不外是先对上下卦所代表的同一事物或不同事物作一个描述性说明（包含对事物的属性、特征、相互关系等的说明），构成一个形象，然后指出它对于人事活动所具有的意义。由于卦象本不过是抽象的符号，仅仅指明了它所代表的事物，因此要经由文字描述而构成形象，又要把它联系于人事活动，都是很需要发挥想象力的。孔颖达说象有"实象"与"假象"之分，也就是清章学诚《文史通义》所说"有天地自然之象，有人心营构之象"。"假象"即"人心营构之象"，当然需有想象，且要如孔颖达所说"假而为义"，于理可通。就是"实象"，即"天地自然之象"，其构成也非有想象力不可。例如豫卦，由坤下震上组成，坤为地，震为雷，于是象辞说："雷出地奋。"这就构成了一个形象，属于"实象"。但要经由文字描述，从不过是代表地与雷的符号组成的豫卦符号中得出"雷出地奋"这样一个很生动、有诗意的形象，很需要创造性的想象力。因为仅从代表地与雷的抽象符号上，是看不到"雷出地奋"的。在构成这一象之后，又须将它与人事活动联系起来，这也是联想、想象的结果。在古代祭祀、庆典中乐的演奏，乐队庞大，以鼓、钟为主的打击乐器又占有重要地位。演奏起来给人的感觉正如"雷出地奋"，所以"雷出地奋"就又与"先王以作乐崇德"联系起来了。有少数卦经过文字描述而得到的象属于"假象"，构想甚为奇特。例如大畜一卦，由乾下艮上组成，乾为天，艮为山，于是象辞说："天在山中。"接着又说："君子以多识前言往行，以畜其德。""天在山中"，非自然实有之象，正是人心营构的"假象"，很有点类似象征派晦涩难解的诗句。高亨《周易大传今注》释为"天之光明照耀于山内，则草木鸟兽皆遂其生，成为人之财富，其积蓄者大矣"。金景芳、吕绍纲《周易全解》释为"天至大无比，然而却在小得多的山的蕴含中，没有比这更大的大畜了。君子观此象受到启发，乃不断充实蓄聚自己的学问、道德。"二解均可通，似以后解为优。

我们只要对《周易》诸卦的大象辞及小象辞稍作研究，即可看出《周易》的取象释卦，虽不是出于艺术的目的，但却十分富于与艺术相通的想象。正因为这样，很早就有人指出《周易》的取象释卦与诗的比兴相似。

取象与比兴的异同

在《周易》研究中，早就有一个重要的争论，即《周易》的取象是有来历、根据的呢，或者只不过是如诗那样的一种比兴、譬喻呢？朱熹认为"取象亦有来历，不是假设譬喻"，不是"苟为寓言"，并认为"其说已具太卜之官"，只不过"今不可复考，则姑缺之，而直据辞中之象以求象中之意，使足以为训戒而决吉凶"。因此，朱熹一方面批评了汉儒因欲深究象的所来而陷入"滞泥而不通"，另一方面又批评王弼以至程子不注重象的来历的考求，"观其意又似以《易》之取象无复有所自来，但如诗之比兴，孟子之譬喻而已"。① 这里，朱熹已提出了《周易》的取象是否即诗的比兴的问题，而他的回答是否定的。至清代，章学诚在《文史通义》中力主《周易》的取象即《诗经》的比兴，而且还与《庄》《列》的寓言相提并论，刚好与朱熹的看法相反。章学诚说：

> 《易》象虽包六艺，与《诗》之比兴尤为表里。夫《诗》之流别，盛于战国文人，所谓长于讽喻，不学《诗》则无以言也。然战国之文，深于比兴，即其深于取象者也。《庄》、《列》之寓言也，则触蛮可以立国，蕉鹿可以听讼；《离骚》之抒愤也，则帝阙可上九天，鬼情可察九地。他若纵横驰说之士，飞箝捭阖之流，徙蛇引虎之营谋，桃梗土偶之问答，愈出愈奇，不可思议。故人心营构之象，有吉有凶，宜察天地自然之象而衷以理，此《易》教之所以范天下也(《文史通义》内篇一，《易教》下)。

在我看来，《周易》的取象应是其来有自的，当与远古的图腾、巫术、传说相关。因为这种取象是以某一自然物指示、象征某一伦理道德观念和吉凶善恶。在远古，确如朱熹所说"不是假设譬喻"，"苟为寓言"，而是与当时图腾、巫术、传说中认为某一自然物具有某一善恶吉凶的意义分不开的。设想远古也能像后世一样地任意"假设譬喻"，这是不对的。即使是《诗经》中的比兴，也必有其历史的来源。但《周易》非成于一时之书，后人在阐发时会加入与远古的取象不同的取象，当然也是完全可能的。朱熹认为《周易》的取象有其久远的来历，这是对的。但他因此而否认取象与比兴有类似处，这是不对的。因为两者都建立在这样一个模式上，即从某种自然物的形象引申

---

① 朱熹语均转引自元黄泽著《易学滥觞》。

出某种与人类社会相关的伦理道德、善恶美丑的观念。因此，这里的问题并不在所取的象或用作比兴的象是否有久远的来历。但这样一种引申方式，在历史的渊源上，又仍是从图腾、巫术的观念而来的。只有基于图腾、巫术观念，认为自然物本身就具有和人类生存有重大关系的社会精神意义，才可能产生这样一种引申的方式。《周易》本是一本占筮的书，它沿袭着巫术的思维方式，这是很自然的。就是《诗经》的比兴，也是从巫术的思维方式发展而来的。中国古代文化深受原始氏族社会的影响，保存了原始氏族社会的许多东西。古代图腾、巫术对中国古代文化的影响，是一个尚待深入研究的重要问题。

取象与比兴的共同之处就在于它们都是通过某种自然形象来向人显示，传达某一伦理道德观念、思想。在这里，观念、思想不是通过理性的逻辑推理得出的结论，而是直接由形象引申出来，也就是直接由某一自然物的形象中联想到、意识到某种观念、思想。这就是《周易》的取象具有某种艺术性质，可与艺术有相通之处的原因。因为一切艺术对思想的传达都不能脱离形象。但《周易》的取象当然又不能等同于比兴。在比兴中，形象与思想是内在地融为一体的，并且是通过形象而诉之情感的体验、感染，不是诉之于理性的思维，也不是为了解决行动中碰到的某个难题。《周易》的取象在这些方面刚好与比兴不同。在取象中，象与它所要表达的思想是截然分而为二的。先述象，然后说出它所包含的思想，并且最终又是以理性判断的形式说出，诉之理性思维，解决行动的吉凶问题。因此，虽然《周易》有些象辞很富于艺术性，但仍与艺术作品不同。

《周易》的取象能给艺术家以种种重要的启发。我们今天的艺术家，读一读《周易》，想来也会有所收获的。但我认为《周易》对中国美学、艺术的最重要的意义，在于它从理论上大为加深了中国美学对比兴的认识。因为比兴不能脱离形象，但在原有的比兴理论中，尚未明确提出象的观念。由于有了《周易》取象的思想，就能对比兴作出更深入的阐明了。唐代的殷璠提出了"兴象"这一重要概念（见《河岳英灵集序》），其后皎然又指出"取象曰比，取义曰兴，兴即象下之意"（《诗式》）。前引清代章学诚语："深于比兴，即其深于取象者也。"这都对比兴作出了较之于前代更为深入的解释。比须取象，兴不离象。比兴的成功与否，就在于是否有巧妙的取象。深明于比兴者确实也就是深明于取象的。忽视取象，不善取象者，当然不会有成功的比兴。由取象论比兴，是中国美学比兴论的一大重要进展。

四　中国美学的意象论

《周易》论象，涉及象与意的关系这个在中国哲学与美学中有重大意义的问题，并提出了"立象以尽意"的观点。《系辞上》说：

> 子曰："书不尽言，言不尽意。"然则圣人之意，其不可见乎？子曰："圣人立象以尽意，设卦以尽情伪，系辞焉以尽其言，变而通之以尽利，鼓之舞之以尽神。"

"立象以尽意"当然不是针对美学、艺术而发的，但如前所述，《周易》所讲的象含有很为丰富的美学意义，因此"立象以尽意"也有不可忽视的美学意义。

释"立象以尽意"

《周易》的这一观点是针对"书不尽言，言不尽意"而提出的。从先秦的历史文献看，"书不尽言，言不尽意"是道家，特别是庄子的思想，不是孔子的思想。在《论语·阳货》中，孔子虽然讲"予欲无言"，但实际是指行比言更重要，因此他说："天何言哉？四时行焉，百物生焉，天何言哉？"这里的问题是言与行的关系问题，不是言能否尽意的问题。就大的方面而论，强调礼法名分、行为规矩的儒家，是主张言能尽意的。如言不能尽意，则礼法名分的规定就成了问题。儒家的"正名"说是以言能尽意为其前提的。

关于道家的"言不尽意"说，我在拙作《中国美学史》第一卷老子、庄子两章中已作过分析。这里，我想再总括起来进一步作些说明。为了理解《周易》的"立象以尽意"的思想，我们不得不花费一些篇幅来讨论一下言意关系问题。

　　"言"能否"尽意"的问题，实际取决于所要"尽"的"意"是怎样的一种"意"。这里，应区分四种不同的"意"：（1）在经验实证范围内的"意"，自然科学和社会科学所欲"尽"的"意"即属于这种情况；（2）宗教的"意"；（3）艺术的"意"；（4）哲学的"意"。第一种"意"是能"尽"，可"尽"的。因为在经验实证的范围内，语言能确定地表达出"意"所指的东西。如果否认这一点，则一切科学都无法存在。但这种"尽意"当然是相对的，即与主体在特定历史条件下所达到的认识水准相适应（其中包含逻辑思维能力的发展），不是绝对的。虽然不是绝对的，"意"仍可"尽"，并且可由经验的事实加以印证。儒家所要"尽"的"意"，在大多数情况下属于人类日常道德行为的具体规范的范围，它带有经验的实证性与普遍性，因此虽不如自然科学那样精确，也是可"尽"和能"尽"的。如不能"尽"，则一切道德行为的规范都将是不可能的。正因为这样，儒家大多主张"言"能"尽意"。第（2）种和第（3）种"意"，则正好属于"言不尽意"的情况。但这又不是说语言完全不能说出主体想要表达的东西，而是指不能完全地说出主体所欲表达的东西，即存在着超出语言所能表达的范围，需要接受者通过直觉、情感体验、联想、想象去加以把握的东西。就宗教理论说，不论它如何详尽细密，最后要达到对上帝、神或某种宗教境界的确认，仍然必须诉之于超出语言概念规定的冥想、领悟、幻觉、体验、信仰。因为任何宗教都不可能仅靠严密的逻辑论证来证明上帝的存在，并树立起人们对上帝的信仰。如果它能做到这一点，它就不成其为宗教了。在这里，逻辑论证只起辅助作用，最后仍要导向超逻辑的冥想、领悟、幻觉、体验、信仰，方能达到宗教的目的。所以，宗教虽可以有很细密甚至烦琐的论证（如印度和中国的唯识宗），但终归是"言不尽意"的，而且细密烦琐的论证有时反而不利于宗教的推行。如唐代的唯识宗敌不过禅宗，除社会历史的原因之外，仅从宗教理论上看，禅宗大讲"顿悟"，认为每个人只要内心自己觉悟就能成"佛"，这比唯识宗的烦琐理论更有利于使人们信仰宗教。而禅宗也正是由道家提出的"言不尽意"论的最激进的鼓吹者，主张"不立文字"，认为一切语言概念对于达到"佛"的境界都是有害的。就艺术来说，我已多次指出和论证过，艺术特有的领域是社会的人在他作为个体感性存在的生活中所体验到的自由(与社会历史的必然相联的自由)。因此，个体感性存在的独特性、一次性、不可重复性与艺术不可分，舍此即不会有艺术。但这又绝非要排斥人的社会性，而是说在艺术中，人的普遍的社会性是作为个体的独特性而表现出来的。社会性融会在个体感性存在的独特性之中，它内在于这种独特性(即不是外加的)并作为这种独特性而呈现出来。这种情况，决定了艺术必然有"言不尽意"的特点。因为如黑格尔的《精神现象学》所指出那样，语言所运用的词是普遍性的概念，但我们用词所指示的东西却是"这一个"，是不可重复的个别。例如，我说"这是一朵花"，我运用了"花"这个普遍概念，但我所指的却是我眼前所看到的某一特定的花。"花"这一普遍概念不能说出我看到的花与其他各种花在感性特征上的种种细微差别。即使我再详加说明，我所用的词也仍然是一些普遍性的概念，难以说出"这一朵"花的不可重复的个别感性特征。而这种不可重复的个别感性特征正是对艺术来说十分重要的东西，语言既无法说出，就只能以语言为媒介去唤起接受者超出作品语言之外的直觉、联想、想象、体验、以补充语言之不足。因此，一切好的艺术作品都是"言不尽意"的。最好的作品是能以有限的语言引发最广泛的联想、想象、体验的作品，即所谓"言有尽而意无穷"。①

以上讲了"意"的四种情况的第(1)、(2)、(3)种，现在再来分析一下第(4)种。

哲学的"意"，可以说不是不可"尽"，但又非完全可"尽"。在与实证经验相关的层次上，其情况与上述第(1)种情况相同，这时哲学的"意"是可"尽"，能"尽"的。就是在由实证经验的层次提升到更为抽象的哲学论证的层次上，由于这种论证所要把握的是事物的抽象普遍的本质、规律，与艺术追求达到个别感性特征不同，因此"言"仍是能"尽意"的。但是，哲学又往往是同人生的体验、理想、愿望联

---

① 以上参见拙作《艺术哲学》。

系在一起的。当这种体验、理想、愿望大量渗入哲学中，就出现了哲学与艺术结合的情况，产生所谓"诗化哲学"。对于此类哲学，"言"既可"尽意"，又不能完全"尽意"，因为接受此类哲学，还需要有超越它的语言的情感体验。中国庄子大讲"言不尽意"，即因为如我在《中国美学史》第一卷中指出的"庄子哲学即美学"，对庄子所说的"道"的达到实际上是一种审美体验，不是单纯的理论思维。这同时也因为庄子哲学本身正是一种很典型的"诗化哲学"。

在说明了"言"能否"尽意"的四种情况之后，现在我们可以回到《周易》的"立象以尽意"的问题上来了。

从《周易》的论述中可以清楚看出，它认为"言"虽不能"尽意"，而"象"却是可以"尽意"的。这是《周易》的新观点，它把"象"的作用提高到"言"之上。这一看法的重要意义，其实并不在"象"能否"尽意"的问题，而在于"言"之外提出了"象"，扩大加深了自古以来中国哲学对"尽意"问题的讨论，同时也扩大加深了与"尽意"问题有密切关系的中国美学理论。

"象"是否就能"尽意"呢？显然，《周易》所说的与"言"不同的"象"指的就是卦象。从现代的观点看，也就是与语言不同的符号。因此，"象"能否"尽意"的问题，实即不属于语言的符号能否"尽意"的问题。然而，这一问题的解决在我看来仍离不开言意关系问题。因为不属于语言的符号仍然是用来指称、显示、传达语言所说的东西。对人类来说，没有任何符号的创造是与语言无关的。因此，符号能否"尽意"的问题，取决于以符号代表的语言能否"尽意"。依据我在上面所说"言"能否"尽意"的四种情况，我认为可以有四种符号。第一种是用于日常实际活动的符号（如交通符号）和科学使用的符号，它们都是能"尽意"的。第二种是宗教符号，它有所指，但不能"尽意"，例如中国道教的符箓。第三种是艺术符号，也不能"尽意"。第四种就是哲学符号。前面我已指出过，以符号来表达哲学，局部说有可能，整体说不可能。但《周易》确实又以卦象这一符号来表达了它的"阴阳相推而生变化"这一根本思想，我已指出这是由一些特定的原因、条件所决定的。

这里还需要指出：第一，《周易》是一本哲学著作，但同时又仍然保留着由古代巫术而来的某种程度的宗教神秘色彩。卦象符号的创造一开始就与巫术宗教分不开，本是属于宗教性质的符号。但经过《周易》的传的作者的阐释又具有了哲学的意义，因而这些符号也就具有了哲学的性质，可称为一种很特别的哲学符号。不过，我们不要忘了它本是一种宗教性质的符号，然后才获得了哲学性质。第二，《周易》所关注的是人事的吉凶祸福问题，它探求阴阳变化的规律最终是为了解决这一问题。而这一问题是与个体存在的状态、遭遇、命运直接相关的，因此与艺术有密切联系，从而使《周易》的哲学渗入了不少艺术的成分，也像道家哲学一样具有某种程度的诗化的性质。《周易》哲学在历史渊源上与巫术宗教的联系及与艺术的联系（艺术在远古也与巫术分不开），是《周易》的哲学可以符号的形式表现出来的一个重要原因，因为宗教与艺术都是可用符号加以表现的。特定的种种条件使《周易》能通过符号来表现它的思想，于是就产生了《周易》认为"言"虽不能"尽意"，"象"却可以"尽意"，"立象以尽意"的思想。但实际上，卦象只能隐约朦胧地暗示一下《周易》的思想，并不能"尽意"。我们已指出过，《周易》也认为要把握卦象的思想，不但要"观其象"，还要"玩其辞"。就在前引讲到"立象以尽意"这一段话中，也还讲到"系辞焉以尽其言"。这是与《周易》认为"言"不能"尽意"，"象"能够"尽意"相矛盾的。既然"象"已能"尽意"，又何须再"系辞焉以尽其言"呢？《周易》思想中的这种矛盾是易于解释的。在《周易》看来，六十四卦足以"弥纶天地之道"，"范围天地之化"，为了强调卦象这种无所不包的伟大作用，《周易》就把"象"提到高于"言"的能"尽意"的地位。《周易》认为"象"能"尽意"，就是在这个意义上说的。但单凭"象"究竟还不能了解卦象所传达的"意"，于是就不能不"系辞焉以尽其言"了。当然，就任何符号的运用都须作出语言的解释与规定这一点来说，《周易》说既要"观其象"，又要"玩其辞"，这是对的。但即使在辅之以语言的解释的情况下，卦象是否就能"尽意"呢？从能够定吉凶来看，可以说是"尽意"了。但吉凶的情况是复杂的、充满偶然性的，每一卦象的解释可以是多种多样的、不确定的。① 从这个方面看，也就是不能"尽意"的。总之，卦象的符号是一种既有哲学性质，又有巫术宗教性质、艺术性质的符号，因此它虽能定吉凶，却又是不"尽意"的符号。但恰好因为这样，它就能给美学与艺术以重要的启示。

"立象以尽意"对中国美学的影响

这种影响集中表现在两个方面。首先是使中国美学把美与艺术的问题同"象"的观念联系起来了。各种在音乐、文学之外，使用直接可视的物质媒介的艺术部门从此获得了理论的根据，艺术不再只是与声和言相连了。中国的书法理论是直接依据《周易》关于象的理论而建立起来的，绘画理论也因此而迅速发展起来，而且绘画还被提到可"与《易》象同体"的地位。建筑、工艺也从《周易》找到了理论根据。特别是《周易》已提出观象制器的思想，更为工艺、建筑奠定了重要的美学基础(详后)。就是原来使用声音、语言作为物质媒介的音乐与文学的理论，也因"象"的观念的引入而发展、深化了。直接受到《周易》思想影响的《乐记》强调了"象"的问题。历来被认为只与"言"相关的诗的理论，在唐代已明显地引入了"象"的观念。这两门艺术虽然不是用可以直接构成诉之视觉的物质媒介进行创作的，但仍然有一个如何构成可以诉之内心想象的"象"的问题。一切艺术都无法脱离"象"的构成问题，因此《周易》关于"象"的理论也就具有了重要的美学意义。

《周易》关于"象"的理论对于中国美学的另一方面的重要影响，还表现在与"立象以尽意"有直接关系的"意象"问题上。这是一个相当复杂的问题，中外美学都涉及它。

意　象　问　题

一切艺术作品，一方面是一个诉之于感官和内心想象的"象"，

---

① 汉儒的象数学力图要作出完全确定的解释，因而陷入了比原来的解释更离奇的种种牵强附会。

另一方面在这个"象"中又呈现出艺术家所要表现、传达的某种"意"。因此，说一件艺术作品是由"意"与"象"两者交融而构成的，只要不对意象的产生作唯心神秘的解释，那么这种说法是合理的、深刻的。以《周易》的卦象来说，它当然不是艺术作品，但从它既是一个可感知的"象"，同时又包含着、显示着某种"意"来看，与艺术作品有类似之处。正因为这样，《周易》提出的"立象以尽意"的说法，就其认为"象"可"尽意"这一点说，如上所指出并不符合实际情况，也不符合艺术的"象"的特征；但这一说法又第一次明确提出了"意"与"象"的关系问题，并且认为"象"是能够表现"意"的，这就为探讨艺术的本质提供了理论根据，开辟了新的思路。

不仅如此，更进一步来看，《周易》对"意"与"象"两者的理解都有切近于艺术之处。从"意"来说，由于"象"所要表现的"意"与人事的吉凶祸福密切相关，因此如前所说，它是可以通于艺术的。《周易》对人事吉凶祸福的认识包含对我们民族在漫长历史发展过程中的兴衰荣辱、成败利钝的感受与反思，也包含对作为个体的人的遭遇、命运的感受与反思。《周易》曾指出："《易》之兴也，其于中古乎？作《易》者，其有忧患乎？"（《系辞下》）这种对社会、国家、个人的"忧患"的感受与反思是能够通向艺术的，因此我们看到《周易》各卦对人事吉凶祸福的叙述说明经常带有浓厚的情感色彩，有时还涉及古代的历史事件与人物，并深为感慨，其叙述表现方式很接近于艺术。在很大程度上，《周易》也可看作是文学作品。再从《周易》所说的"象"来看，它所说的"象"是我们已分析过的"文"，完全符合于美的形式规律，对卦象的意义的文字描述也很有艺术性。《周易》所讲的"意"与"象"两个方面均与艺术相通、类似、切近，因此，撇开与艺术不同的方面来看，我们可以从《周易》得出这样的看法，即艺术是与对人的存在的感受与反思相关的"意"表现于符合美的形式规律的"象"。这就是中国美学的意象论。

这个意象论同我们已分析过的，包含在《周易》中的交感论分不开。中国美学是立足于主客、心物交感来看审美与艺术创造的。作为这种交感的产物的艺术作品，就是主体由感物而生的"意"与从物而来、和"意"相关的"象"的统一。中国美学的意象论与交感论是不能分离的。

在《周易》之后，这种意象论贯穿在中国历代的艺术理论之中。当我们去考察这些艺术理论的时候，我们看到它们对艺术创造与艺术作品的分析总是包含着"意"与"象"这样两个方面(尽管使用的语词、分析表述的方式各有不同)，并且要求两者必须统一。这里不打算再来分门别类地——详述，只举几个简单的例子。如在书法理论中，唐代张怀瓘《书议》说："囊括万殊，裁成一相。或寄以骋纵横之志，或托以散郁结之怀。""裁成一相"讲的就是"象"的问题，"寄以骋纵横之志"，"托以散郁结之怀"讲的就是"意"的问题。书法作品正是这两者结合而成的意象。在绘画理论中，"形"与"神"和"形"与"意"的关系是历代画论经常在讨论的基本问题。"神"可指物之"神"，但要通过主体与物的交感变为主体的"意"方可表现于作品，所以中国画论主张"意在笔先"。与"神"相对的"形"则正是属于"象"的方面。所以"形"与"神"的统一实际就是已进入主体之"意"的"神"与主体创造的"象"的统一，在根本上仍不离意象。至于"形"与"意"的关系，为"写意"而"不求形似"，追求"不似之似"，更是主体为表现"意"而创造的"象"与"意"的统一。再就诗歌理论来看，比兴实际上即是达到"意"与"象"统一的艺术创造手段，"情"与"景"的统一也明显是"意"与"象"统一的表现。

但是，尽管意象论贯穿于中国艺术理论之中，但历代艺术理论却始终未明确地把意象问题提到中心的位置，并从理论上建立起比较系统的意象论。较早使用"意象"一词的是刘勰《文心雕龙·神思》："玄解之宰，寻声律而定墨；独照之匠，窥意象而运斤。"刘勰对《周易》的哲学与美学有很深入的理解，他的文学、美学理论就是在《周易》的思想基础上建立起来的。意象思想同样贯穿在刘勰对各个重要问题的论述中(此不详论)，他明确使用"意象"一词也非偶然。但刘勰所说的"意象"还是指构思所得的心中的"意象"，不是指已完成的艺术作品。他也没有明确地把意象提到他的理论的中心位置。至唐，我们已指出过，殷璠提出了"兴象"的概念，皎然提出了"义即象下之意"，实际上即是意象，但也未明确从意象论上加以阐明。其后，受到禅宗影响的司空图、严羽的诗论也包含意象论，但同样未明确提出。在书法、绘画理论方面，意象论的影响非常明显，但也未明确提出和成为占据中心地位的理论。因此，直至今天，与《周易》直接相关的中国美学的意象论，还有待于作系统的研究与阐发。

何以会出现上述这种情况呢？首先，我认为是由于中国各门艺术理论都是从本门艺术创作的实际出发来讨论艺术创造问题，使用着各各不同的概念，很少从各门艺术的普遍本质这一高度来研究问题，因此也只可能把意象论具体化为各门艺术的特殊理论，而难以直接讨论意象问题，并提到中心位置。其次，"立象以尽意"是载之经典的话，已有其公认的不能任意改变的含义。在这里，"象"与"意"的关系包含与艺术相通的思想，但又不等于艺术的理论。"象"的特定含义是指卦象，在古代是极被尊崇的东西。"意"又是指人事吉凶的问题，而且"象"被认为是完全能够"尽意"的，这又与艺术的特点不合。由于这些原因，历代艺术理论虽也运用了《周易》的意象思想以讨论艺术问题，但却始终未明确地提出并建立意象论。因为如提出意象论就会与《周易》的思想相混同，也很难去辨明艺术上的意象论与《周易》的意象论的区别。除中国古代美学的发展水平还难以从理论上说明这种区别之外（因为这要碰到不少复杂的问题），须知《周易》是不能任意解释的经典呵！

意象与意境

相对于意象说来说，意境说在中国美学中的影响要大得多。但这在很大程度上要归功于王国维的阐明与提倡。实际上，历代虽也有不少关于意境问题的看法、理论，但就其发展的理论形态说，意境说像意象说一样，也只是在论及各门艺术时涉及，并未明确地形成为中国古代美学的系统的中心理论，从艺术本质的高度加以探讨。

意境说与意象说的关系是怎样的呢？我认为意象说是意境说的理论前提，意境说是意象说的更具体的阐发。因为"境"与"象"不能分离，只有先肯定了艺术是"意"与"象"的统一，才会产生出"境"的问题来。必如《周易》所说"在天成象，在地成形"，方会有"境"。中国人所说之"境"向来与天地分不开。即使是王国维所说心中的"境"，也与天地分不开。最高之"境"即是《周易》所说"与天地合其德，与日月合其明，与四时合其序"。《周易》象辞说"象"，同时也展示了许多"境"。"飞龙在天"（乾卦）、"雷出地奋"（豫卦）、"风行水上"（涣卦）都是"境"，而且还有"火在天上"（大有卦）、"雷在地中"（复卦）、"天在山中"（大畜卦）、"风自火出"（大有卦）这样一些构想奇特的"境"。"境"实即艺术家所创造的，最能成功地体现"意"的"象"。无"境"之"象"不能体现艺术的"意"，因此"境"的探求是很重要的。但又只有站在意象说的哲学高度，"境"的问题才能很好解决。当然，单从"意"来看，"意"本身也有"境"的高下问题。但这个"境"的高下又不是与"象"无关的、单纯意念中的高下，它总是同体现于"象"的"境"不能分离的。王国维特别强调人心中也有境界，但这境界如不与"象"相联，是不可能表现于艺术的。只有把意象说与意境说互相联系起来加以研究，才能对两者作出较合理、深刻的阐明。

与西方美学的比较

西方美学自 20 世纪以来，在对艺术本质的看法上，意象论占了很大的优势。但这种意象论不能与中国美学的意象论混为一谈。

西方美学的意象论不能狭隘地理解为只与文学中的意象派的理论有关。实际上，自从表现主义及与之密切相关的形式主义美学大为行时以来，绝大多数美学派都把艺术看作是主体的直觉、幻觉、"白日梦"、内心的神秘体验等的表现，因而都可归之为意象论。而且克罗齐还主张艺术作为直觉的表现，只要在内心里完成就行了，至于是否用物质媒介把它传达出来，那是根本无关紧要的。从《周易》的"立象以尽意"的观点来看，这是认为不要"象"，"意"也可以照样表现。但赞成克罗齐此说者极少，绝大多数人还是认为传达是不可少的，"立象"是必要的。问题在于他们所说的"意"与"象"都与外物不发生关系，都决定于主体的心灵。这是我已指出过的，资本主义下被异化了的，因而幻想在心灵中超出外部世界的人的美学观。异化始终是了解这一类美学观的秘密所在。

我们试以被称为"表现主义宣言"的德国埃德米特的《创作中的表现主义》一文为例来分析一下。此文在一些地方也讲到"世界""地球""事物"，而且还声称表现主义者"不再受资产阶级思想和资本主义下个人悲剧的支配"。但全文的根本思想却是要去找寻"巨大的、包容一切的感情"，并声称"地球立足于这种感情之中，存在是一种巨大的幻象，幻象之中既有感情，也有人"。对于一个被异化了的，外部世界不再是他的存在的肯定，而是否定的人来说，把地球、存在、人统统看成"幻象"，这是很自然的，不难理解的。作者声称"由此可见，表现主义艺术家的整个用武之地就在幻象之中"。对于他来说，"不再有工厂、房舍、疾病、妓女、呻吟和饥饿这一连串的事实，有的只是它们的幻象"。作者还要艺术家去表现没有质料、形态、色彩、气味的"真正的本质"。这样一来，把一切都视为"幻象"和无任何物质规定性的"本质"，艺术家就战胜了那与他对立着的外部世界，而成为"真实的人"了。但令人奇怪的是作者还说"现实一定要由我们去创造，事物的意义一定要我们去把握"。如何"创造""把握"呢？就是把它变为"幻象"。更奇怪的是他还说："一定要纯粹确切地反映世界的形象，而这一形象只存在于我们自身。"既然"世界的形象""只存在于我们自身"，那么我就是"世界的形象"，还有什么需要去"纯粹确切地反映"的呢？难道以"幻象"为"用武之地"，把工厂、妓女、疾病、饥饿统统看作"幻象"而非"事实"，就叫作"纯粹确切地反映世界的形象"吗？是的，正是这样。因为在作者看来，地球、存在、人都是"幻象"，如果你把它视为真实的存在，那刚好是没有"纯粹确切地反映世界的形象"。① 我不否认此文也包含有对资本主义下人的异化的某种不满和揭露，但它的美学观是离奇而荒唐的唯心主义幻想。作者的哲学素养之低，论证的混乱与不合逻辑，也是十分惊人的。虽然我承认这是西方20世纪的美学，或用某些人的说法，是"20世纪美

① 以上引文均见伍蠡甫主编：《西方现代文论选》，上海：上海译文出版社1983年版，第151~153页，不一一注明页码。

学意识"，但古老的《周易》不把天、地、人看作是"巨大的幻象"，认为"在天成象，在地成形"，形象乃自然之实有，仍然比这种"20 世纪"的思想高明很多。

中国古代美学的意象论绝不否认外物的存在，主体所要表现的情感即"意"很明确地被看成是感于外物而生的。用以表现情感的"象"以及它具有的"文"，亦即美，也被认为与天地分不开。但主体感物和造"象"或"立象"的能动性一点也没有被否认。这种意象论还不是西方现代资本主义社会下那种被高度异化了的人的美学观。它不把世界看成是一个异己的、虚幻的世界，不主张用主体的心灵去吞掉它，不认为艺术是全由主体心灵所生的意象的表现。它还深信人与自然、个体与社会、主体与客体、心与物既是不同的，又是能够和谐地统一的，因此意象是主客、心物交感的产物，它的价值、目的、意义就是要去显示、肯定上面说的和谐统一，而不是把地球、存在、人统统化为"幻象"。我完全承认西方现代美学对人与自然、个体与社会、主体与客体、心与物的分裂与尖锐对立，常常有一种深切的、痛苦的，有时是愤激而机智的感受、体验。还拿上面讲到的那篇文章来说，作者要艺术家去描绘"在没有香水、没有色彩、没有手提包、没有摇晃大腿的情况下出现"的妓女，认为只有这时"她的真实的本质"才能"显露出来"。因为"她的帽子，她的脚步，她的嘴唇都是道具，因而她的真实的本质并没有完全表露出来。"这些说法也有它的机智、深刻之处。因为在高度异化了的资本主义世界里，现象与本质之间确实存在着巨大而深刻的鸿沟，本质看来成了一个不表现于现象，并且和现象完全相反的东西。现象只是用以掩盖本质的"道具"。所以，要表现本质就要去表现那根本与现象无关的赤裸裸的本质，并将你看到的一切东西都变为"幻象"。"真实的本质"是存在于现象所无法达到的彼岸的。对于切身感受了资本主义社会下的异化现象的人们来说，这些话是说出了他们的心情的，因而会引起共鸣。然而，如何消灭异化呢？把世界变为"幻象"并不能消灭异化，而只是由异化引起的，顶多略带一点愤激的情绪的表现。要消灭异化，就要克服人与自然、个体与社会、主体与客体、心与物的分裂，回到肯定和探求两者的统一上来，停止用心去消灭物的种种狂想。就此而言，古老的《周易》美学，不是仍有可供参考的价值吗?

现代西方美学的意象论还有一个显著的特色，那就是高扬非理性、反理性主义。如克罗齐虽然并不鼓吹非理性、反理性，但他竭力要把他所说的艺术拴制在"直觉的表现"的范围之内，处处把它与认识、逻辑、道德分裂开来，好像不这样就否认了艺术的特征，贬低了艺术的价值。中国美学的意象论很重视情感的表现，也绝不排斥直觉、幻想(要说出"天在山中""风从火出"这样的"象"是不能没有幻想的)，但它始终认为表现于艺术的感情，艺术的直觉、幻想应当是合乎理性的要求的。虽然它所讲的理性有维护等级制度、束缚个性发展的重大弱点，但它肯定人不同于动物，肯定人的存在的群体性、社会性，肯定人与自然、个体与社会统一的必要性，难道不也有值得参考的地方么? 因为西方现代美学的意象论是"20 世纪的美学意识"，就对它肃然起敬，以为其中充满了不得的微言大义; 因为《周易》产生于两千多年前，就认为它是早已死掉的没有生命的木乃伊，这究竟有多少根据呢? 我们需要有现代意识，但中国人的现代意识应当是囊括、吸收、改造了中国传统中一切优秀东西的现代意识，而不是以西方的现代意识为中国人必须仿照的样板。古老的《周易》中所包含的人与自然、个体与社会统一的思想，在今天仍有其充分的现代意义，需要在现代科学和哲学取得的成就的基础上去进一步探求。西方现代许多哲学与美学流派，就是因为无法解决这一问题而陷入唯心的狂想和神秘主义的深渊的。

五　象、数、美

在《周易》中，象、数、美("文")三者是密切相关的。中国美学正面、明确地论及美与数的关系实始于《周易》。

象　与　数

《周易》用以构成卦象的阳爻为奇数，阴爻为偶数，这就从根本上决定了象与数是分不开的。何以《周易》要把象同数联系起来呢？我认为主要有三个原因。第一，《周易》认为天地万物是"杂"的，不是单一的。因此，要掌握天地万物就需要掌握数及数的变化。《国语·周语下》记单襄公之言说："天六地五，数之常也。"这里"天六"指天有六气，"地五"指地有五行，与《周易》对天地之数的看法不同。但它说明数是与对天地的认识相关的。第二，自古以来对农业生产有重大意义的天文历法与数密切相联，这就更使数同对天地的认识不能分离。离数而言天地是不可能的。第三，《周易》本是占筮之书，而占筮是使用蓍草，按一定的程式进行演算，以得出明吉凶的卦的。三次演算而得一爻。如其数为九，即老阳，是可变之阳爻；如为七，是少阳，为不变之阳爻；如为六，是老阴，为可变之阴爻；如为八，是少阴，为不变之阴爻。经过十八次演算得六爻，即成一卦。离开了数，占筮就无从进行，因此象与数当然是分不开的。

数　与　美

如前已指出，《周易》认为"物相杂，故曰文"，"文"的构成又是"参伍以变，错综其数"的结果，与数密切相关。"文"与数相关，"文"又含有美之意，因此"文"与数的关系即隐含有美与数的关系。

何以"文"会同数相关呢？"文"本指卦象，因此一些注家就用上述以蓍草演算得卦来说明"文"与数的关系。这当然是有道理的，但仅从这个方面来看还不够，甚至不是最主要的。我认为《周易》的"文"的观念首先是与它认为天地万物"相杂"而成"文"这一看法相联的。先要有这种"文"的观念，然后才有卦象的创造和与卦象相关的数的观念。《周易》既说"物相杂，故曰文"，又说"夫玄黄者，天地之杂也"，"天下之至赜而不可恶也"。"物相杂"为"文"，天地"杂"亦为"文"（此即"天文"）。有"文"就意味着有美，所以说"天下之至赜而不可恶"。后来《乐记》中说"五色成文而不乱"，正是对"天下之至赜而不可恶"的很好的说明。上述天地万物"相杂"为"文"的观念十分鲜明地表现于《周易》的思想之中。而卦象是观至为杂多的天地万物及其"相杂"而成之"文"创造出来的，不意识到天地之"杂"和天地之

"文"，就创造不出卦象。但是，天地既然是"杂"的，"文"是由物之"相杂"构成的，因此它就不是单一的，而产生了数的问题。史伯早就指出"物一无文"，中国古代讲味、色、声之美也均冠之以"五"这个数（这与"天六地五，数之常也"的观念相关），不是一味、一色、一声。由于卦象是指称、代表至杂的天地万物及"相杂"而成之"文"的，因此卦象的构成本身也就产生了数的问题。否则，卦象就不会与数相关，以著草演算而求卦的方法也无从实行了。

从美学的角度看，"文"即由物"相杂"而成，是"参伍以变，错综其数"的结果，这不仅肯定了美是与数有关的，而且还说明了中国人对美与数的关系特有的看法。

基于"物一无文"的观念，中国人在解决美与数的关系问题时特别注重的是物如何"相杂"而成"文"，这种"相杂"从数的观点看有何规律，不是如古希腊人那样特别注重与数相关的比例问题。这当然不是说中国人完全不讲这个问题，而是说它提到首位的是数的排列、组合问题，更偏重于与数相关的结构方面的问题。我在前面已分析过的六十四卦即是六十四种不同的排列、组合、结构。与数相关的结构问题，在中国艺术中占有很重要的地位。不论诗、文、书、画、戏曲、建筑，在牵涉数的方面，都要努力形成一种最佳的排列组合，做到看上去即使是"至赜"的，但也是"不可恶"的。虽是每一根头发都画出的极细的工笔人物画，其线条的勾勒，衣纹的疏密，都是精心安排而井井有条的，真正是"相杂"而"成文"的。相反，杂乱无章，杂而不能成"文"，历来是中国艺术的大忌。正是为了做到虽"至赜"而能成"文"，与数相关的排列组合所形成的结构，就成为注意的中心了。中国古代虽不讲什么"结构主义"，但中国艺术是高度重视结构的艺术，它竭力要使杂多取得一种美的结构。将西方 20 世纪之前的艺术与中国古代艺术相比，总体而论，西方艺术的结构意识要淡薄得多。

当然，这是就总体而论。西方 18 世纪的古典主义艺术也相当重视结构。但是，恰好在与古典主义艺术的结构的对比之中，我们更能进一步清楚看出中国艺术在对结构的追求上的特点。这种特点，就在于它是如《周易》所说，从"参伍以变，错综其数"中去求得结构之美，而力避一切呆板的、公式化的、无变化的结构。最能显示此种结构之美的，也许就是中国的草书。它可以说极尽"参伍以变，错综其数"的能事。用《周易》所说"知变化之道者，其知神之所为乎"来赞美中国历代草书大家的作品，是很为贴切的。中国艺术要求的成功的结构是一种在错综变化中显示出来的结构。书法如此，中国的园林建筑也如此。就是帝王的宫殿，如故宫的建筑又何尝不是这样呢？18世纪法国古典主义的艺术，不论建筑、雕塑、绘画、文学都有严谨的合规律性，给人以崇高感，但常常又不免于呆板、单调。

由于中国艺术所追求的结构是在"参伍以变，错综其数"中显示出来，十分重视结构的变化，因此，和西方自古希腊直到文艺复兴时期，竭力要在雕塑、建筑甚至绘画上找到一个最佳的数学比例不同，中国的美学、艺术理论在涉及数的问题时从不去找寻一个固定不变的数学公式（民间艺人授徒，有时有简单的公式，如"画马三块瓦"之类）。在数的问题上，它讲得最多的是"一"与"多"的关系，要求处理好这种关系。如石涛《画语录》提出"一画"的概念，其中即包含对"一"与"多"的关系的处理问题，要求"自一以分万，自万以治一。化一而成絪缊，天下之能事毕矣"。石涛的这种思想正是来自《周易》，同时也受到道家、禅宗的影响。《周易》认为天地万物是"杂"的，也就是多，同时又说"天下之动，贞夫一者也"（《系辞下》）。《周易》已含有"一"与"多"统一的思想。"一"分为"多"，"多"又归于"一"。能如此，就能形成杂而不乱的"文"。虽"参伍以变，错综其数"，穷变化之极致，但又正如石涛所说，"化一而成絪缊"，使杂多交错结合而成天地之"文"，天地之美。这里的"化一而成絪缊"来自《周易·系辞下》："天地絪缊，万物化醇。"不论数的变化如何复杂，其恰当的处理就在"一"与"多"的统一。"一"包含"多"，方有艺术的丰富性、变化性；"多"化为"一"，方有艺术的统一性、合规律性。只要解决了"一"与"多"的关系问题，就能在"参伍以变，错综其数"中去求得结构的变化与统一。因此，在中国的美学和艺术理论看来，为艺术家立下一个人人必遵守的不变的数学公式，是根本不合理，也完全不需要的。中国艺术虽很讲究"程式"（这与重视结构相关），但"程式"的应用也是完全灵活多样的。用《周易》的话说，就是"唯变所适"。

与毕达哥拉斯派比较

首先，需要着重指出，从哲学上看，古希腊毕达哥拉斯派认为世界的本质是由数决定的，这与《周易》的思想有根本的不同。《周易》虽然也把数的问题提到了重要的地位，但不认为世界的本质是由数决定的。"一阴一阳之谓道"，这才是决定世界的本质的东西。《周易》讲数是为了通过数去说明阴阳的变化。它说："凡天地之数五十有五，此所以成变化而行鬼神也。"（《系辞上》）从《周易》的整个思想体系看，这不应理解作天地的变化在根本上是由数决定的。数之所以有如此重要的作用，是由于它显示了阴阳变化的规律。《周易》讲"天一、地二，天三，地四"等，是先言天、地，后言数，数是用以代表、说明天地的。不是数决定天地，而是天地与数相关。《周易》还讲了以蓍草演算求卦的方法，如高亨《周易大传今注》和金景芳、吕绍纲《周易全解》所指出，其全部程式、算法均包含体现天地变化的意思，并与天文历法密切相联。这也说明《周易》并没有把数置于天地之上，看作是决定天地的东西。在这个重要的问题上，《周易》无疑比古希腊的毕达哥拉斯派正确得多。

由于毕达哥拉斯派认为世界的本质是由数决定的，赋予了数以至高无上的神秘的意义，于是他们就由数去找美，用数去决定美，声称"每一门艺术都是一个知觉系统，而系统就是数量，因而人们可以恰当地说，事物由于数而显得美"①。事实上，即使是毕达哥拉斯派很重视的音乐，它的确与数有密切关系，但音乐的美当然也不是仅仅由数决定的。

毕达哥拉斯派极大地夸大了数的作用，但与此同时它也突出了美与数的关系问题，引起了人们对这个问题的重视。整个古希腊美学都

① ［波］沃拉德斯拉维·塔塔科维兹：《古代美学》，杨力等译，北京：中国社会科学出版社1990年版，第114页。

很重视这个问题。古希腊除了把数联系于音乐之外，还联系到雕塑、绘画以至建筑中的比例问题。因为古希腊人体雕塑很发达，而人体的美是与人体四肢比例相关的，所以比例问题成了雕塑艺术中的重要问题。绘画也与比例有关。于是推崇数的毕达哥拉斯派就把数与艺术中的比例问题联系起来，认为"没有一门艺术的产生不与比例有关，而比例正存在于数之中。所以一切艺术都产生于数……因此雕塑和绘画中存在着某种比例。由于这种比例，它们达到了完满的和谐"。① 毕达哥拉斯派之后，柏拉图、亚里士多德都认为比例匀称是美的主要形式，因而与数有关。柏拉图还把几何图形的美提到很高的地位。

古希腊美学关于比例的研究，除了肯定美不能脱离数的比例关系，甚或认为美就是由这种比例关系所决定之外，没有提出什么重要的理论。在这种思想影响下，古希腊的艺术家们对比例问题进行了许多具体的考察，写下了不少著作。如建筑家布兰纳斯写了《关于多利安人的对称美》，巴台农庙的设计者艾克提那斯据说也有著作。雕塑大师波利克利托斯写了《规则》一书，详细考察了人体各部分的比例，并且造了一尊标准的雕像来显示这些比例。著名画家帕哈秀斯写了《论绘画》，另一画家尼西阿斯写了论舞台绘画布景的著作，等等（详见塔塔科维兹《古代美学》第二编第三章）。但这些著作都已佚失，只能由后人的某些评述得知大略。古希腊之后，自中世纪到近现代，西方研究古希腊艺术的比例问题的著作甚多。

上述古希腊人对比例问题的考察，它的一个鲜明特征就是同数学、几何学、力学等自然科学紧密相连，几乎也就是一种自然科学研究。这种研究力求要去找到某种被认为是最美的标准的比例，并且以具体的数字、公式确定下来。例如，最美的三角形，其边长的比例为 $3 : 4 : 5$。古希腊艺术家深信美就在自然本身所具有的比例之中，艺术的美取决于找到这种比例，并按这种比例去创造。

这看起来同《周易》效法天地（自然）的思想相似，其实两者很为

---

① ［波］沃拉德斯拉维·塔塔科维兹：《古代美学》，杨力等译，北京：中国社会科学出版社 1990 年版，第 114 页。

不同。这里不来说在解决人与自然的关系上,《周易》与古希腊哲学的差别,只来说《周易》所讲的效法自然是和治国平天下的人事密切相关的。如孔颖达在《周易正义》中深刻地指出的那样,效法自然是"以人事法天之所行"。它的立足点在"人事",不过"人事"须与"天之所行"相一致。因之,它是从"人事"出发去看自然的,不是"模仿"自然,而只是力求使"人事"与"天之所行"统一起来,为"人事"的活动找到自然的根据,使之不违背自然。这是中国人对自然的看法区别于古希腊人的一个很重要的地方,其哲学意义尚待予以充分阐明。基于此,中国人对待自然的美,不是从自然本身与人无关的属性、比例中去找美,而是从自然与"人事"两者的一致、统一中去找美。因此,中国人最为重视的是整个自然的形式结构与"人事"的联系,从此种形式结构中所显示出来的社会伦理道德意义,而不是自然本身所具有的各种需要由自然科学去确定的具体的数量比例关系。《周易》也重视数,但不是仅在自然科学的意义上,而是在自然与"人事"相关的意义与范围之内重视它。中国美学与艺术理论经常用以表达美、代替美这个词的"文",既与自然相关,又与"人事"相关,两者不能分离。而且,这个词本身就意味着统一,意味着一种美的形式结构。中国美学不是不讲比例,但比例已经被涵盖在作为"文"的形式结构之中了。比例是从属于形式结构的,不是独立于形式结构之外的另一个东西。

古希腊人对比例问题的种种具体考察,表现了一种将科学与艺术统一起来的,具体探究自然规律的精神,很有值得中国人学习的地方。因为在中国,科学常常被伦理所压倒,只具有从属于伦理的意义。中国美学所重视的形式结构,在今天也需要借助于科学而予以探讨,方能更具体深入地把握它。古希腊对比例问题的高度重视,还使古希腊艺术有一种高度清晰、明确的秩序感,鲜明地显示了人类理性、科学的精神,因而在长时期内为西方美学所推崇。但是,较之于中国古代的艺术,它又缺乏中国古代艺术特有的复杂多样、变幻莫测的形式结构,特别是缺乏那种宏大雄强的气势与运动的力量。黑格尔曾指出:

　　希腊精神就是尺度、明晰、目的，就在给予各种形形色色的材料以限制，就在于把不可度量者与无限华美丰富者化为规定性与个体性。希腊世界的丰富，只寄托在无数的美丽、可爱、动人的个体上，——寄托在一切存在物中的清晰明朗上。……如果和东方人想象中的华美壮丽弘大相比，和埃及的建筑、东方诸国的宏富相比，希腊人的精妙作品（美丽的神、雕像、庙宇）以及他们的严肃作品（制度与事迹），可能都像是一些渺小的儿童的游戏。①

　　黑格尔终究是一个有世界历史眼光的哲学家、美学家，他看到了东方艺术的特色与可贵之处。但在黑格尔的这种说法中，又包含明显的欧洲中心主义思想即认为东方艺术（当然包含中国）是"无尺度"的，只有古希腊艺术才"达到了有尺度"的阶段。这是一种没有根据的偏见。

　　塔塔科维兹在他的《古代美学》一书中详述了古希腊艺术家关于比例问题的理论之后，曾提出了几条结论性的看法。其中一条是：

　　它是一种关于静态的美学。它赋予在动势中被抑制的形式美和处于稳定的静态中的形式美以最高的地位。这是一种把单纯看得比丰富更高的美学。②

　　这一论断甚为准确。反观中国艺术和中国美学，它是赋予了处于动势中，而不是"处于稳定的静态中"的形式美以最高的地位的。它不轻视单纯（"一"）而又很重视丰富（"多"）。它在"参伍以变，错综其数"中来呈现形式结构的美，而且要求"通其变""极其数"，以构成

---

　　①　[德]黑格尔：《哲学史讲演录》（第 1 卷），北京：生活·读书·新知三联书店 1956 年版，第 161 页。
　　②　[波]沃拉德斯拉维·塔塔科维兹：《古代美学》，杨力等译，北京：中国社会科学出版社 1990 年版，第 99 页。

"天地之文"，以显示天地生生不息、极其多样丰富的运动变化之美。

在中国艺术中，动与静是辩证地结合统一在一起的。如中国建筑中飞檐这一形式的创造与运用，使看上去雍容华贵、沉着稳定的中国宫殿建筑有一种宏大、开张、飞动的气势。这在古希腊建筑中是看不到的。再试把希腊古瓶和商周古鼎作一比较，一个在精确符合于数学比例的形式中显示其明晰、秩序、单纯、稳定之美，另一个则在颇难把握的错综变化中显示其气势、力量、运动之美。而且，即使在它看上去显得无比庞大笨重的情况下，它也似乎要冲破这庞大笨重所造成的稳定感而飞动起来。

六　观象制器——中国古代技术美学

《系辞上》说：

> 《易》有圣人之道四焉：以言者，尚其辞；以动者，尚其变；以制器者，尚其象；以卜筮者，尚其占。

这里提出了"制器者，尚其象"，也就是说各种器物的制造均与卦象有关。从制器者来说，也就是观象制器或因象制器的意思。其中包含中国古代的工艺美学或技术美学，很值得研究。

观象与制器的关系

"以制器者，尚其象"，这是说从《易》的各种功能来说，制作器物的人最重视的是它的"象"。《系辞上》的作者不仅不把《易》的作用限于卜筮，而且还把它与"制器"联系起来，这是一个很重要的思想。

如何依据《易》之"象"而"制器"呢？《系辞下》中作了说明，指出网、耜（木锄）、耒（犁）、舟、楫、杵、臼、弓、矢、宫室、棺等器物，都是取《易》之"象"而创造的。如"作结绳而为网罟，以佃以渔，盖取诸离"。一些论者认为《周易》这种看法恰好把历史颠倒了，因为先要有各种器物然后方有卦象。如先要有井，然后才会有井卦及其卦象。这种批评是对的，但又有简单化的毛病。人类最初制作各种器物是与对天地万物的观察分不开的。如先要观察到有锋口的石片具有切割的功能，然后才会有石刀的制造。记得高尔基曾在一篇文章中说过，人类大约是先看到叶子能浮在水面上，然后才想到舟的制造。在中国古代，舟也常被形容为"一叶扁舟"。由于器物的制造与人类对天地万物的观察分不开，而《周易》又认为它的"象"是囊括了天地万物的，因此也就可据之以制器。这就是观象制器思想的历史由来，不能简单地认为仅仅是出于《易传》作者的唯心臆想。虽然网不可能是依据离卦的"象"而制造出来的，但在观象制器的说法里却包含这样一个合理的思想：器的制作需要观察天地万物之象。更进一步说，由于《周易》的卦象以抽象的方式显示了事物的形式结构，并且符合美的形式规律，制器者能否从卦象上获得某种启示甚或灵感呢？我认为是可能的。前面我已讲到过，中国建筑的排列组合方式可能与卦象有关。今天，各种物质产品的形式的设计者们，即从事于一般所说的技术美学或工业设计美学的人们，是否也可从卦象中获得启示与灵感呢？我认为也是可能的。《系辞下》将各种器物的制作与不同的卦象相联，当然是甚为牵强的。但作者对这种联系的确定恐怕也同他对卦象的观察有关。如离卦与网的制作相联，而离卦的卦象能引起对编织、网孔的联想。大壮卦与宫室建筑相联，而大壮的卦象☳似也可引起对层叠高耸的宫殿建筑的联想。

《周易》观象制器的思想在《周礼·冬官考工记》中已有相当具体的阐述。宋代郑樵著《通志》卷47专门讲到"制器尚象"。后世的《营造法式》之类的著作也包含着自古相传的观象制器的思想。这些都应发掘、整理、研究，以形成中国古代的技术美学，并使之在现代发挥作用。这里只就观象制器思想的美学内涵作一些说明。

观象制器的美学内涵

制器需要观象，而《周易》所说的"象"是同"文"、美分不开的。在《周易》的思想中，天地相杂而成"文"，天地万物之"象"在本性上就是美的。因此，将制器与观象相联，也就是将制器与天地万物之

273

"文"、美相联，要求器不仅是实用的，而且还要能体现天地万物之美的形式、形象。这样，制器的活动同时就带有美的创造的性质，器的功能与美（这是一切技术美学的根本问题）不是不能相容的，而应当是彼此一致的。这一思想在《考工记》中已作了很好的具体发挥。

《考工记》说："审曲面执以饬五材，以辨民器，谓之百工。"郑玄注："审察五材曲直、方面形势之宜以治之，及阴阳之面背是也。"这就是说百工之制器，须审察所用材料的属性、结构，等等。这种审察同天地相关，且包含有材美与不美的问题。"天有时，地有气，材有美，工有巧。合此四者，然后可以为良。"这里的"材有美"之"美"固然指材料是否坚实、合用，但也可指其形质的美与不美。特别是《考工记》也讲到的"玉人"（即玉工）制作所用的材料，当然更有美与不美的问题。材之取得，不仅与天时、地气有关，也就是与材生长的自然条件、不同时节有关，而且与材的阴阳向背也有关。如斩木为轮，树干之"阳也者积理而坚，阴也者疏理而柔"。由此可见，"百工"之"审曲面执，以饬五材"，均离不开观天地万物之象，且其中也已含有美的问题。经过"审曲面饬"而进入制作，观象更与美的创造密切联系起来。《考工记》是很重视功能问题的，如制车轮要求"三材不失职"，即要求"毂""辐""牙"使用的三种材料都能完成其职能；制弓箭还要"各因其君之躬志虑血气"，即考虑到使用者的身体、气质、性格，各作不同的设计。但《考工记》又一点不忽视与功能一致的美的问题，它是从两个方面来解决这一问题的。首先是以器形象征天地之美。如制车，"轸之方也，以象地也。盖之圜也，以象天也。轮辐三十，以象日月也。盖弓二十有八，以象星也"。其次是以各种装饰图案、雕刻来显示天地万物之美，如"画缋之事"，即于器物上绘画与施色，"土以黄，其象方，天时变。火以圜，山以章；水以龙，鸟兽蛇。杂四时伍位之色以章之"。在器如何装饰的同时，还考虑到器的功能、作用的问题。特别是讲到悬挂乐器的架子即"笋虡"的装饰时，如所悬为钟，钟重，其声大而宏，因此就选择"恒有力而不能走，其声大而宏"的虫类形象装饰之，可造成"击其所悬而由其虡鸣"的效果，即击钟时架上所饰的虫也好像在一齐鸣叫。如所悬为磬，磬轻，"其声轻扬而远闻"，因此就选择"恒无力而轻，其声清扬而远闻"的虫类形象装饰之，同样可产生"击其悬而由其虡鸣"的效果。这是古人的一种很巧妙的构想。上述这些设计思想，都是《周易》观象制器思想的体现，并且说明观象制器是包含设计中美的创造的。

《考工记》论述各种器物的制造，不能不涉及与器物的形式、功能相关的大小尺寸，也就是数的问题。通观它的论述，看来也正是《周易》所说"参伍以变，错综其数"的体现，由之也可对注家常以为难解的"参伍"一词的意义有所了解。《考工记》在讲器物的尺寸变化时，常常讲到以三为准而变，以五为准而变。三去其一，即得出另一尺寸；五去其一又得出另一尺寸，如此等等。最为明白的是讲到武器戈戟的制造时说："凡为殳(古代竹制之兵器)，五分其长，以其一为之被而围之。参分其围，去其一以为晋围。五分其晋围，去其一以为首围。凡为酋矛，参(即三——引者)分其长，二在前、一在后而围之。五分其围，去其一以为晋围。参分其晋围，去其一以为刺围。"据旧注，"围"大约是在把手及其他必要处以铜皮或雕线围之，既有实用功能，又有装饰意义。为了使"围"的宽度一层一层递进而有变化，基本的方法正是"参伍以变"，即不断地由三去其一或由五去其一。《周易》用"参伍以变"说明卦象之变化结构，正是此种方法的应用。三去其一、五去其一，奇数变为偶数，即阳变为阴。依此法而为，从六开始不断地"去其一"，即得出奇偶相间的六个数，正可以说明卦的六爻的阴阳不断变化。但卦的阴阳变化是多种多样的，所以又须"错综其数"。方法就是并非每一数均须去其一，有的去，有的不去，错综而为之。奇数去其一后变为偶，但可不再去其一，使之连续下去，或连续一次、几次后再去其一。依此法炮制，即可得出奇数与偶数的各种各样的排列。例如，6、5、5、5、5、4这一系列，6去其一后为5，5连续四次后再去其一，此即为颐卦。"参伍以变"之"变"，最重要的就是"去其一"，至于从奇数还是从偶数开始"去其一"，这是无关紧要的。在按"去其一"的方法而排成的一个数的系列中，奇数去其一后为偶数，再将偶数去其一，这也就是从偶数开始去其一了。由《考工记》对器物制作中数的变化的论述以明《周易》所说

"参伍以变,错综其数"之意,当非偶合,或可说明卦象的构成法是与先民在物质生产中对数的变化与处理的认识有关的。从美学上看,这种通过"去其一"而实行的"参伍以变,错综其数"的方法,是卦象的构成法,也是形成变化多端、错落有致、杂而不乱的形式结构的方法,当然也是《考工记》所说"百工"处理器物的结构装饰的方法。因此,无怪乎《周易》说制器需要观象,"以制器者,尚其象"了。

由上所述,还可见出黑格尔认为中国艺术"无尺度"的说法是没有根据的。只不过中国艺术所重视的是一种在错综的变化中呈现出来的尺度,可以称为一种有机的尺度;古希腊艺术重视的则是一种高度清晰、均匀、明确的尺度,可以称为几何学的尺度。两者各有其美,但从艺术的发展看,我认为中国式的尺度是更有发展天地的。

结语：中国美学的伟大精神
——刚健、笃实、辉光、日新

  以上各章，从各个方面讲了《周易》一书所包含的美学思想。最后，我想从总体上对《周易》美学的特征或精神做一个概略的描述。而这样的描述，在《周易》的文本中就可以找到。"大畜"卦象辞中所说的"刚健笃实辉光，日新其德"一语，就是对《周易》美学精神的最佳描述，同时也鲜明地体现了中国美学和中华民族的伟大精神。下面，我想结合"大畜"一卦的卦象的构成，较为具体地说明一下。

  "大畜"一卦的构成是"乾下艮上"。下卦为"乾"卦，因此具有来自天之"德"的"刚健"之美。我们已经说过，这种"刚健"之美，既是天地万物运行不息的、强健的生命力的表现，同时又是社会生活中人格的坚强与伟大的表现，两者是不可分地统一在一起的。《周易》深信，人只要努力发挥像天那样"刚健"的精神与力量，那就没有什么艰难困苦是不能克服和战胜的。显然，《周易》对"刚健"之美的推崇，同时也包含对五千多年来中华民族伟大精神的推崇。这种精神，表现在从古至今许许多多为了国家兴盛和人民幸福而奋斗的志士仁人的生活中，也表现在无数虽不为人所知，但同样在为国家兴盛和人民幸福而默默奉献的最普通的人民生活中。我们不能设想，如果没有这种"刚健"的精神，还会有中华民族悠久光辉的历史与文化。从艺术来说，《周易》在"豫"卦中以"雷出地奋"来比喻"乐"的美，正是"刚健"精神在艺术中的强烈表现。鲁迅在黑暗的旧中国曾写过这样一首诗：

    万家墨面没蒿莱，敢有歌吟动地哀。

心事浩茫连广宇，于无声处听惊雷。①

这首诗使我想起"豫"卦中"雷出地奋"的意象。今天，为了建设我们的社会主义国家，克服前进道路上的各种困难，仍然需要弘扬"刚健"的精神，需要有如"雷出地奋"般给人以鼓舞的好作品。

"大畜"的上卦为"艮"，"艮"指山。在"伏羲八卦次序"中，"乾""兑""离""震"为阳卦，"巽""坎""艮""坤"为阴卦。因此，"艮"可与"坤"卦相联，被释为与"乾"卦所代表的"刚健"不同的"笃实"。我们知道，"坤"卦的象辞是："地势坤，君子以厚德载物。""笃实"的"笃"也有"厚"的意思，显然可与"厚德载物"相联。此外，"坤"卦的象辞说"牝马地类，行地无疆"，而"笃"的含义也正好与马相关。《说文解字》以"笃"字入马部，并解释说："马行顿迟，从马，竹声。""顿"指马以头触地，"迟"指马行走迟缓。这并无贬义，而是要说明马虽然疲劳困顿已极，但仍然不停止行走，竭尽一切力量为人服务。这又正好是"笃"的含义，即诚恳、忠实之意。在古代，马是人用以载物、驾车、远行的最重要的牲畜，所以《诗经》中曾多次写到马。见于"鲁颂"中的《駉》一诗，更可以说是一首马的颂歌，意在以马比德："思马斯才"，"思马斯作"，"思马斯徂"。由上可见，"大畜"卦的象辞以"笃实"释"艮"，同时也是以"笃实"释"坤"卦的"厚德载物""牝马地类，行地无疆"，并把包含于其中的忠实、专一、诚挚、无伪这一层意思显豁地表达出来了。"笃"字屡见于《论语》，如"君子笃于亲，则民兴于仁""博学而笃志"（以上均见《述而》）、"言忠信，行笃敬"（《卫灵公》）、"笃信好学，守死善道"（《泰伯》），其含义也正是忠实、专一、诚挚、无伪。因此，"大畜"象辞中所说与"刚健"不同的"笃实"之美，既有宽厚博大之意，也有忠实诚挚之意，两者是密切相联的。此外，《周易》全书的思想都很重视"实"，即要求人们的思想言行要符合实际，真实无伪。从中华民族的历史发展来看，

---

① 鲁迅：《无题》，见《鲁迅全集》（第 7 卷），北京：人民文学出版社 1981 年版，第 448 页。

"笃实"与"刚健"不是互相排斥，而是相辅相成，同为中华民族的伟大精神。它使中华民族既有不畏任何艰险的宏大气概，又有处处小心求实的精神；既不屈服于任何强暴的力量，又有宽厚博爱的胸怀，反对恃强凌弱。这是《周易》反复申说了的，在《诗经》中也可以清楚地看到。如《大雅·烝民》说："仲山甫之德，柔嘉维则。令仪令色，小心翼翼。"又说："维仲山甫，柔亦不茹，刚亦不吐。不侮矜寡，不畏强御。"从中国自古以来的文学艺术作品来看，一切伟大的作品都是"刚健"的，而且是"笃实"的。它像大地那样地宽厚博大，又表现出极为真实诚挚的情感。如《乐记》所说："情深而文明，气盛而化神，和顺和积中而英华外发，惟乐不可以为伪。"这是从《周易》而来的思想，也是中国历代伟大的文学家、艺术家所遵循的根本原则。从我们今天来看，不论在社会生活中或文学艺术中，弘扬"笃实"精神都有重要意义。

"大畜"的象辞不但讲到"刚健""笃实"，还讲到"辉光"和"日新"。这和"大畜"的上卦"艮"有关，因此也和"下经"中由"艮下艮上"构成的"艮"卦的含义有关。"艮"卦的象辞说："艮，止也。时止则止，时行则行，动静不失其时，其道光明。"由于"艮"卦具有这样的意思，因此由"乾下艮上"构成的"大畜"一卦也就具有了"辉光"（"其道光明"）与"日新"（"时止则止，时行则行，动静不不失其时"）的意思。但对于我们来说，重要的不在"大畜"一卦何以会具有"辉光""日新"之意，而在《周易》通过"大畜"的象辞的解释，把"刚健""笃实"与"辉光""日新"联系起来了。从美学的角度看，这就是说"刚健""笃实"的美是与"辉光""日新"相联的。

《周易》全书一再使用"文明"一词。"文"既指卦象，又有美的意思，因此将"文"与"明"相联也就包含这样的意思，即美是与明亮的光相联的。下面我们可以看到，肯定"美"与"光"相联，这是一个有重要意义的思想。现在先来说一下《周易》对六十四卦的解说，凡解说中有"文明"或"明"这两个词出现的卦，其卦象的组成必有"离"卦。这是因为在作为本卦的八卦中，"离"卦代表"火"，"火"是"明"之象。例如，"同人"卦由"离下乾上"组成，所以象辞中说"文明以健"；"大有"卦由"乾下离上"组成，所以象辞中说"其德刚健而文明。"特别值得注意的是，六十四卦中具有美饰之义的"贲"卦，由"离下艮上"组成，也离不开火、光。象辞中说："文明以止，人文也。"象辞说："山下有火。"李鼎祚《周易集解》引王廙注，对此卦作了这样的解释：

> 山下有火，文相照也。山之为体，层峰峻岭，峭险参差。直置其形，已如雕饰；复加火照，弥见文章。贲之象也。

王廙是王羲之的叔父，晋代人。魏晋文人有纵情山水的风气，王廙是书家，又能画。因此，他是以对山水之美的欣赏和画家的眼光来解释"贲"卦的卦象的。他的解释很有绘画意味，同时也正确地指出了在《周易》的思想中，美和光是密切相联的。

从"大畜"一卦的组成看，与"离"卦无关，但在象辞中却出现了"辉光"一词。如上所说，这是因为"大畜"的上卦"艮"卦原有"其道光明"之意。但"艮"卦是由"艮下艮上"组成，也与"离"卦无关，何以又能释为"其道光明"呢？这里我们看到，《周易》六十四卦中，凡卦象组成中有"离"卦的，释文中均有"文明"或"明"这个词出现，但也有不少卦的组成与"离"卦无关，释文中却可以见到"光明"或"光"这样的词。除上述"艮"卦之外，如"履"卦（兑下乾上）中说，"刚中正，履帝位而不疚，光明也"；"谦"卦（艮下坤上）中说，"天道下济而光明"；"益"卦（震下巽上）中说，"自上下下，其道大光"。由此可见，凡卦象构成中有"离"卦的各卦释文中出现的"文明"或"明"，均指由代表火的"离"而来的色彩的光亮、鲜明。虽然也被赋予人事、道德上的含义，但其含义是比较狭窄的。反之，凡卦象组成中无"离"卦的各卦释文中出现的"光明""大光"，不仅指色彩的光亮、鲜明，而且指卦象符合于天地之正道，因此行事无不吉利，前途光明。"大畜"一卦中的"辉光"一词，正是在这个意义上使用的。如前所说，它来自"艮"卦的"其道光明"。"大畜"象辞又指出"大畜"的卦象是"大正"的，爻辞对每一爻的解释也都是吉利的，无一语及于凶。"大畜"之卦既为"大正"，因此天之道表现为"刚健"，地之道表现为"笃实"，两者又都闪耀着"辉光"。而且，这"辉光"又是来自天地日月的"辉光"，和上述由代表火的"离"卦而来的"明"相比，处在最高层次，囊括整个天地万物。《周易》以"阴阳之义配日月"，又说"悬象著明莫大乎日月"(《系辞上》)。"刚健"属阳，它的"辉光"来自"日"，"日"的"辉光"使人感到热烈奋发，所以属于阳刚之美；"笃实"属阴，它的"辉光"来自"月"，"月"的"辉光"使人感到柔和宁静，所以属于阴柔之美。由此可见，"大畜"一卦的象辞在"刚健""笃实"之外，又提出"辉光"，并把"刚健""笃实""辉光"连为一语，确实是《周易》对它所说的美的特性的一个极好的概括。它不仅提出了美是有"辉光"的这一重要思想，而且还把"辉光"与天地日月相联，并由此把美的"辉光"也区分为阳刚阴柔两大基本类型，分别与"刚健"和"笃实"之美相对应。

从人类审美意识的发展来看，美与光有着非常密切而重要的联系。马克思在《1844年经济学—哲学手稿》中说，"明亮的居室，曾被埃斯库罗斯笔下的普罗米修斯称为使野蛮人变成人的伟大天赐之一"，"光、空气等等"是"人的需要"。① 正因为光同人类的生存不能分离，所以光在肯定着人的生存和发展的情况下就对人成为美的东西。马克思在他的经济学著作讲到货币时还曾多次探讨了"金银的美学属性"②，讲到了美与光的关系。他指出，"金银可以说表现为从地下世界本身发掘出来的天然的光芒"③。"银洁白(它反射出一切光线的自然的混合)；金橙黄(它吸收投射在它上面的混合光中的一切有色光线，而只反映红色)。"④有人据此认为，马克思主张美的根源就

---

① 《马克思恩格斯全集》(第42卷)，北京：人民出版社1979年版，第133页。
② 《马克思恩格斯全集》(第46卷·下)，北京：人民出版社1980年版，第458、459~460页。
③ 《马克思恩格斯全集》(第46卷·下)，北京：人民出版社1980年版，第458页。
④ 《马克思恩格斯全集》(第46卷·上)，北京：人民出版社1979年版，第123页。

在物的自然属性中，这是不对的。实际上，按照马克思的观点，只有同金银类似的光和色在人类生活实践中成为美的之后，人类才会从地下世界发掘出来的金银的光和色中感受到美。马克思还讲，"金明亮，银洁白"，"很适合于装饰品和美化其他物品"①，并引用有关文献来说明金的美。其中有这样的话："明晃晃的黄金是所有金属中最华美的，因此，早在古代它就被称为金属中的太阳或金属之王。"②从《周易》的美学观来看，我觉得金的光和色的美属于与"乾"、天相联的"日"的美（《说卦》中也有"乾""为金"的说法），银的光和色的美则属于与"坤"、地相联的"月"之美。所以，我们看到文学家常用"金色"形容太阳的美，用"银色"形容月亮的美。

从中国古代的典籍来看，中国人很早就意识到日月之光与人类生活和美的关系，并把光和美联系起来。《诗经》中的《日月》一诗写道："日居月诸，照临下土。"没有日月的照临，就不会有人类的生活和万物的生长，当然也不会有美。见于《尚书大传》的"卿云歌"也热烈歌颂了日月之美："日月光华，旦复旦兮。"《诗经》虽然写了旱灾给人带来的苦难，但也歌颂了日的美。如《天保》一诗说："如月之恒，如日之升。"《板》一诗说："昊天曰明，及尔出王。昊天曰旦，及尔游衍。"《月出》一诗集中描写了月光之美，"月出皎兮"，"月出皓兮"，"月出照兮"。《诗经》所描写的许多美的事物，也都具有"晏""粲""烂"的特点，即具有明亮的光彩。《周易》将"刚健"与"笃实"的美与日月的"辉光"相联，无疑继承了中国古代在漫长时期中形成和发展起来的对美与光的联系的认识。此外，《周易》所说的"辉光"之美，不仅指天地万物的"辉光"之美，而且还与人的道德人格的美直接相联。这集中表现在"乾"卦爻辞中所说的："夫大人者，与天地合其德，与日月合其明。"这种观念也起源很早。自古以来，中国人所讲的道德

---

① 《马克思恩格斯全集》（第 46 卷·上），北京：人民出版社 1979 年版，第 123 页。

② 《马克思恩格斯全集》（第 46 卷·上），北京：人民出版社 1979 年版，第 122 页。

修养不只是个人的事，而且与治国平天下密切相关，并以此为最高目的。因此，一个人的道德修养达到了最高之境，就能造福于社会国家，受到人们的景仰，有如日月照临四方。这种观念在《诗经》中已可看到。如《敬之》一诗，把"光明"看作是个人不断努力进德修业最后所要达到的目标。"日就月将，学有缉熙于光明。"所谓"缉熙于光明"，也就是《周易》所说"与日月合其明"的意思。帝王治国，当然更须这样，《文王》一诗说："穆穆文王，于缉熙敬止。"这里的"缉熙"也是达于"光明"之境的意思。从文艺来说，一切成功的作品都不仅要表现出天地万物的"辉光"，而且还要表现出人的道德的"辉光"。这就是《乐记》所说"奋至德之光，动四气之和，以著万物之理"；《文心雕龙·原道》所说"写天地之辉光，晓生民之耳目"，"光采玄圣，炳耀仁孝"。

在西方美学史上，古希腊的毕达哥拉斯学派声称从星体的运动中听到了和谐的声音，以后又用这种由数的比例所规定的和谐来说明音乐和形体的美。但令人感到奇怪的是，十分重视对天体运动的观察研究的毕达哥拉斯学派，无一语提及日月星辰所发出的光和美的关系。怎样来解释这种现象呢？我认为有两个原因。首先，毕达哥拉斯学派认为决定宇宙的存在的是它所说的那个神秘的"数"，因此"美"也只与"数"有关。其次，"数"是通过思维抽象而得出的东西，光却是感性物质的东西，并与人和万物生命的感性存在不能分离。毕达哥拉斯学派的宗教神秘主义使它高度推崇灵魂，极端鄙视肉体和一切感性物质的东西，因此"美"和"光"的关系就被排除到它的视野之外。在古希腊美学史上，柏拉图第一个明确讲到"美"和"光"的关系。他在《斐德若篇》中说："过去有一个时候，美本身看起来是光辉灿烂的。"[1]又说：美"在诸天境界和她的伴侣们同放着灿烂的光芒"[2]。这时，人

---

① ［古希腊］《柏拉图文艺对话集》，朱光潜译，北京：人民文学出版社1959年版，第118页。

② ［古希腊］《柏拉图文艺对话集》，朱光潜译，北京：人民文学出版社1959年版，第119页。

"还没有葬在这个叫做身体的坟墓里，还没有束缚在肉体里，像一个蚌束缚在它的壳里一样"①。由此可见，柏拉图与毕达哥拉斯学派同样是蔑视肉体、感性的存在的。他认为那个"光辉灿烂"的美只存在于灵魂降生为人之前的上界里。在灵魂降生为人之后，人就应当去追寻那超感官的、不生不灭、永恒不变的美的"理式"，把在降生之前见到的那个"光辉灿烂"的美看作是美的"理式"的表现，否则就会"把自己抛到淫欲里，像畜生一样纵情任欲"②。因此，柏拉图虽然认为美与光辉有关，但他所说的光辉的美是与感性的、肉体的生命不能相容的，真正的、最高的美只在对那超越感官的美的"理式"的认知。这和《周易》从感性肉体生命的存在发展与伦理道德的躬行实践的统一中去寻找美很不相同。在柏拉图之后，罗马的新柏拉图主义者普洛丁（Plotinus，205—270）特别强调了"美"与"光"的联系。他反对自古希腊以来许多人只用比例对称来解释美，并举例说，太阳、金子、夜晚的星星发出的光辉均有美，但显然不能用比例对称去加以解释。③在讲到颜色的美时，他还认为，"在一切物体中，火本身就是最美的"，因为"火"不仅在"理念"中位置是"最高"的，而且"火自始就有颜色，而其他物体却因火而获得颜色的理念。火发光照亮，因为火是理念"④。这和《周易》通过代表"火"的"离"卦去说明"明"的美有类似之处。但《周易》所说的八卦并不是柏拉图和普洛丁所说的"理念"，代表"火"的"离"卦在八卦中的位置也不是最高的。《周易》因为与占筮相联而蒙上了一层很神秘的色彩，但《周易》对包含人在内的天地万物的生成变化和美的解释，都是从作为自然界来理解的天地自身的

---

① ［古希腊］《柏拉图文艺对话集》，朱光潜译，北京：人民文学出版社1959年版，第 118 页。

② ［古希腊］《柏拉图文艺对话集》，朱光潜译，北京：人民文学出版社1959年版，第 119 页。

③ 马奇：《西方美学史资料选编》（上卷），上海：上海人民出版社 1987 年版，第 176 页。

④ 马奇：《西方美学史资料选编》（上卷），上海：上海人民出版社 1987 年版，第 178 页。

阴阳变化出发的，并且包含有对中国古代历史和社会生活的种种实际的、丰富的、深刻的观察。脱离现实的自然界和人类社会去找寻什么在世界产生之前就存在的"理念"或"理式"，这是与《周易》的思想不能相容的。普洛丁还用"光辉"来解释人的美，并指出它与人的道德相关，是一种"神圣的理性的光辉"。① 这与《周易》对"辉光"一词的解释也有类似之处。问题在于普洛丁认为一切与美相联的"光辉"都来自创造世界和人的上帝、神。他说："神欣赏自己的产物，赞叹自己的儿子，他把一切给自己保留着，对自己的光辉和造物的光辉沾沾自喜。"②"神就是美的源泉，是一切和美同类的事物的源泉。"③柏拉图所说的"理念"到了普洛丁的思想中，已完全变成了罗马早期基督教中的上帝、神。正因为这样，柏拉图虽然讲了"美"和"光辉"的关系，但又是排斥"光辉"的，普洛丁却大讲特讲"美"与"光辉"的关系。原因就在普洛丁所讲的"光辉"已不是柏拉图所反对的由人的肉体生命发出的"光辉"，而是由"神"所发出的"光辉"了。这个"神"是以人世生命欲望的满足为恶、为丑的，真正的美的实现就在超出人世生命欲望的满足，进入被普洛丁形容为无所不美的彼岸的天国。这种思想当然又是与《周易》教人从天地万物和人类生活去寻找美完全不同的。很有趣的是，普洛丁讲到创造了世界的"神"时说："他把一切给自己保留着，对自己的光辉和造物的光辉沾沾自喜。"《周易》讲到"万物资始"的"乾"时却说："乾始能以美利利天下，不言所利，大矣哉！"

在普洛丁之后，欧洲中世纪的神学家们也像普洛丁一样感到只用比例对称来解释美是不够的，必须加上"光"这一要素。这种思想发展到圣·托马斯·阿奎那(Saint Thomas Aquinas, 1226—1274)而臻于

---

① 马奇：《西方美学史资料选编》(上卷)，上海：上海人民出版社1987年版，第180页。

② 马奇：《西方美学史资料选编》(上卷)，上海：上海人民出版社1987年版，第199页。

③ 马奇：《西方美学史资料选编》(上卷)，上海：上海人民出版社1987年版，第181页。

完成。托马斯认为，完整或完善、比例和谐、明晰或鲜明是美的三要素。而"鲜明"是与"光"相联的，因此托马斯又提出："所有一切，如果具有了与其种类相符的精神的和物质的光芒，如果是以恰当的比例构成的话，便被称作是美的。"①更简明地说："美在某种光芒与比例。"②中世纪神学家对"美"与"光"的关系的重视，一方面和对美的特性的认识相关，另一方面又同《圣经·创世纪》有关。《创世纪》说上帝用六天时间创造了世界和人，而第一天所创造的就是"光"。"神说：'要有光'。就有了光。"为什么首先要创造"光"，而不是别的东西？这实际上是以一种宗教幻想的形式反映了"光"对人和万物的生存的重要性。第二天创造了"空气"，这当然也是人和万物的生存一刻也不能缺少的。第三天创造了海、地、植物，其中包含创造了也是人和万物的生存不能缺少的水。第四天创日、月、星辰，这看来不合理。因为"光"的产生同日、月、星辰分不开，在没有日、月、星辰之前不可能有"光"。此外，对于人类来说，"光"还和"火"的发现密切相联，但《创世纪》完全没有提及"火"的创造。和这个宗教幻想中的《创世纪》比较起来，《周易》用八卦和由八卦推衍出来的六十四卦说明天地万物和人的生存发展，包含说明"美"与"明""光"的关系，都要合理很多。虽然各个卦象的解释不可能没有牵强附会的地方，但总的来看，在古代的条件下，确如《系辞上》所说，做到了"范围天地之化而不过，曲成万物而不遗"。仅从"光"来说，中世纪的神学家认为世界万物和人的美均来自上帝的创造，"光"的美当然也是这样。一切表现在"美"中的"光"都被看作是上帝之"光"的表现。到了文艺复兴时期，中世纪的神学受到了批判，也极少有人再讲"美"同上帝创造的"光"的联系了。但文艺复兴时期绘画的大发展，使人们认识到与明暗相关的"光"的美。尽管如此，"光"和美的本质再无什么重

---

① ［波］沃拉德斯拉维·塔塔科维兹：《中世纪美学》，褚朔维等译，北京：中国社会科学出版社1991年版，第318页。

② ［波］沃拉德斯拉维·塔塔科维兹：《中世纪美学》，褚朔维等译，北京：中国社会科学出版社1991年版，第318页。

要的联系。如英国 18 世纪的美学家荷迦兹（W. Hogarth，1697—1764）所著《美的分析》一书，用适宜、变化、一致、单纯、错杂和量六个要素来说明美，没有列入"光"，只在个别地方涉及光的明暗变化。时代稍后于荷迦兹的柏克讲"美"必须具备的六个条件，其中"光滑"和"颜色鲜明"与"光"有关，但只是作为美的对象具有的属性特征来讲的，没有在普洛丁或中世纪神学家美学中的那种重大意义。

我在上面较详细地讲了"光"或"光辉"在西方美学中的意义与地位的演变，是为了和《周易》把"辉光"看作美的一大重要特性加以对比。我们看到，《周易》所说的"辉光"，来自自然界的日月所具有的光辉，同时又意味着人的道德修养和君主治国所应达到的最高境界，以及符合正道，为人所应努力追求实现的光明前途，没有西方美学中所说的那种与创造世界和人的"上帝"或"神"相联的神秘含义。对于西方美学中所说的与"光"相关的色彩鲜明的美，《周易》是通过"离"卦所代表的，存在于自然界中的"火"来加以说明的，也没有什么神秘的意味。而且，这种美主要是一种给人以感官愉悦的美，不具有上述"辉光"一词所包含的重要意义。正因为"辉光"一词具有上述重要意义，所以几千年来中华民族对"辉光"之美的追求，也就是对可与日月争光的人格道德的高度完善的追求，对国家民族的兴旺发达、无限光明的前途的追求，并且始终深信这种追求是必定能够实现的，光明必定会战胜黑暗。这是中华民族虽历经艰难，但从未磨灭的伟大精神。它表现在从《诗经》开始到现代许许多多卓越、伟大的文艺作品之中。特别是在中华民族遭到外敌威胁或入侵时，情况更是这样。如唐代许多诗人的边塞诗，宋代的陆游、辛弃疾以及近代的黄遵宪等人抒发爱国豪情的诗篇，现代的毛泽东的诗词，冼星海的《黄河大合唱》，等等，用《乐记》中的话来说，都是"奋至德之光"而写出的作品，永远在放射着中华民族伟大精神的"辉光"。

《周易》用"刚健""笃实""辉光"来概括、说明美，其中"刚健""笃实"是美的内在实质，"辉光"则是由"刚健""笃实"的完满实现而产生出来的，如照彻天地万物的日月的辉光，两者是不可分地统一在一起的。用《论语·泰伯》中的话来说，"辉光"就是"巍巍乎其有成功也，焕乎其文章"。从文艺作品来看，"辉光"还指"刚健""笃实"的情感的表现取得了完美的形式，因而具有广大深远、强烈鲜明的美的感染力。所以，刘勰在《文心雕龙·原道》中说，文学家要"雕琢情性，组织辞令"，这样才能"写天地之辉光，晓生民之耳目"，使作品产生"木铎起而千里应，席珍流而万世响"的效果。

《周易》在讲了"刚健笃实辉光"之后，紧接着就说"日新其德"。据《大学》所说，汤代的盘上已刻有"苟日新，日日新，又日新"的铭文。《诗·大雅·文王》中又说："周虽旧邦，其命维新。"《毛诗正义》注："乃新在文王也。"孔子虽然自称"述而不作，信而好古"（《论语·述而》），但又说，"温故而知新，可以为师矣"（《学而》）；"后生可畏，焉知来者之不如今也"（《子罕》）；"当仁，不让于师（《卫灵公》)"。孔子以及孟子、荀子都有"日新"精神，但第一次把"日新"作为一个根本性的重要问题而加以阐明，始于《周易》。《周易》不只从个人的学习修养、君主的治国，而且还从天地阴阳的变化来阐明"日新"的道理。《周易》从日月、寒暑、四时的变化中看到了天地万物只有在不断的变化更新中才能存在、生长和发展。"乾"卦的传文已经讲到了"终日乾乾，与时偕行"；"坤"卦传文又讲到"含章可贞，以时发也"。两者都含有"日新"之意。《系辞下》总结全书有关"时""日新"的论述，提出了"日新之谓盛德""生生之谓《易》""通变之谓事"。"日新"不但是《周易》美学精神不可缺少的一个重要方面，而且也是中华民族伟大精神的一个重要方面。虽然中国在漫长的历史时期中停留在封建社会，但如果因此就认为中国的政治、经济、文化是完全停滞的，没有任何发展，那是极其荒谬的。仅从中国统一后的秦代开始算起，中国的每一朝代都在某些方面为中国政治、经济、文化的发展作出了贡献，即使在较长时期处于分裂状态的魏晋南北朝也是如此。西方从16世纪开始进入资本主义社会，16世纪的第一年即1501年正当中国明弘治十四年，此时明代正处于上升发展时期，国力强大。17世纪的第一年即1601年正当明万历二十九年，此时中国已产生了资本主义萌芽，经济、文化都有新的大发展。18世纪的第一年即1701年正当清康熙四十年。从1662年康熙即位之后到乾隆在位的最后一年1795年，中国是一个不断在上升发展的世界大国，其经济与文化的成就为西方所公认和称赞。① 中国一天天显著地落后于西方，是从19世初期开始的。但正因为中华民族自古以来就有"日新"的精神，所以到了1898年宣布变法维新，公开承认中国有不如西方的地方，以很大的热情积极提倡学习和引进"西学"，被当时及其后许多学者称为中国自古以来历史上的"一大变局"。而这一"变局"的出现，正是"周虽旧邦，其命维新"的精神的体现，同时也说明了具有"日新"精神的中国文化既有自己的独立性与创造性，同时又不是狭隘的、排他的，有很大的包容性与开放性。这同我们已讲过的《周易》的"大和"精神有十分密切的关系。

从美学上看，《周易》提出的"日新""通变"的思想并不是专门针对美与文艺而发的，但又无不可以适用于美与文艺。拿《周易》反复讲到的日月、四时的变化来说，初升的朝日与黄昏的落日，如钩的新月与十五的圆月，春夏秋冬景物的变化，都各有不同的美，这是十分明显的事实。《周易》说："通其变，使民不倦。"(《系辞下》)这是就君主治国而言的，但对美与文艺也完全适用。美与文艺如果是一成不变的，那就会引起审美的疲劳，变成枯燥乏味的东西。《周易》关于"通变"的思想，看到了事物的发展既不是沿着一条直线不断上升的，也不是断裂的、无任何连续性可言，而是"进"与"退""存"与"亡""穷"与"变"的不断相互转化。每一事物的发展最后都会达到一个再也难以发展的极限或碰到巨大的困难，这就是《周易》所说的"穷"。但"穷"绝不意味着发展的终止，世界的灭亡，因为"穷"会引起"变"，使事物又开始新的发展。"穷则变，变则通，通则久"(《系辞下》)，这就是《周易》对世界就化发展规律的基本看法。在《说卦》中，《周易》试图通过对六十四卦的相互联系的说明来证实它的这个基本看法。例如，在说明"泰""否""同人""大有""谦""豫"诸卦的关系时，《说卦》说："泰者通也，物不可以终通，故受之以否。物不

---

① 详情可参见德国学者利奇温(A. Reichwein)所著《十八世纪中国与欧洲文化的接触》一书，朱杰勒译，商务印书馆1962年版。

可以终否，故受之以同人。与人同者物必归焉，故受之以大有。有大者不可以盈，故受之以谦。有大而能谦，故受之以豫。"类似这样的种种说明当然有许多牵强附会的地方，目的是要用六十四卦来"范围天地之化"(《系辞上》)。但在这种牵强附会的说法中，《周易》又意识到和世界的变化发展相关的三个重要的道理。第一，每一事物的向上发展都包含着对它自身的否定性，但否定("穷")又会转化为肯定("通")，而使事物不断地发展下去。如果用现代的哲学语言加以表述，事物的变化发展就是肯定——否定——肯定这样一个连续不断的过程。在六十四卦中，"未济"是最后一卦。对此，《说卦》解释说："物不可以终穷也，故受之以未济终焉。"这里包含对发展的无限性的肯定。第二，"各从其类"的事物的变化发展不是孤立的，而是处在相互联系、相互作用、相互补充之中的。第三，"通变""日新"是"天地之大德曰生"的表现，因此也是天地阴阳变化规律的表现。这使《周易》在对"新"的认识上，从根本上排除了以每一个人的主观看法为转移的相对主义思想。不过，《周易》中虽然已有"复"的观念，但却缺少黑格尔的"否定之否定"观念，即旧的形态在新的更高的阶段上的复归与发展，因此它还不能摆脱盛极复衰、衰极复盛的历史循环论的观念。尽管如此，在黑格尔那里，发展是有终点的；在《周易》的思想里，盛与衰的反复循环是没有终点的。

《周易》的"通变""日新"的思想表现在中国历代文艺的发展之中，也表现在《周易》之后的美学思想之中。从中国历代文艺的发展来看，每一时代或每一流派的文艺所特有的美，当它发展到登峰造极的程度时，就会开始走向衰落，逐渐为具有新的美的文艺所取代。以唐代文艺为例来说，可以划分为初唐、盛唐、中唐、晚唐四个时期，它是依次递进，不断变化而"日新"的，每一时期的文艺都各有其美。但整个唐代文艺的主导倾向是刚健，这种刚健之美在盛唐达到了顶峰，气象之辉煌盛大超越前代。但经中唐而入于晚唐，这种气象逐渐衰退。到了晚唐，唐代文艺的发展看来是进入《周易》所说的"穷"的状态了，但其中又孕育了"变"。由唐入宋，宋代文艺也有刚健之作，但是与宋代遭遇的内忧外患相联的，已无唐代那种辉煌盛大的气象，而多悲怆愤激之感。就总体而论，宋代文艺的主导倾向不是刚健，而是理学家程颐所说"圣人"的"温润含蓄气象"（《遗书》卷十八伊川语四），也就是《论语·述而》中所形容的孔子的气象："温而厉，威而不猛，恭而安。"当然，这种"温润含蓄气象"在宋代文艺中有各种不同的表现，但总的倾向是刚而不离柔，以柔协刚，追求一种天然、清新、明丽、含蓄之美。这在宋代大为发展起来的"词"这一文学体裁的许多作品中得到了十分成功的表现。宋代一些偏于刚健的作品，仔细分析起来也不同于唐代的刚健。如我们已讲到的米芾的书法是刚健的，但也有流媚柔和的一面，不同于唐代颜真卿书法的刚健。如果从工艺美术品来看，我们可以唐三彩和唐代的金银器为唐代占主导地位的审美趣味的代表，而以宋代瓷器为宋代占主导地位的审美趣味的代表，后者最能显示程颐所说的"温润含蓄气象"。

从《周易》之后的美学来看，从汉代开始到后世在文艺上常常发生的古今之争都与《周易》的"通变""日新"的思想相关。但从文艺上集中而深刻地论述了"通变"的，首推刘勰的《文心雕龙·通变》。刘勰指出："文律运周，日新其业。变则其久，通则不乏。"这看来是直接套用《周易》"通变""日新"的思想，但完全符合文艺史的事实，没有"通变""日新"，就没有文艺的发展。刘勰又运用《周易》"神无方而易无体"（《系辞上》）的思想来说明文学的体裁"有常"，而"通变无方"，即没有某种固定的方式，全在于如何"酌于新声"，以"骋无穷之路，饮不竭之源"。刘勰主张文学家要大胆创新，"凭情以会通"，"负气以适变"，"趋时必果，乘机无怯，望今制奇，参古定法"。有些文学家的作品没有新变，原因"非文理之数尽，乃通变之术疏"。这种认为"文理之数"永无穷尽的思想是很可宝贵的。刘勰还在《时序》篇中指出了文学的变化与时代的变化的关系，认为文学的变化是"与世推移"的，"文变染乎世情，兴废系乎时序"。

和《周易》"通变""日新"的思想比较起来，古希腊的柏拉图认为最高的、"奇妙无比的美"，"是永恒的，无始无终的，不生不灭，不增不减的"。① 它不论在任何时候，也不论对任何人而言，都永远是美的。现实生活中的美"时而生，时而灭，而它却毫不因之有所增减"②。这种从《周易》的观点看来是非常奇怪的思想的产生，是由于柏拉图企图去寻找那使各种不同的事物成为美的共同原因或普遍本质，但不是像《周易》从天地万物和与天地万物不能分离的人类社会生活的变化发展中去寻找，而是从超自然、超现实的"理念"中去寻找。于是，使一切具体事物成为美的"美本身"即最高的美就成了一种永远与自身同一的绝对不变的存在，但它实际只存在于柏拉图头脑的抽象思维之中。而且，这个"美本身"何以能称为绝对不变的"美"，在柏拉图那里也没有作出回答，或至少是没有作出有充分理论论证的明确回答。反观《周易》，它的思维抽象不及柏拉图，但它能敏锐而深刻地把握住表现在一切具体事物变化运动中的规律性的东西，同时又牢牢地保持住这种规律与具体事物的联系，不使"形而上"的"道"脱离"形而下"的"器"，成为空洞的思维抽象，这又是柏拉图所不能及的。对于《周易》来说，美就是存在于大自然和人类生活的"刚健笃实辉光"的表现，因此它不是什么超自然、超现实的绝对永恒不变的东西，而是时时需要变化更新的。柏拉图教导人们要竭尽一切努力去追求达到那个超自然、超现实的永恒不变的"美本身"，认为这才是"一个人最值得过的生活"，并且可以"邀神的宠爱"而达到"不朽"③；《周易》则教导人们要从大自然和人类生活的"刚健笃实辉光"的表现中去寻找美，并不断使它变化、更新，并认为这就是天地万物和人类生活的伟大的表现。究竟哪一种说法更合理呢？实际上，即使从古希腊人追求的美来看，虽然与中国古代有很大的不同，但同样是古希腊人生活所特有的"刚健笃实辉光"的表现。只要充分注意到古希腊艺

① ［古希腊］柏拉图：《柏拉图文艺对话集》，朱光潜译，北京：人民文学出版社 1959 年版，第 251 页。
② ［古希腊］柏拉图：《柏拉图文艺对话集》，朱光潜译，北京：人民文学出版社 1959 年版，第 251 页。
③ ［古希腊］柏拉图：《柏拉图文艺对话集》，朱光潜译，北京：人民文学出版社 1959 年版，第 252 页。

术与中国古代艺术之间的差异，用这样的措辞去形容古希腊的艺术（特别是雕塑），我以为也是相当贴切的。此外，整个古希腊的审美趣味和艺术的发展同样是变化、"日新"的，不是一成不变的。尽管柏拉图对美的普遍本质的思考在世界美学的发展史上有不可否认的重大意义，并且还含有反对古希腊智者学派认为美是因人而异的相对主义观点的意思，但他对美的普遍本质即"美本身"的思考，最后得到的却是一个空洞的思维抽象，无法用以解释现实和艺术中丰富多彩的美。

《周易》明显吸收了道家思想，但在根本上仍属于儒家思想系统。儒家的美学由孔子到孟子、荀子，再到《周易》，可以说发展到高峰。这不是说《周易》对孔、孟、荀都曾讲到的诗、乐、文、美等问题做了更为具体详细的论述，而是说它为儒家的哲学和伦理学提供了一个深刻、丰富、系统的宇宙论、自然哲学、生命哲学的基础，将"天道""地道"和"人道"连为一体，从而使原来包含在儒家思想中和美学相关的思想、概念从哲学上得到了比过去远为深刻的阐明和发展，并提出了过去的儒家美学虽已多少涉及，但尚未明确提出的一系列和美学有重大关系的概念、命题。

《周易》之后，从汉代到明清，儒家美学在不同的时期和不同的方面有所发展，但根本的思想都超不出《周易》，而且有时还不如《周易》讲得那样简明、全面而深刻。除儒家美学之外，《周易》还对其他各种美学产生了深刻的影响。如玄学、禅宗的美学都明显受到《周易》的影响。这是因为美学的发展和哲学的发展分不开，而在《周易》之后，整个中国哲学的发展都无不受到《周易》的影响。此外，由于《周易》包含有丰富而深刻的美学思想，因此从东汉末年开始，它先后被应用于书法、绘画、文学理论的建立，广泛地渗入中国各门文艺的理论，同时又通过各门文艺的理论，使包含在《周易》中的美学思想得到了多方面的、具体的阐明与论证。特别是梁代刘勰的《文心雕龙》，直接应用《周易》的思想，建立起了中国历史上最有系统性的文学理论，使《周易》所提出的"天文""人文""刚柔""刚健""文明""通变"等一系列概念及命题所包含的丰富而深刻的美学意义第一次得到了彰显与阐明，从而使这些概念、命题不再只被看作是儒家哲学的概念与命题，而与文艺、美学直接联系起来了。但《周易》所包含的种种美学思想，如果归结到一点，那就是"刚健笃实辉光，日新其德"。这是对《周易》美学精神最为简明扼要的概括。扩大开来说，也是对中国古代美学伟大精神的概括。这既和儒家在中国思想文化中处于主导地位有关，也和《周易》提出的"刚健""笃实""辉光""日新"的概念具有不限于儒家美学的普遍意义有关。

汉代司马谈著《论六家要指》，把先秦的思想划分为阴、阳、儒、墨、名、法、道德（即道家）等六家。他独尊道家，认为其他五家虽各有可取之处，但都不足以成为人们行为和治国的指针。在谈到儒家时，他说："儒者博而寡要，劳而少功，是以其事难尽从。然其序臣父子之礼，列夫妇长幼之别，不可易也。"司马谈的上述看法，只是西汉初年一时的思潮的表现，在实际上是不正确的。儒家"祖述尧、舜，宪章文、武"（《中庸》），继承并发展了中国从原始氏族社会到西周的思想，提出了"仁爱""民本""大同"的"王道"思想，最符合中国古代社会存在与发展的要求。儒家既有以"治国平天下"为己任，不畏艰险，积极入世的精神，同时，又有谨慎求实的精神。在思维方式上提倡"中庸"之道，防止思想偏执于事物的某一方面而走入极端。因此，儒家思想比其他各家的思想更具客观性、全面性和包容性。从《论语》开始，我们看到儒家常常讨论到其他各家思想提出的问题和观点，但又解除了这些观点的片面性，将它的合理方面吸收到了儒家思想系统之中。在思想的表达方式上，儒家的表达方式是高度简明扼要而切实的，不是玄虚模糊、烦琐或夸诞的，因而也有利于儒家思想的传播。由于儒家思想具有上述种种优长之处，因此在秦统一六国之后，从汉代开始，我们看到儒家思想迅速上升到主导地位。汉武帝"罢黜百家，独尊儒术"，并不仅仅因为他是君主，有独裁一切的权力，而是因为儒家的根本思想合乎中国古代社会存在发展的要求，有能够得到广泛认同和传播的可能性。相反，秦始皇是独尊法家的，他的思想独裁又是汉武帝不能相比的，但他却不能消灭儒家，并使法家的思想延续流传于后世。汉代初年，道家思想的影响比较大，但也大量吸取了儒家思想，已不是先秦时期与儒家并立并批判儒家的一个思想流派。司马谈讲到的其余各家，即阴阳家、墨家、名家、法家，也或多或少有些影响，特别是法家的影响较大，但都不再像先秦时期那样各自作为一个独立的思想流派而存在，统统被儒家消解或吸收。汉代而后，在儒家之外独立存在的思想流派只有两个，一个是玄学，另一个是禅宗。前者是魏晋社会历史背景下道家与儒家交融的产物，它丰富了中国的思想文化，但存在的时间不长，并且只流行于爱好"清谈"的一些士大夫之中，没有也不可能从根本上动摇儒家的主导地位。兴起于中唐，很快流行开来，直到宋代仍有很大影响的禅宗，本来是佛学的一个宗派。但由于它是真正中国式的佛学，并具有深刻的哲学意义，因此也是儒家之外的一个独立的思想流派。它也丰富了中国的思想文化，但它不仅不可能，而且从未想到要去动摇儒家的主导地位。相反，禅宗产生之后，就已相当自觉地把自己摆在辅助君主以儒家思想治国安邦的地位。这在宋代的禅宗中表现得尤为清楚。在中国哲学史的研究中，有一种观点认为，宋代理学产生的重要原因是由于禅宗的流行对儒家的地位造成了严重的威胁，因此儒家就吸收改造禅宗的思想而建立了理学即所谓"新儒家"的理论。我认为这种说法有部分道理，但还停留在现象上。从思想的渊源来说，理学的建立主要也不是吸收、改造禅宗思想的结果，而是重新阐释《周易》，并由此进而重新阐释孔、孟思想的结果。没有对《周易》的重新阐释，是不会有理学的产生的。至于如何来分析评价这种阐释，这是另一问题。

中国的思想自先秦以来就是丰富多彩的，因此不能用儒家的思想去否定其他各家各派的思想。但在整个中国思想文化的发展中，儒家又吸收改造了其他各家各派的许多思想，并取得了主导地位。因此，从思想史上看，儒家不能取代其他各家各派的思想，但中国思想文化中那些最具中国特色和至今仍有重大价值的思想主要是表现在儒家思想中，或者说是以儒家思想为主要代表的。而在儒家的经典中，《周易》又是一部具有划时代意义的著作。它在某些方面不及在它之前的孔、孟、荀的思想，但同时又把包含在孔、孟、荀思想中的有积极意义的思想加以提炼、集中并大大地加以丰富、深化和发展了。与此同时，它也把儒家美学提到一个崭新的高度。它所提出的"刚健""笃实""辉光""日新"这四个基本概念，既把包含在儒家思想中，和我们民族的发展密切相关的伟大精神非常鲜明地凸显了出来，又都同美学密切相关。因此，我们完全可以说属于儒家系统的《周易》的美学是体现了中华民族伟大精神的美学。这当然又不是说道家的、玄学的，以及禅宗的美学就不能体现中华民族的伟大精神，而是说它们只能从某一个侧面来体现这种精神，远不如《周易》的美学这样集中、全面、鲜明和强烈。此外，如果我们承认儒家思想是中国思想文化的主体，那么属于儒家系统的《周易》的美学也是中国美学的主要代表。这当然并不是要否认在《周易》之前的孔子、孟子、荀子的美学，而是说《周易》的美学在哲学的高度和思想的丰富性、全面性、深刻性上超过了在它之前的儒家美学。例如，《荀子·乐论》以一个专章的篇幅集中而详细地讨论了"乐"的问题，《周易》则只在"豫"卦中直接说了三句关于"乐"的话。《周易》无疑继承了《荀子·乐论》的思想，但《周易》的美学在哲学的高度和思想的丰富性、全面性、深刻性上又是《荀子·乐论》不能相比的。

　　《周易》属于儒家思想系统，因此它对它所提出的"刚健""笃实""辉光""日新"的理解和说明当然都是从儒家思想出发的。但即使是这样，其中也包含着能够适用于非儒家的美学流派的思想。拿"刚健"与"笃实"来说，"刚健"意味着美和人格的高尚与生命力的表现分不开，"笃实"意味着美和情感的诚挚无伪、宽厚博大分不开。这是追求超脱、飘逸、空灵、平淡、天然等各种不同意境与风格的文艺家或美学流派都不能否认的。如果否认，这些意境与风格就会成为空洞虚假的东西。这个道理也曾屡见于历代不少文艺家、美学家的有关论述之中，这里略而不谈。再拿"辉光"与"日新"来说，"辉光"意味着美是放射着动人的光彩的，"日新"意味着美是不断变化、更新的。这也是儒家之外的任何美学流派不能否认的。对此，我国历代美学家、文艺家也曾作过许多精彩的论述。就"日新"来说，在中国文艺史上，有一些时代曾出现过相当严重的保守、复古思潮，但终究阻挡不了文艺的"通变""日新"。历代许多有划时代的重大成就的文艺家都是主张"通变""日新"的。有时某些看来是有保守、复古倾向的作品，之所以也具有不能否认的价值，同样是因为其中包含或多或少"通变""日新"的努力。

《周易》提出的"刚健""笃实""辉光""日新"，对文艺的发展具有普遍的适应性。今天，在我国社会主义条件下，为了创造出与我们时代的发展相适应的"刚健""笃实""辉光""日新"的文艺，需要我们的文艺家"与时偕行"地作出孜孜不倦的努力。

"刚健笃实辉光，日新其德"，是中华民族和中国美学永远不会磨灭的伟大精神。它也是自商、周以来到现在，以至未来，将永远活在中国文艺中的魂魄。

后　记

本书这次印行新版，我除了核对引文、加工文字之外，只作了局部的改动。但全书"结语"，由于当年写作时急于交稿，现在看来觉得内容比较单薄。这次最后下定决心，在原来的基础上重写，内容有了相当大的扩展。至于原先写作时预定要写的《周易》的"忧患"意识与中国的悲剧美学这一章，现在已无法补写了。

《周易·系辞下》在讲到《周易》的"辞"时说："其称名也小，其取类也大。其旨远，其辞文，其言曲而中，其事肆而隐。"因此，要把包含在《周易》中精微、丰富而深刻的哲学、美学思想阐发出来，是一件需要长期艰苦努力的重要工作。我觉得也是一件类似于思想考古、探险，回到我们民族思想文化源头去的，很有趣味的工作。本书写于20世纪90年代初，我估计自己今后很少有可能再来继续做这件我觉得很有趣味的工作了。书中不当或错误之处，尚望读者和师友们指正。

刘纲纪

2006年5月18日于武大珞珈山下